U0000703

OPEN 是一種人本的寬厚。

OPEN 是一種自由的開闊。

OPEN 是一種平等的容納。

OPEN 4/46

巴勒斯坦之聲：被綁架的家園
Palestine Speaks: Narratives of Life under Occupation

編著◆凱特・麥拉克（Cate Malek）、馬特歐・霍克（Mateo Hoke）
譯者◆蔡欣芝
發行人◆王春申
編輯指導◆林明昌
副總經理兼任副總編輯◆高珊
主編◆邱靖絨
助理編輯◆蘇逸婷
特約校對◆黃楷君
封面設計◆吳郁婷
行銷企劃◆黃基銓

出版發行：臺灣商務印書館股份有限公司
23150　新北市新店區復興路四十三號八樓
電話：(02)8667-3712　傳真：(02)8667-3709
讀者服務專線：0800056196
郵撥：0000165-1
E-mail：ecptw@cptw.com.tw
臉書：facebook.com.tw/ecptw
網路書店網址：www.cptw.com.tw

局版北市業字第 993 號
初版一刷：2017 年 7 月
定價：新台幣 520 元

ISBN 978-957-05-3090-2

OPEN 4/46

Palestine Speaks: Narratives of Life under Occupation

巴勒斯坦之聲

被綁架的家園

凱特．麥拉克（Cate Malek）、
馬特歐．霍克（Mateo Hoke）／編著
蔡欣芝／譯

臺灣商務印書館

本書獻給那些努力想讓世界看見，或聽見他們處境的人，
也呈現給那些僅僅希望能獲得尊嚴的人們。

各界媒體、作家推薦

這塊土地上，人們總是如此含蓄但熱情地分享故事，縱使聽來心碎，都是真實日夜。

——（自由記者）廖芸婕

當「巴勒斯坦的聲音」多半以被動的、無力的、悲哀的形式被呈現之時，《巴勒斯坦之聲》給了我們不同層次的聆聽經驗。它以「我」為主體，背景是生活和日常，我們可以看到人在大環境裡的主動、策略和選擇性，即使巴勒斯坦的命運還是讓人同情，還是充滿複雜性，但從「人」的視角看過去，我們能閱讀到充滿力量的生命肌理，隨之有著堅定的勇氣，而不會只是看到單一面向的掙扎妥協或嘆息。

——（獨立記者）阿潑

這是本相當難得的書，尤其是在今年才去了以色列、埃及和約旦，更感到以色利國家和回教徒之間的衝突，彼此之間互相製造難堪不便，苦的即是雙方民眾。而這樣的情況似乎至目前為止還找不到解決方法，但我深信，如本書的報導和書寫能讓世人理解：到底21世紀我們人類就只能藉由相互挑釁，讓彼此的互信基礎繼續流失嗎？應該不是這樣吧？所以這類民眾生活的點滴記錄，應有機會可喚醒世人的關注力，共同努力解決兩方的困境吧？本書值得推薦閱讀，更可開拓華語民眾對國際區域不同發展的視野！

——（輔大德語系副教授）劉惠安

這本書證明了再也沒有比忍耐折磨又掙扎生存的聲音更具說服力的了，再也沒有比聆聽他們的心聲更重要的事。我們必須理解他們的痛苦，從他們的證詞中學習，思考他們的生命，也反思自己的生命，並用這份理解終結悲劇。

——諾姆・喬姆斯基（Noam Chomsky）

這是一本相當重要的書，令人驚嘆、心碎。本書讓社會大眾深切體會巴勒斯坦居民所承受的苦難。

——喬治・桑德斯（George Saunders）

三十年前，薩依德書寫被美國大眾論述排除在外的巴勒斯坦之聲，巴勒斯坦人無法獲准講述自己的故事，但改變仍不夠。這本巴勒斯坦人親眼見證的口述記錄，關於他們的生命經驗、痛苦和無可選擇的封鎖。這是一本珍貴又勇敢的著作。

——班・艾倫瑞（Ben Ehrenreich）

了解爭議議題的絕佳入門。對那些想要更深入了解棘手國際衝突的讀者，這本書是紮實又深具啟發性的資料來源。

——《出版者週刊》（*Publishers Weekly*）

在廉價電視媒體報導歷史的時代，即使那些易於消化的雜誌照片與實境秀完全吞噬了那些屬於個人的悲劇，本書不落俗套，實際呈現出巴勒斯坦居民的生活。——英國《衛報》（*Guardian*）

非常傑出的第一手報導……這些巴勒斯坦的居民以令人不安且滔滔不絕的談話，在此表達他們的心聲。

——大衛・舒曼（David Shulman），《紐約書評》（*New York Review of Books*）

推薦序——你的建國是我的浩劫——

林育立

柏林一條有名的路，名叫太陽大道（Sonnenallee），在地人又暱稱加薩走廊，原因是這條曾被柏林圍牆截斷而淪為西柏林邊陲的大街上，住著許多六日戰爭後逃出來的巴勒斯坦人。我在這條街上也住很多年，經常到樓下餐廳吃據說是全城最道地的皮塔餅沾鷹嘴豆泥；儘管和這些鄰居不熟，我只要一有機會和他們交談或找人幫忙，總得到好客和熱心的回報。

然而一直到搬進這條街滿一年、也就是二〇一二年的年底，我對巴勒斯坦的局勢才開始有比較深入的了解。當時，以色列的空軍為了報復激進團體哈瑪斯的火箭攻擊，一連好幾天對加薩走廊發動空襲，我的鄰居們從早到晚緊盯著衛星電視，整條街瀰漫著沉重的低氣壓；反之，只要螢幕上出現以色列的住宅區遭火箭擊中的畫面，街上就會傳來叫好的聲音。這是我第一次覺得自己離真實的加薩走廊這麼近。如今，我早已搬離那條街，不過，在閱讀《巴勒斯坦之聲》時，我又重新想起那些善良的老鄰居，和每年定期在家裡附近廣場舉行的千人大示威。一九四八年，來自全世界的猶太人返回他們上帝的應許之地建立自己的國家，迫使數十萬的巴勒斯坦人離開家園；從此，每年的五月十五日，也就是以色列獨立紀念日的第二天，就成了巴勒斯坦人集體記憶中的「浩劫日」（Nakba），全球各地都有示威活動。一九六七年的六日戰爭後，以色列更近一步控制了約旦河西岸、加薩走廊和東耶路撒冷，本書說的就是生活在軍事占領狀態下的好幾代巴勒斯坦人民，這半個世紀以來求生存的故事。

每當媒體上出現以巴衝突，我很少能讀到拉開距離客觀評價的文字，本書也不例外。首先，如書名所揭示，這是一本為受壓迫的巴勒斯坦人發聲的書，兩名美國記者採訪多位民眾，讓他們訴說從小到大的成長背景和日常生活的種種遭遇。而透過這些血肉豐富的故事，平日在國際新聞中出現的屯墾區、檢查哨和隔離以巴人民的高牆，總算變得具體而清晰，他們備受屈辱卻依然昂揚向上的生命力，讀來尤其令人感動。其次，本書無意探討哈瑪斯與埃及的恩怨、伊朗與以色列的對立、和美、歐扮演的角色等以巴衝突的關鍵外部因素，也沒有分析巴勒斯坦內部的權力鬥爭和自治區政府為何失去民心，而是撥開牽扯不清的軍事、信仰和種族糾葛，直視巴勒斯坦人民的處境。從事多年媒體工作的作者，顯然深知以巴問題被過度簡化的危險，提醒讀者不要忘了在這塊猶太人與巴勒斯坦人同時宣稱擁有、而且多方勢力競逐的土地上，無論問題如何解決，最終應該以改善平民生活為依歸。

數十年來，國際社會對以巴和平的努力從來沒斷過，扶持巴勒斯坦獨立的所謂「兩國方案」得到愈來愈多國家的支持，以色列官方的強硬立場也因此漸行孤立。不過，回到此刻的政治現實，以色列執政的右翼保守派，深受力挺以色列的川普當選美國總統的鼓舞，二月立法將約旦河西岸部分的非法屯墾區合法化；此舉等於踏出主權擴張的第一步，讓巴勒斯坦獨立之夢更加遙不可及。川普出爾反爾的性格，也無法讓人對他推動以巴和談的承諾有太多期待。今年，六日戰爭正好滿五十週年，以巴和平的前景看來依舊是遙遙無期。

目次

附錄 363

導言　麵包與鹽的待客之道

凱特・麥拉克（Cate Malek）、馬特歐・霍克（Mateo Hoke）

橫越約旦河西岸需要跨越一道道關卡。舉例來說：要從耶路撒冷到伯利恆，就代表要克服一面橫在邊界上，高二十六英呎的隔離牆。想要徒步穿越的人們就得經過一連串的安檢設施，著名的「三〇〇號檢查哨」則是戒備森嚴的安檢設施之一。這些檢查哨被設置在長四百四十英里，尚未完工的隔離牆上，隔離牆蜿蜒地穿越西岸地區的土地。

當某個人從耶路撒冷通過三〇〇號檢查哨，他看到的景色是一片翠綠，放眼望去幾乎都是田野，到處都是橄欖樹和野花，偶爾甚至能見到牧羊人的身影。但是靠近隔離牆的無人軍事管制區內，垃圾跟鐵絲網凌亂地散落在道路的兩旁。檢查哨以高聳的水泥牆與鐵絲柵欄為標誌。在檢查哨的入口處有一個大紅色的警告標誌，警告以色列公民，踏入A區（A區是在西岸地區由巴勒斯坦人控制的一小塊領土）是違反以色列法律的行為，而且有「生命危險」。

三〇〇號檢查哨的後方是個小房間。小房間總是處於客滿的狀態，擠滿了等待通過檢查哨的民眾。排隊民眾的頭頂上方是鐵絲通道，民眾往上看時，有時候會發現荷槍實彈的士兵就在民眾的上頭監視著，他們腳踩的靴子就在人們頭頂的不遠處。檢查哨的第一道關卡是身分確認。在這道關卡，巴勒斯坦人必須留下拇指印的電子記錄，以確保他們不會在工作時間結束後繼續滯留在以色列。相較之下，國際旅客只需要出示護照即可。接下來，旅客會經過長長的通道，在監視下通過旋轉門，穿過空曠的停車場，再接受另一次身分盤查，經過旋轉門，然後走過另一條長長的通道，最後才終於得以接近伯利恆。

相較於檢查哨詭異又緊繃的氣氛，檢查哨外的伯利恆則是充滿了生命力。站在牆下的計程車司機，因為高聳的圍牆而顯得十分渺小，他們提供載客服務給剛跨過邊境的旅人。除此之外，你耳中會聽到攤販大聲地叫賣，嘴裡喊著水果和糖果的價格，而行人更是不時停下來與朋友敘敘舊或買幾杯咖啡。這一側的隔離牆上還有色彩繽紛的塗鴉。

隔離牆內冷酷的種種現實，對比隔離牆外活潑的生命力，讓第一次造訪約旦河西岸的我們相當訝異。凱特因為工作的關係，於二〇〇九年搬到伯利恆，在一個非營利旅遊團內工作。她負責帶領遊客進行約旦河西岸與中東地區的徒步之旅。拜工作所賜，凱特已造訪過許多大城市與偏遠鄉村，並邂逅了許多背景迥異的巴勒斯坦人。凱特總是與馬特歐共同進行深度人權故事的調查，而這兩人很快就發現，這次凱特在約旦河西岸建立的新友誼，可以作為他們這次強大新專題計畫的起點。

我們最初的目標就是要深入了解，在軍隊持續好幾個世紀的占領之下，約旦河西岸民眾究竟是怎麼過生活的。

以外邦人的身分接近巴勒斯坦是個相當大的挑戰，但這也是這項計畫的獨特之處。一路上，我們蒐集到許多讓自己十分感動的故事。而我們也相信，無論讀者的背景為何，對約旦河西岸是否了解，他們可能同樣會因為這些故事而動容。巴勒斯坦的生活十分複雜，充滿了各式各樣的變化，紛爭更是常有的事。這裡的居民即便擁有希望，但是他們又覺得自己的生活處處充滿絕望，導致他們對這個世界產生憤世忌俗的想法。而且，我們也發現，人權壓迫的事件天天在巴勒斯坦上演，深深影響巴勒斯坦人民的生活，無論是旅遊、工作、接送孩子上下學、或規劃婚禮這些簡單的例行事務都受到嚴重的影響。西方媒體曾報導以色列軍隊強制拆除巴勒斯坦人民家園的新聞，也曾以加薩地區的攻擊事件作為頭條，但是，媒體卻很少從巴勒斯坦人的日常生活中出發，來報導以色列的攻擊行動。

即使在戰事相對和緩的期間，對住在以色列的巴勒斯坦人而言，他們的生活從各個方面來說都相當複雜。除了檢查哨與隔離牆之外，缺乏安全感的問題幾乎侵蝕了巴勒斯坦社會的各個層面。大部分的巴勒斯坦人要找到工作的難度很高，即便找到了，也大多是一些低薪、卑賤，或是危險的工作。除此之外，巴勒斯坦人一直得面對一連串的禁令，不僅食物與水的取得受到限制，還得面對電力短缺、言論壓迫、拘留、虐待、被迫撤離家園，以及住宅和家庭農場的拆遷問題等等。巴勒斯坦的生活通常是一連串強加的屈辱。

約旦河西岸總共有五百個多個檢查哨與路障（之前所提到的三〇〇號檢查哨就是其中之一）。它們限制了巴勒斯坦人的移動自由。除此之外，巴勒斯坦人也深受高失業率所苦。每天有數以千計的男性前往以色列找工作。如果這些男性想遵循合法的程序通過檢查哨，他們就得在半夜一點起床，才趕得及通過擁擠又惱人的檢查哨，在早上八點前及時上工。如果選擇非法的路線，他們就要冒著被逮捕或槍擊的風險，走上一段很長的距離，才能從西岸地區與以色列之間沒有軍隊戒備的區域越過邊境。巴勒斯坦目前並不被承認為一個國家，再加上居民並沒有公民身分，導致巴勒斯坦人民可能在毫無預警的情況下，失去居住權或是所持有的房屋。而且，以色列軍隊會在半夜逮捕巴勒斯坦民眾，但事實上，這些被逮捕的巴勒斯坦人根本沒有被指控任何犯罪行為。除此之外，學校常因罷工、抗議，或是軍民衝突而停課。貪腐的巴勒斯坦政府除了效率十分低落之外，對反對政府的聲音也充滿敵意。水與電力等基本民生必需品的供應更是經常面臨資源不足的窘境。這種情況在加薩地區更是明顯，但其實，約旦河西岸在夏末時分也經常出現水源用盡的情形，也就是說，民眾得撐過好幾個無水可用的星期。在這種酷熱又濕黏的日子裡，民眾不僅無法洗澡、洗衣，也沒辦法沖馬桶。

生活在加薩走廊的人們處境十分艱難。如同我們所報導的一樣，以色列軍隊對加薩走廊進行地面侵略，跟哈瑪斯（Hamas）與加薩的民兵衝突不斷。截至目前為止，衝突已造成兩千一百多人死亡，超過九千人受傷，死者與傷者大多數為巴勒斯坦的平民（另有四位以色列公民與六位以色列士兵死亡）。自以色列二〇〇五年撤出加薩走廊之後算起，加上前兩次的軍事行動，這已經是加薩走廊的第三起大型的衝突事件了。二〇〇八年，以色列為了反擊加薩走廊的火箭攻擊，發動長達二十二天的襲擊，約造成一千四百名巴勒斯坦人死亡，超過三千人無家可歸，另有三名以色列人與十名以色列士兵喪生。二〇一二年，為了反擊來自加薩運動，還曾經被以色列軍隊逮捕入獄。我們也知道，穆罕尼德・阿薩赫目前所居住的難民營是以他祖父的名字命名，想用以紀念其祖父的事蹟。一九四八年，在他們原本所居住村莊被毀之後，穆罕尼德的祖父帶領全村逃往伯利恆。不過，我們當時還不知道，在兩位來自美國的記者面前，穆罕尼德到底願意分享多少自己的故事。

我們爬上位於戶外的樓梯，經過掛著襪子與毛巾的欄杆，到了穆罕尼德位在三樓的家。穆罕尼德的媽媽來應了門，客氣地請我們進屋，語氣輕快地表示穆罕尼德還沒起床。幾分鐘後，穆罕尼德走進客廳，將近三十歲的他有著一張瘦削的臉，配著深色的鬍子。他身穿毛衣，拖著腳步在客廳走動，到處尋找香菸，腳上穿著粉紅色的絨毛拖鞋，而且身後還跟著一隻吉娃娃，完全顛覆我們心中對政治犯的印象。

穆罕尼德先是跟我們寒暄了一下，接著簡短地回答了一些問題，只不過我們的對話一直沒有觸及很深入的層面。聊到一半，穆罕尼德的母親端著一個托盤出現，上面擺了些餅乾與即溶咖啡，還有許多糖跟牛奶。咖啡替我們的訪問真正地揭開了序幕，熱呼呼的飲料不只溫暖了我們的身體，同時也讓氣氛更加輕鬆。我們的訪問進行得愈來愈順利。不久，穆罕尼德開始聊起自己小時候在難民營的生活、遭到逮捕的恐怖過程，以及在監獄的那段歲月。

那幾杯加了牛奶的即溶咖啡只是開端而已，之後的日子，我們又喝了好幾百杯的咖啡、檸檬水，還吃了肉飯砂鍋（maklouba，由雞肉與飯所作成傳統菜餚），這都是我們在搜集故事的過程當中與人們分享的美食。阿拉伯諺語裡有一句話：「beynatna khubz wah milah」，意指「麵包和鹽的待客之道」。這是當地好客的文化傳統，言外之意是指，當大家一起吃過一餐，往後便以朋友的身分相待了。

為什麼請我們的受訪者分享自身經歷如此重要呢？其中一項原因在於，目前巴勒斯坦人民的處境已經糟到無以復加了。從二〇一一年至二〇一四年，我們訪問了許多民眾，並將他們的故事收錄在本書當中。在這段期間，巴勒斯坦與以色列的和平談判依舊沒有任何進展，膠著的情勢漸漸消磨了約旦河西岸和加薩走廊居民的希望。二〇一四年初夏，我們完成了最後一波的訪談，時間恰巧是以色列攻擊加薩的前一週。衝突發生之後，我們除了跟受訪者保持聯繫，也特別收錄一系列的後記，讓受訪者談談衝突對他們的人生帶來何種可怕的影響。

我們的每個受訪者都迫切地想要分享他們的人生故事，因為這些人，這本書才能成為讓讀者一窺巴勒斯坦的真實生活與文化的管道。即便巴勒斯坦的土地面積跟美國特拉華州（Delaware）一樣小，但是，巴勒斯坦人卻使用多種獨特的方言。若只說巴勒斯坦人是一支具有眾多樣貌的族群，那就太小看巴勒斯坦人了。在進行這項計畫的過程中，我們深入訪談了七十多名巴勒斯坦人，完成了超過一百份訪問，並從中挑選出十六個獨一無二的故事。我們相信，這些雀屏中選的故事，讓我們得以用多變又具有挑戰性的視角去看待巴勒斯坦昔日與現今的生活樣貌。我們把注意力集中在巴勒斯坦的被占領地區，聚焦於此地區人民的生活樣貌，亦即加薩走廊與約旦河西岸地區（包含耶路撒冷）。不過，如此一來，其他地區人民的故事就成了遺珠之憾。例如：阿拉伯裔的以色列公民、其他地區的巴勒斯坦難民，還有許多每年經過巴勒斯坦的國際援助工作者，這些人的故事都沒有被納入其中。

我們遲遲無法決定是否收錄以色列人故事，這是在編寫這本書時最困難的決定之一。事實上，我們並不是很在意在這本書的內容中，巴勒斯坦人與以色列人的故事數量是否平均，因為我們在乎的是，人民在軍隊占領下的成長經歷與生存方式。儘管如此，我們最後還是選擇將兩位以色列人的訪問納入書中，分別是阿米亞德・柯恩（Amiad Cohen）與塔莉・夏皮羅（Tali Shapiro），他們都住在約旦河西岸。分享他們故事的原因，主要是約旦河西岸的以色列居民人數也已達到一定數量，人數約為巴勒斯坦人的百分之十。由於本書許多受訪者在訪問中都曾提及以色列屯墾者，因此，我們認為自己身為記者，有責任在書中收錄這些以色屯墾者的自述，讓讀者得以從他們的故事，了解西岸屯墾區的生活型態，也讓讀者聆聽在約旦河西岸地區生活的屯墾者有何想法。為了讓讀者能夠從各種面向思考，占領對西岸地區人民的生活帶來什麼影響，我們把塔莉的訪問納入書中，儘管塔莉來自以色列，卻是一位親巴勒斯坦的社運人士。另外，我們也在此重申，受訪者的言論不代表所有巴勒斯坦人的意見。這兩位以色列公民當然也無法代表其他以色列人的生活、態度與看法。

當然，巴勒斯坦的故事絕對比這幾個以色列人與巴勒斯坦人的故事還要複雜得多。事實上，以色列與巴勒斯坦的關係經常被過度簡化，彷彿以巴雙方只是互看不順眼的世仇民族，只要不再厭惡對方，衝突就能和平落幕。不過，除了以巴雙方，許多國家也是造成其衝突持續不斷的推手。從一九八〇年初以來，美國每年斥資幾十億協助以色列購買軍備，甚至還安排於二〇〇九年至二〇一八年間，每年固定提撥三十億美金，作為以色列的防衛軍備支出。我們希望透過書裡這些真實的記錄，可以讓讀者對巴勒斯坦的生活有更細微、更人性化的了解。我們也希望，這本書可以促使人們更主動關懷加薩地區的和平，也關注外國勢力在此地區的影響力。

巴勒斯坦常常被描述為黑暗地區——巴勒斯坦充滿了暴力衝突，情勢也相當不穩定，該區政治情勢的複雜程度只有政治學領域的專家學者才能參透。對很多人而言，巴勒斯坦是無止盡的紛爭與絕望的象徵。我們來到巴勒斯坦時，其實並不知道我們會發現什麼值得書寫的事。然而，隨著我們流轉於每個有麵包、鹽、咖啡與茶的時刻，聆聽一個又一個獨一無二的故事，我們發現自己已深陷於連續的故事之中，無法自拔。對我們的受訪者而言，分享故事十分重要，而我們也很榮幸能將這些故事呈現在讀者眼前。即使土地被占領，人民的日子過得萬分艱辛，這些受訪者告訴世人，他們的生活中還是處處有光明、處處有希望。希冀本書能夠反映這些希望，也期望本書能夠讓讀者對占領區內的生活有所了解。

二〇一四年七月

執行長小記

米米・洛克（Mimi Lok）
「目擊者之音」執行長兼執行編輯

本書中的所有故事都源自於口述歷史訪談。整個訪問過程耗時將近四年，受訪者來自約旦河西岸、加薩走廊與東耶路撒冷等地區，總共有超過七十位男女接受訪問。幸虧有凱特・麥拉克與馬特歐・霍克所率領的訪問暨翻譯團隊，再加上一小群無私奉獻的錄影志工，才得以錄下這些總長超過兩百五十個小時的訪問。總編輯路克・格偉（Luke Gerwe）和我則協助採訪團隊整理手稿，將手稿的內容編輯為第一人稱的訪談錄。

針對每個目擊者的口述歷史，我們想盡可能地像小說一樣，保留故事裡的所有細節，並按照時間順序重新編排，以展現出這些受訪者的個人特質與生命經歷的複雜度，讓這些口述歷史不單單只是一般的個案研究。至於《巴勒斯坦之聲》（*Palestine Speaks*）這本書，我們一開始就不打算全面地記錄巴勒斯坦的人權歷史進程，而是搜集受訪者的親身經歷與人生故事。並且希望，這些故事能夠替看似難解的以巴衝突議題，開啟一扇嶄新的窗，讓讀者透過高度人性化的角度看待此一議題，並有身歷其境的感受。除此之外，這些故事也讓讀者得一窺巴勒斯坦人的真實生活樣貌，也企盼世人能夠藉由閱讀這些故事，而有所反思。

這些故事的字字句句皆忠於受訪者的敘述，我們只針對流暢度與長度做了一些調整，讓故事更加簡單明瞭（我們也在出版前與受訪者完成最後的確認工作）。此外，為了保護某些受訪者及其親友，我們調整了某些故事中的名字與細節。這些故事已經過再三確認，確保與事實相符。另外，本書最後的附錄與〈名詞解釋〉也能針對此區域的歷史事件提供更詳盡的內容與解釋。

我們十分感謝每一位受訪者，謝謝他們願意慷慨且耐心分享自身的故事。我們也感謝站在第一線的人權鬥士，謝謝他們為以巴人民的人權與尊嚴奮鬥。如果沒有這些人權鬥士的合作，我們不可能完成這本書。

最後，我們也感謝替此項教育專案帶來靈感的教師與學生。我們根據「目擊者之音」的書籍，建立了一套常用的核心課程，讓中學生與教師能夠接觸本書收錄的故事和議題。學校的教師可獲得由我們的教育專案所提供的課程協助、訓練與實地考察，曾經資助本教育專案的社區也能獲得這些資源。

請造訪「目擊者之音」網站取得免費課程計畫與更多訪問素材。你也可以加入我們的計畫，成為我們的一份子。請搜尋：voiceofwitness.org。

約旦河西岸與加薩的地圖

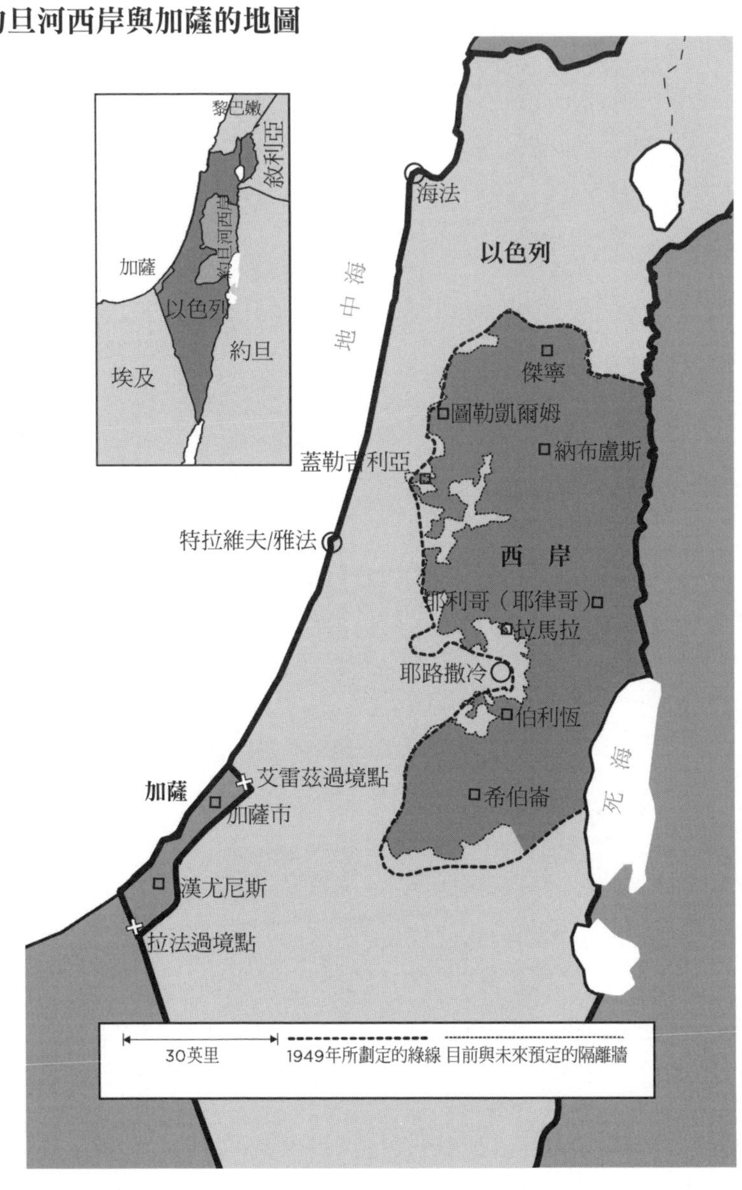

在巴勒斯坦的現場所見

以色列軍事路障，於約旦河西岸

伊芙提莎姆・伊勒茲蓋爾

文化中心執行長，現年五十四歲。生於約旦河西岸的巴地爾村。於約旦河西岸的伯利恆受訪。

我們在伊芙提莎姆・伊勒茲蓋爾（Ibtisam Ilzghayyer）的辦公室裡進行十多場訪問。我們會面的時候，她有時會把那頭烏黑的秀髮紮成閃亮亮的馬尾，有時則是讓有些捲度的髮尾整齊地披在肩上。伊芙提莎姆跟我們對談時使用英文，而且她的英文還有獨特的腔調，這是因為她有段時間曾在英國北部的新堡大學讀書的緣故。伊芙提莎姆在兩歲時不幸罹患了小兒麻痺症，因此，現在當她站起身時，她得調整膝蓋上的支撐器才得以行走。

伊芙提莎姆是吉拉斯文化中心（Ghirass Cultural Center）的執行長。吉拉斯文化中心（「吉拉斯」〔Ghirass〕在阿拉伯語裡的意思為「小樹」）成立於一九九四年，而伊芙提莎姆當初也曾出力幫助文化中心成立。該文化中心提供豐富的課程，包含閱讀、傳統巴勒斯坦藝術，還有其他課程，每年有超過一千名伯利恆地區的孩童與青少年因此受惠。此外，吉拉斯文化中心也為婦女開設識字課程——通常來修課的學員大多是為人母的女性。她們正在學著認字閱讀，如此一來就可以在孩子的學習過程中扮演更積極的角色。

在伊芙提莎姆的辦公室牆上，全是獎狀或框起來的圖畫，那些都是在這裡上課的孩子所留下的作品。一整天，伊芙提莎姆的辦公室人潮總是川流不息，孩子們一個接著一個走進她的辦公室，跟她分享他們在學業上的成就——可能是一張進步的成績單，或是一張當月的閱讀書單。伊芙提莎姆逐一恭喜並鼓勵孩子，與他們一同歡笑。事實上，伊芙提莎姆把大部分的時間幾乎都花在辦公室裡——她每週工作五至六天，即使放假的時候，她的身影還是會出現在文化中心裡。當她不在文化中心時，她就會待在家中陪伴年邁的母親，照顧大花園裡的果樹、花草與蔬菜。

在占領區之下的人生

一九六〇年，我出生於巴地爾村[1]，村內的生活十分簡樸。在我小時候，大部分的鄰居都以務農維生，村民會帶著自己栽種的農產品到耶路撒冷的市集上販賣。我家也有農地，所以父母親也下田耕種，除此之外，我的父親還是位廚師。我年幼時，父親在約旦首都安曼城[2]的一家飯店工作，因此，我們只有週末時才能見到他。一九六七年以後，他則是轉往耶路撒冷的美國僑民飯店（American Colony Hotel）[3]任職。

我的母親是一位家庭主婦，在家照顧我們九個孩子。我們家不僅沒有電視和電腦，也沒有讓人分散注意力的塑膠玩具。我認為，沒有那些玩具的童年其實非常幸運，如此一來，我們就有更多時間與大自然相處。

孩提時期，我們會去田野中玩耍、爬樹，還自己用樹枝與石頭做玩具。雖然我們與鄰居的宗教信仰不同，但彼此之間卻沒有什麼隔閡。從很多方面來說，我們的文化其實是一樣的。我還記得，媽媽總是在復活節做彩蛋，這個傳統已經延續好幾個世代了。然而，做彩蛋既非由於基督教的文化，也不是基於伊斯蘭教的傳統，這只是我們巴勒斯坦人慶祝復活節的特殊方式罷了。

---

1 巴地爾村（Battir）位於伯利恆西方約四英里處，離東北方的耶路撒冷只有三英里。該村莊有古老的梯田地形，二〇一四年更被聯合國教科文組織列為世界文化遺產。

2 安曼城（Amman）是約旦的首都，有超過兩百萬居民。一九四八至一九六七年間，約旦握有約旦河西岸地區的掌控權，許多巴勒斯坦人在這段期間至安曼工作。更多關於約旦河西岸與約旦的歷史，請參見本書附錄〈現今巴勒斯坦的歷史年表〉。

3 於一九五〇年代落成的美國僑民飯店（American Colony Hotel）是一家位於耶路撒冷市區的豪華飯店。該飯店前身為美僑會館，於一八八一年由一對從芝加哥移民至耶路撒冷的美國夫婦所興建。現今，這家飯店經常舉行政商名流的聚會，無論是政界或宗教界的知名人士都常常出席此地的聚會。

在我非常小的時候，我一定參加過這些活動，但是由於一場疾病，我成了殘疾人士，行動力跟一個嬰兒沒什麼兩樣。在我兩歲半的某一天，母親帶著我走在街上，路過一間鎮上的診所，診所裡的護士把我們攔了下來。護士告訴我的母親，她得幫我施打小兒麻痺的疫苗才行。於是，我接種了小兒麻痺的疫苗。不幸的是，打完疫苗的當天晚上，我便發起了高燒，而且右手與左腳完全無法移動。接下來幾年，儘管我的腳逐漸恢復，但是左腳還是比右腳短了一點。四歲時，我開始穿戴輔助器走路。我們就是運氣太差了，才會經過那間診所。

我得習慣人們因為我身體上的殘疾，而用不同的方式對待我。人們看著我的神色甚至也不一樣——大家根本沒有把我當作一個正常的孩子來看待。在學校的時候，我被排除在各種體育活動之外，需要步行的校外教學當然也沒有我的份。這對一個孩子來說，實在是很不容易的事。

我也有學習上的困難。在四年級的時候，有一次，因為我的學科幾乎全部要被當掉了，所以我的老師在忍無可忍的情況下處罰了我。我的父母十分注重教育，因此他們對於我在學業上的表現當然並不滿意。我父親曾經念到小學四年級，所以他能閱讀，也能書寫；我的母親則從來沒有上過學。不過，我的父母希望自己的孩子能夠接受比他們好的教育，特別是我。由於我的身體有殘缺，他們希望我能夠在學業上得到成就，將來長大以後才能獨立，不需要依賴任何人。

接著，到了五年級，我順利通過一次考試，那種感覺真是詭異極了。老師把考卷還給我時，還跟我說：「你表現得很好。」我完全無法相信，她竟然會對我這樣說。我不敢置信地看著我的考卷，覺得她一定是哪裡搞錯了。我想，每個不太熟悉成功滋味的孩子都有這種感覺——他們沒有意識到，這些優秀的表現其實源自於他們的努力。他們還以為成功就是個意外而已。我初嚐成功的滋味後，發現自己很喜歡這種感覺，而我也說服自己，這一切都不是意外！後來，我更努力用功，也開始了解自己的潛能所在。

一九七七年，我進入一間位於耶路撒冷的住宿學校就讀。那所學校就在美國僑民飯店旁邊，所以有時我可以見到我父親，學校放假時我就回家。那時，進出耶路撒冷相對來說，還不是一件困難的事。

我高中的學業表現不錯，我的成績讓我得以到安曼的約旦大學[4]唸書。我在一九七九年入學，主修經濟。我喜歡大學的一切，當時的我完全不覺得孤單和寂寞。除了結交很多朋友之外，我也有許多在安曼居住與就業的親戚。只不過，偶爾我的思鄉病還是會發作，同時我也開始了解，巴勒斯坦人覺得自己十分獨特的原因為何。大學的最後一年，巴勒斯坦詩人瑪

4 約旦大學（University of Jordan）為阿拉伯世界最負盛名的大學之一，成立於一九六二年，目前學生約為三萬名。

赫穆德・達爾維什[5]恰巧拜訪我們這所大學，並打算在校園內的劇院朗誦他的詩。即使我已預先就買了票，可是當我抵達現場時，整個劇院已經被擠得水泄不通了，甚至連街上都擠滿人潮。現場有許多離鄉背井到約旦打拼的巴勒斯坦人，我們都如此期盼能聆聽達爾維什的詩，讓他的詩提醒我們，作為一個巴勒斯坦人本該是什麼樣子。

內心的情緒波動

一九八四年，我完成了大學的學業並回到家鄉。那是我人生中最不順遂的一年。畢業之前，我花了好幾年的時間準備，好讓自己成為一個能夠無論是在經濟、情感、或是在社會上都獨當一面的人，如此一來，才不會成為父母的負擔。但是畢業後回到巴勒斯坦，卻發現自己怎麼樣都找不到工作。因為大學主修經濟，我想去銀行謀職，但後來找來找去，卻什麼職缺也沒有，而且也找不到其他領域的工作。由於求職四處碰壁，毫無謀生能力的我有一整年都跟父母住在同一個屋簷下。那段時期，我的內心真是沮喪極了。

一九八五年的某天，我偶然瞥見伯利恆阿拉伯社區重建會（簡稱BASR）[6]刊登的分類廣告，他們提供求職者職前教育訓練，稱為社區重建計畫。該計畫借助家庭或整個社會的力量，幫助殘障人士克服身體上的缺陷，讓他們擁有正常的生活。最初，我一點也不想做那樣的工作，畢竟我可是擁有經濟學學士的學位啊，再加上我一生都在努力擺脫那些加諸於身障人士肢體上的條件限制，我並不想被別人視為殘障人士，可是我又迫切地需要一份工作，因此抱著姑且一試的心情，投遞我的履歷。

我在ＢＡＳＲ接受一整年艱難的訓練。我跟聽障、視障的孩子一同合作，也與有情緒障礙的孩子共處。這份工作讓我的心情受到很大的影響，我也花了很多時間調適心態，讓自己可以自在地跟孩子們相處。幸而我的上司頻頻稱讚我，讓我覺得自己備受重視。

一九八六年，我開始在伯利恆的難民營裡工作，也因而打開了眼界。同時，也目睹了許多發生在社區裡的悲傷故事。

同年，ＢＡＳＲ開設了一個新的社區中心，專門服務患有心理疾病的人士。那段時間，我也投入新社區中心的籌組與營運，日子過得相當忙碌。

---

5 瑪赫穆德・達爾維什（Mahmoud Darwish, 1941-2008），巴勒斯坦著名詩人。達爾維什協助領導提倡巴勒斯坦文化遺產的保護行動，同時也擔任巴勒斯坦解放運動的政治領袖。一九七三至一九九三年期間，他也是巴勒斯坦解放組織（Palestinian Liberation Organization〔PLO〕）執行委員會的一員。更多關於巴勒斯坦解放組織的資料，請見附錄〈名詞解釋〉。

6 伯利恆阿拉伯社區重建會（Bethlehem Arab Society for Rehabilitation〔BASR〕）創立於一九六〇年，屬於李歐納・柴郡身障計畫（Leonard Cheshire Disability project）的一部分。李歐納・柴郡身障團體（Leonard Cheshire Disability）為英國主要的慈善組織，致力為全世界的殘障人士提供協助。

隔年，亦即一九八七年，巴勒斯坦第一次起義[7]爆發了。我還記得，當時才剛拿到汽車駕照沒多久。同年的十一月三十號，我終於買了一部屬於自己的二手車，心裡洋洋得意，也開始覺得自己好像能夠獨立自主了。原本我打算在十二月六號那天，第一次獨自開車去上班，不過最後卻發現自己竟然開在一條散落著石塊與燃燒樹幹的道路上，那可是巴勒斯坦首次起義的第一天。因為街上一團混亂的情景，我根本沒辦法去上班，最後只好在家裡守著收音機，與家人一起聆聽新聞度過。

請三思而後行

一九九〇年，我第一次萌生創立新社區中心的想法。那時正值巴勒斯坦第一次大起義期間，讓孩子在街上玩耍實在是太危險了。孩子們如果到街上玩耍，一旦碰上衝突爆發，他們就得面臨被逮捕的威脅，有些時候，孩子還可能成為士兵的下手目標。孩子時而會拿石頭丟擲士兵，但大部分情況，孩子們只是用石子玩一些簡單的傳統遊戲。不過，很多孩子卻因為玩這些遊戲被士兵逮捕，甚至年紀很小的孩子也不例外。而開創一個新社區中心的緣起或動機，則是出於我想為孩子們提供一個可以安全玩耍的場所的初衷。

此外，學校也因軍隊的命令頻繁地停課，所以大部分的時間，孩子們只能待在家中。有時候，以色列士兵甚至會把學校當作檢查哨，來控制當地的情況，巴地爾村的學校就被當成軍營使用。這些現象與事實都一再促使我們創立文化中心。

一九九三年底至一九九四年初，BASR於伯利恆成立吉拉斯文化中心。當時，約旦河西岸地區的學校皆以約旦課程[8]為主。加薩走廊的學校則是根據埃及課程表的安排。因此，我還在唸書的時候，遂於學校選修了一門約旦語課程。我們在學校從來沒有讀過巴勒斯坦的相關知識，也沒有修習過巴勒斯坦的歷史，甚至連巴勒斯坦的地圖都沒見過。我們在學校習得約旦、中國、德國與英國的歷史，甚至還知道有哪些家族曾經統治過英國，然而，我們所修讀的學科，卻與巴勒斯坦的歷史、地理以及文化都毫無關聯。

成立文化中心之後，我們希望能教導孩子學習巴勒斯坦的文化、音樂與詩歌。巴勒斯坦有許多著名的詩人，瑪赫穆德・達爾維什就是其中一位。但我們卻無法閱讀這些詩人的作

7 第一次巴勒斯坦大起義（First Intifada）延燒了整個約旦河西岸和加薩走廊地區，起義原因為反抗以色列的占領。首次大起義的時間從一九八七年十二月持續至一九九三年。「Intifada」在阿拉伯語中意為「擺脫」，更多詳細資料請參見本書附錄〈現今巴勒斯坦的歷史年表〉。

8 約旦在一九六七年之前握有約旦河西岸地區的管轄權，而埃及則掌握加薩地區部分的管理權。當時編寫的教科書，甚至被沿用到一九六七年以色列占領約旦河西岸與加薩之後。但是巴勒斯坦自治政府（Palestinian Authority）在《奧斯陸協議》（Oslo Accords）簽訂，並得到約旦河西岸地區的控制權後，遂編寫了自己的課程綱要。更多關於《奧斯陸協議》與巴勒斯坦自治政府的相關資料，請參見本書附錄〈現今巴勒斯坦的歷史年表〉。

品，也無法接觸其他作家的文本。如果以色列人抓到我們持有巴勒斯坦作家的書，我們可能就會被送進監牢。此外，我們也不得持有巴勒斯坦的國旗、有政治象徵的物品，或宣揚巴勒斯坦國家的宣傳品——這些東西都會讓我們惹上麻煩。跟大多數約旦河西岸地區的家庭一樣，我們的家也有一個可以藏匿東西的地方。此藏匿地點就位於碗櫥後方，只要一有任何風吹草動，聽到家裡即將面臨搜查，我們便迅速地把那些被禁的巴勒斯坦詩集或旗幟通通藏匿在碗櫥後方的那面假牆中。

考量以上這些禁令與限制，文化中心的第一個目標就是讓孩子接觸巴勒斯坦文化。我們希望不同的立場在文化中心內都可以被包容，因此不允許任何特定的政黨象徵或宗教符號出現在文化中心。我們的中心有來自基督教社區與穆斯林的孩子，有來自城市與農村的兒童，也有來自難民營與富裕地區的孩童。此外，我也持續與那些身障兒童一起工作，不過，無論這些孩子是眼盲、耳聾，或有學習障礙，我們讓這些特殊的孩子與其他正常的孩子能一同上課，並對於這些孩童皆一視同仁。

自從我開始在文化中心工作之後，有時甚至完全忘記了自己身體上的障礙，因為有太多工作上的事得操心。有一天，我在街上的櫥窗玻璃中看見自己的倒影，才突然意識到，自己走路的樣子跟別人不一樣——原來在不知不覺中，我已經忘記自己身體的殘疾了。我替自己感到高興！克服肢體傷殘帶來的不便，已經不再是我的目標了。

除此之外，我試著讓文化中心的學生學習如何友善溝通，而不是變成製造衝突的好鬥分子。而且，我也盡量把學生留在文化中心，或確保他們離開中心後，可以直接回家。如此一來，就能避免孩子與以色列士兵有任何危險的互動。不過，我們也曾經失去一些孩子——有些孩子血氣方剛，衝動易怒，要管束他們實在非常困難。當然，這些孩子動手的當下，他們其實並不知道自己正在做什麼。然而，這些孩子不僅只是模仿街頭那些暴力分子，他們其實是在發洩自己的怒氣，把過去個人承受的羞辱與暴力表現出來。

在剛成立的文化中心工作了一小段時間後，我第一次有機會出國。原本我只是要陪同一位朋友申請由英國文化協會所提供的留學獎學金，一時心血來潮，我也跟著申請了，結果獲得了留學獎學金。接到得獎的通知電話以後，英國文化協會給我兩週時間準備。我第一次得以離開巴勒斯坦——而這個機會並不是我在約旦讀大學的時候降臨。

我在英國新堡大學[9]留學一年，主修管理與諮商。儘管課程內容困難，卻是一次很棒的經驗。只不過，當飛機起飛的那一刻，我就開始想家了。我在一九九四年的秋天離家，直到隔年春天才返鄉。在英國的那段日子，我前往很多地方旅遊，縱使日子過得多采多姿，我仍無時無刻思念著我的家鄉。記得當時身上並沒有太多錢，我卻把錢都花在打給家人的國際電話費上。我經常一講電話就是好幾個小時，向我的兄弟打聽那些幾乎不太熟識的鄰居——例

9 新堡大學（Newcastle University）是英國東北部的一所公立研究型大學，學生人數超過兩萬名。

如提及常常在街上遊蕩的某些老人，但其實我從來沒跟他們說過話——只是想知道家鄉發生的每件事。當我修畢全部的課程後，原本打算留在學校參加畢業典禮與慶祝派對，但後來仍決定告訴學校行政單位，自己並不想留下來參加派對，只想回家探望家人！

當孩子看到大人眼裡的恐懼

第二次巴勒斯坦大起義[10]始於西元二〇〇〇年。那段時間，僅只是為了能夠繼續工作，我得避開許多瘋狂的阻礙。事實上，自二〇〇〇年底至二〇〇三年，因為無法天天回家，我幾乎已經習慣住在辦公室裡了。記得第二次巴勒斯坦大起義爆發後不久，我第一次嘗試從伯利恆回到巴地爾村，儘管兩地相隔只有幾英里遠，但由於當時檢查哨處於關閉狀態，沒有人得以穿越檢查哨，因此士兵拒絕讓大家回家。想想看，每天下班後的下午四點，檢查哨那一側總是擠滿了想要回家的民眾，包括小孩、老人和上班族，總共有幾百人啊！我們這些民眾被士兵團團包圍，如果士兵開槍的話，根本無處可躲。那天，我從下午四點等到晚上七點。七點之後，我的內心充滿生氣與沮喪的情緒，開始跟自己對話：「上帝，祢在嗎？如果祢在的話，請問祢看到我們了嗎？如果祢見到我們在這兒受苦，祢會因此感到滿意嗎？」最後一直等到七點多，我決定放棄返家並轉身離開檢查哨，回到伯利恆，留在文化中心。

還有一次，我試圖和大家一起通過檢查哨走路回家，但以色列人用許多大石頭把路給堵住了。我的腳實在沒辦法攀過這些石頭，所以試著繞過它們行走。那時正值冬天，地上滑得不得了，當我走到一半，有位不到二十五歲的年輕士兵擋住了我的去路。我試著向他解釋我的情況，但他竟然開始對我口出惡言，我長這麼大，還沒有人敢像他那樣對我說話！他竟然用「妓女」這個詞來稱呼我，還用了許多難聽的字眼，我實在無法重複他說過的話。後來，我也相當惱怒，便開始跟他爭論，在我們爭執的同時，有位巴勒斯坦年輕人走了過來，試圖讓我冷靜下來，並要我安靜。他拉著我的手，帶我通過了檢查哨，我的哥哥正在檢查哨的另一邊等我。哥哥牽著我的手，拉著我走向他的車子，我的姪子與姪女正在車裡等著。我一如往常地走向他們，但其實我一個字都說不出口。我知道只要我一開口說話，就會開始掉淚。而一旦我開始流淚後，就沒有任何人能讓我停止哭泣了。到家以後，我撲上床，覺得自己連一隻手指頭也動不了了。

隔天，我又看到了那名士兵，當時我心裡有種感覺，如果自己身上有槍的話，難保我不會殺了他。你知道的，平常我連一隻昆蟲都無法扼殺，不過在當下，我感覺到一股前所未有的憤怒。他一見我就開始咒罵，從他口中說出的那些言語實在太侮辱人了。後來，我又遇見這名士兵好幾次，通常一組士兵的執勤時間差不多是一週或十天，接著就會有另一組士兵到

10 第二次巴勒斯坦大起義（Second Intifada）也稱為「阿克薩起義」（Al-Aqsa Intifada）。這是繼《奧斯陸協議》之後，以巴雙方第一次爆發的重大衝突，時間從西元二〇〇〇年延續至二〇〇五年。

檢查哨與他們交班。換句話說，有段時日，我每天都得見到這名士兵，每此我見到他時，總是在心裡暗想，希望有人能夠在我面前殺了他，這樣我就可以看到他痛苦的樣子。

在第二次巴勒斯坦大起義期間，還有另一件令我印象深刻的事。原本那位小女孩得到學校去參加考試，可是士兵卻不讓她過去。事實上，孩子是否得以通過檢查哨去學校，或放學後能否再通過檢查哨回來，都是沒有人可以保證的。當然，這種無助感會在孩子長大的過程中，深深地影響著他們。許多父母告訴我們，他們的孩子在夜晚深受惡夢所擾，在學校的表現也不好。孩子們通常認為，大人是可以保護他們的大樹，一旦大人們的恐懼被孩子發覺後，孩子就會發現原來連大人也沒辦法保護他們的事實。況且，看到父母親擔心受怕，對孩子而言，又是多麼難以承受的一件事啊！

當你搬到伯利恆以後，你承受的限制也就更多了。我們無法前往很遠的地方旅行。你站在檢查哨或隔離牆前，與目的地的直線距離只有一英里遠而已，但事實上，你得大費周章才能到達牆的另一側。因為這些限制，導致孩子們的距離感很差。孩子們可能會說自己住在很遠的地方，接著我問：「多遠？」隨後才告訴他們，如果沒有檢查哨的話，其實只需要十分鐘的車程就可以抵達了。在孩子的心目中，這些地方當然很遙遠，因為實際上只要十五分鐘車程的路途，可能得花上一個小時甚至是兩天的時間，才能夠順利到達目的地。

有些時候，我試圖把這些痛苦拋諸於腦後——包含檢查哨跟士兵的騷擾，讓自己的精神與活力保持在最佳狀態，用樂觀的態度面對未來。然而，每次我在檢查哨前排隊等待，我就得面對現實生活中的艱難，我所照顧的孩子們也得面對這些困境，甚至在他們心智發展未臻成熟之際，就得學著處理這些窘況，何況還沒有人可以教導他們該怎麼處理，也沒有人能保護他們。

只寫著「其他」的標誌

回到一九九四年，也就是文化中心剛成立之際，當時我們還會帶著學生去耶路撒冷旅遊，花上一整天的時間遊覽城市。那時到耶路撒冷旅遊依舊是可行的。然而，自從第二次大起義爆發後，我們根本不可能去耶路撒冷上課了。

這個世代的巴勒斯坦人要親眼見到耶路撒冷，並不是那麼容易的一件事，他們也是第一個面臨這個問題的世代。現在，耶路撒冷已經淪為人們口中的一個名詞了。每當我們在文化中心詢問孩子：「耶路撒冷是什麼？」他們只知道圓頂清真寺[11]。這就是他們知道的耶路撒冷。他們從來沒有機會親眼見到這個城市，感受它的氛圍，或是嗅聞它特有的氣息。現在人

11 圓頂清真寺（The Dome of the Rock）是伊斯蘭教的聖地，建於伯利恆的聖殿山上。更多關於圓頂清真寺與聖殿山的資料，請見附錄〈名詞解釋〉。

們接觸耶路撒冷的唯一途徑，就是透過照片。不得不說，失去親近耶路撒冷的機會實在令人沮喪，因為造訪耶路撒冷對一個巴勒斯坦人而言至關重要。而且我還認為，以色列政府想要奪取加薩走廊與耶路撒冷，讓我們不再對這些巴勒斯坦固有土地擁有任何記憶。我們的下一代根本沒有去過耶路撒冷，幾年之後，耶路撒冷在他們心中會變成什麼樣子？如果他們不曾了解，又怎麼會認為耶路撒冷是巴勒斯坦的一部分？

在文化中心的我們，則是一直試著從各方面保有學生與巴勒斯坦的連結，即使只是透過照片、電影、影片，或是任何其他的東西，我們都願意嘗試。我希望學生們能夠理解，加薩走廊是巴勒斯坦的一部分，只要有機會，我希望所有在約旦河西岸的巴勒斯坦人，無論付出多麼大的努力，一定要去加薩走廊瞧瞧。我認為這是我們的義務。很多人為了加薩走廊與約旦河西岸失去了性命，我沒有因此喪失性命，但我會盡己所能讓自己踏上那片土地。

二〇一一年，我和一位德國同事合作，一同到加薩去推動我們的推廣計畫。這位同事在德國的非政府組織工作，主要負責國際發展計畫。她所在的德國非政府組織想要在加薩走廊地區，選出一個以我們伯利恆文化中心為範本的組織，並提供資金援助。

以色列嚴格控管進入加薩走廊的人，所以要拿到通行許可十分不易。我得透過一位律師和法院才能拿到許可證。

一開始，以色列軍隊將我的申請駁回，但經過上訴後，我成功地從法院拿到在加薩走廊待上一晚的許可。無可避免地，我還是非得通過檢查哨才行，而且還得通過兩個，其中一個檢查哨負責管制出約旦河西岸的人，另一個則是進入加薩走廊前必經的關卡。

我們搭乘德國同事的汽車前往加薩走廊。每次聽到巴勒斯坦的工人談起關於檢查哨的一切，我總是很難在腦中勾勒他們口中所說的那些事，但現在輪到我去體會、去親自了解了。因為伯利恆到加薩走廊的直線距離最短，所以我們選擇從離希伯崙最近的檢查哨[12]通過，這也是我第一次通過那裡。我實在不知道，當初設計檢查哨的人心裡在想什麼，通過檢查哨的過程簡直是一場折磨，因為德國同事是位外籍人士，因此最初我們希望能夠坐她的車通過檢查哨，我們心想，這樣或許比較容易一點。一開始我們很順利地通過檢查哨，但是接著，士兵就擋住了我們的去路，他們檢查我的身分證，發現我是巴勒斯坦人，便要我下車，走回之前經過檢查哨所在的那棟建築，那總共要花上十五分鐘啊！

對於腳上裝有輔助器的我而言，徒步走回去實在很困難，當我回到檢查哨之後，我就被放到排隊的隊伍中，跟其他的巴勒斯坦人待在一塊。當時大概是早上七點，所以大部分排隊的人都是工人。我們成排列隊地被趕入那棟建築裡，身旁全是荷槍實彈的年輕士兵。隊伍中只有三四位女性，除了我之外，她們全都順利通過檢查哨了。

每個巴勒斯坦人都必須經過金屬探測器的檢查，我則因為腳上的輔助器沒有通過檢查，

12 更多關於檢查哨與邊境點的資訊，請見附錄〈名詞解釋〉。

可是我也無法在脫掉支撐器的情況下走路。最後，士兵必須親自對我搜身，有個在防彈玻璃後的士兵告訴我，我得去另一個特殊的小房間裡。在檢查哨時，我幾乎沒有直接跟士兵交談，因為他們總是站在玻璃後方，透過麥克風跟我們對話。

我被帶到一間沒有椅子的小房間，金屬的牆壁上沒有窗戶，我也沒看到有人在房間裡。我站著等了半個小時。我猜他們大概是把我給忘了吧。因為我腳上殘疾的緣故，沒辦法長時間站著，後來我開始敲門，還是沒有人過來。之後我又敲了好幾次門，好提醒他們這裡還有一個人。

接著我又被帶到另一間小房間，有位女士兵站在防彈玻璃後頭，她非常年輕，應該才二十幾歲左右，雖然房間裡只有我一個人，那個士兵好像當我不存在一樣，也沒有打算跟我解釋接下來會發生什麼事。她就這樣坐在防彈玻璃後方。我時不時敲敲玻璃，請她趕快搜我的身，這樣我才能趕快離開，可是她只說：「我在等別人過來。」一個小時之後，她起身離開了，留下我一個人在那裡。

隨後有另一名士兵走來，跟原本那個女兵一起站在玻璃後面。他們要我把衣服脫掉，可是我說：「我做不到，這裡有相機。」她瞥了瞥鏡頭一眼，冷冷地說：「是的，每個房間都有相機。」幸好，每一個檢查哨都有一位巴勒斯坦裔的調解員，負責翻譯和處理士兵的雜事，我設法強迫士兵替我找調解員過來，這又花上了好長一段時間。最後，調解員終於來了，他跟我談完之後，就把自己的外套蓋在鏡頭上，並帶了一些我可以換穿的衣服過來。我脫下衣服，而士兵則站在玻璃後指揮我該怎麼移動，好讓他們檢查。後來在士兵檢查我之前所穿的衣服的當下，我穿上那位調解員為我帶來的替換衣物。過了很久之後，一切終於結束了，調解員帶著他的外套離開，我則被士兵領著去重新做金屬探測檢查。

結果我總共花了好幾個小時在那棟建築物裡頭，在我被檢查的過程中，我的同事們只能待在外面的車上等我。接著，我們終於要通過加薩走廊的邊界，所有的程序又重新上演了一次，我的德國同事快速地通過檢查哨，而我則須歷經專屬巴勒斯坦人的嚴密檢查。在艾雷茲過境點的檢查哨[13]時，我們都不能待在車上，所以在通過檢查哨之後，每個人都得走上一英里長的隧道，才能夠抵達可以叫計程車的地點。

雖然名為隧道，但是其實它沒有屋頂遮蓋，充其量只是個兩側用圍籬圍起來的狹窄通道，窄到連汽車都沒辦法開過去。圍欄外是寸草不生的安全警戒區域。為了要跟我一起過隧道，我的同事已經等我很久了。然而，要我徒步走上一英里實在太辛苦了，最後我不得不坐在另一名巴勒斯坦人的行李推車上，讓他推著前進。整個過程讓我的內心十分煎熬，因為我一直認為自己夠強壯也夠獨立，我可以依靠自己，要我坐在行李車上讓別人推著向前實在太

13 二〇一四年，艾雷茲過境點（Erez crossing）是唯一一個開放巴勒斯坦人往來以色列與加薩走廊的通道。自二〇〇七年起，穿過邊境的限制愈來愈嚴格，如果需要，以色列政府還會逐一審查通行許可。更多邊境點的資料，請見附錄的〈名詞解釋〉。

難為情了！

在檢查哨花了數小時之後，我們終於到了加薩走廊。一抵達，我們直接前去拜訪那個組織，因為我們已經沒有時間可以浪費了，他們只發給我一天的許可！這實在是太荒謬了！我們竟然沒辦法自己國家內自由移動。

結束在加薩走廊的行程，我必須得從艾雷茲檢查哨回去。這一次，在檢查哨外，我看到了兩個標誌，一個寫著「以色列人民和外國旅客」，而另一個只寫著「其他」。你知道，他們就是要讓我們覺得我們什麼都不是。他們可以寫「巴勒斯坦人」，可以寫「阿拉伯人」為什麼就是要用「其他」這個詞呢？

我們穿過隧道，隧道的盡頭有間開放式的小房間，這裡的設施比希伯崙檢查哨的設備還要先進，不過同樣有很多士兵站在高高的鷹架上荷槍實彈，從上往下俯視我們，他們透過麥克風說：「打開二號門。打開十號門。」等各種指令，接著叫我們向前移動。從頭到尾，我們都可以看到在上頭走來走去的士兵，可是我們卻從不知道是哪個士兵在發號施令。

最後我來到了一間有屋頂的小房間，地板上鋪著格子鐵板。有一位女兵站在玻璃後方，並叫我脫下我的衣物，我跟她討價還價地爭論哪些是我必須脫下的衣物，哪些是可以留在身上的。最後我脫下長褲與腳上的支撐器，把它們放到輸送帶上。她檢查過後，就用機器把我的東西送還給我。接下來，我還得等他們跟之前給我許可證的人聯絡，這又花了好長的一段時間。我以為我已經跟他們講妥條件，也辦理了我所需要拿到的許可，一切應該沒問題，但還是得費時等待。

後來，我也跟BASR的朋友聊起這些經驗，他們都經歷過跟我同樣的事，也跟我面臨過同樣的情況。其實以色列並不是針對我一個人，而是他們把巴勒斯坦人當成目標，把那套規則套用在我們身上。但或許他們可以體貼一點，這樣我就可以不用等那麼久，或者他們可以有人性一點，為我準備一張椅子。我了解這些檢查對於他們的重要性，但是他們沒有必要這樣侮辱人。如果只是為了安全，他們真的可以不用羞辱巴勒斯坦人，他們這麼做，只是為了要顯示我們是比較低階的人民，以色列與外國人士是最高等的人民，巴勒斯坦則是最低等的。有時候，人們不太了解我們抗爭的原因，我只想要平等！平等！我要的就是平等。

未來有一天，我想回到加薩，以吉拉斯文化中心的模式成立另一個文化中心。只是到時，我希望能找到一個比較簡單的方式進入加薩走廊，至少要比通過希伯崙和艾雷茲檢查哨的方式簡單才行。不過，我還是很慶幸自己有這樣的經歷，現在的我終於理解，那些每天為了工作得經過檢查哨的人，心中到底作何感想了。

一切都指出，情況只會愈來愈艱難

我非常以身為巴勒斯坦人為傲，也從沒想要到另一個國家居住。即使我擁有歐洲各國的旅行經驗，不過我還是喜歡住在巴勒斯坦。假如我出國時碰巧巴勒斯坦國內遭遇到不幸的事情，都會讓我徹夜輾轉難眠。如果有一天，我深愛的人先離開了，我會想與他們一同共赴黃泉；如果他們活著，我也想跟他們一起共度人生；如果他們遭遇困難，我希望我可以跟他們一起同甘共苦。我希望可以成為這個社會的一分子。每次一想到巴勒斯坦，我就會想起我們所面臨的困境，我們必須繼續爭取我們的權利，這對我而言是條無止盡的路，有時候是爭取權利，有時候是為了促進教育。我們都是戰士。當我努力想要改善生活品質，那就是戰鬥，而反抗以色列的占領，也是戰鬥。

隨著日子一天天過去，抗爭變得愈來愈困難，每天在巴勒斯坦上演的事情都一再證明，未來的日子只會比現在更艱難。十二年前，那道隔離牆根本不存在，屯墾區的面積也只有一點點，騷擾事件也比現在少很多。現在的情況則是愈來愈艱困。我通常會避免經過檢查哨，因為它讓我渾身不對勁，無論是生理上還是心理上都相當不舒服。每次去過檢查哨，我總得花上好長一段時間，才能讓自己的身心靈回到正常的狀態。

我現在的目標是希望擴充文化中心的規模，並在其他地方建立文化中心。我們正在進行推廣計畫，希望可以擴張到其他正努力生存下來的學校以及社區。有些小村莊被以色列的屯墾區包圍，重要的補給也因此被切斷。我們希望能支持這些社區，並且透過教育提升生活品質。我深信，如果我們想要重建一個國家，教育就是最好的方法。

在文化中心的時候，我們盡可能讓這裡的學生保有赤子之心，一旦他們達到一定的年齡之後，我們就不能保護他們了，到時候這些孩子得自己面對外界的現實。每次我與我的姪子，或是一些快要進入青少年時期的男孩與女孩在街上散步時，我總是不由自主地想到這些令人難過的事。雖然這些十四或十五歲的孩子，在國家與國際法律上都還是未成年人，但是以色列士兵已經把他們當作大人了。此外，這些孩子有沒有違反法律，在士兵眼中根本不重要，重要的是以色列士兵當天的心情如何。

我用了許多方式來執行我的計畫。我熱愛生活，也想要保護它。如果可以，我也想盡可能保護別人的生活。雖然生活當中有許多困難，但還是值得我們繼續努力。我喜歡尋找美好的事物，即使是孩子的一個笑容或一朵花都好，我總會試著找到一些讓自己愉快的小事。

我對巴勒斯坦的未來並不是很樂觀。以色列的國力十分強大，加上西方列強的援助之下更是如虎添翼。但另一方面，我不認為以色列的惡行能夠永遠無法無天，因為世界不可能一直支持以色列用如此方式對待巴勒斯坦人。有一天，改變會來臨，歷史會證明一切。未來的某一天，巴勒斯坦人將會得到應有的權利。

當外界看待巴勒斯坦的時候，我並不認為他們真的完全了解巴勒斯坦的現況，而如果世人有心想要看見巴勒斯坦的實際情況，他們就一定可以看得到，如果他們有心想要聽到巴勒斯坦的情勢，也一定可以聽得到。可是，如果世人對巴勒斯坦的情況毫不在意，就算把事情擺在眼前，也沒有人會注意。

阿碧爾・阿尤卜於西耶路撒冷

阿碧爾・阿尤卜

記者，現年二十六歲，生於加薩的加薩市。於加薩的加薩市受訪。

二〇一三年的春天，我們打算先與埃及政府跟哈瑪斯（加薩走廊的統治政黨）的龐大官僚體系斡旋，成功之後啟程前往加薩走廊。加薩走廊一直以來都遭到嚴密的控管，我們在境內的那段期間，擔任嚮導兼翻譯的是在加薩土生土長的年輕記者阿碧爾・阿尤卜（Abeer Ayyoub）。在與她談話的過程中，我們發現阿碧爾對加薩生活所抱持的觀點十分有意思。身為記者，我們通常會避免訪問同行，但當我們愈認識阿碧爾，就愈覺得她的故事很值得跟讀者分享。

在我們與阿碧爾相處的時日裡，她無時無刻都離不開手機與筆記型電腦。跟許多全職記者一樣，她得隨時隨地檢查電子郵件，追蹤社群媒體現況，或是安排各式各樣的會面。除了這些之外，她最離不開的社群媒體就屬Instagram了。閒下來的阿碧爾總是隨時隨地在拍照，無論是在餐廳用餐；在街上漫步；或只是在街角的小店逛逛，她都會留下用照片記錄下這一切。對她而言，沒有什麼東西是太過平凡而不能放到Instagram上的。不過，也因為如此，我們才能夠全盤了解一個加薩上班族女性的生活。

自以色列於二〇〇七年封鎖加薩走廊之後，加薩的居民要取得資源十分不容易。阿碧爾身為加薩走廊少數的中產階級，要取得資源則相對容易些。她還擁有令眾人稱羨的小型人脈。她告訴我們：「之前我在美國領事館工作的朋友要去約旦，他問我有沒有什麼想請他代買的東西，我說：『能帶多少唇蜜就帶多少唇蜜吧！』我常常在大街上，花上十個小時尋找可用來寫成新聞的故事，而我的包包裡一定要有三樣東西，那就是：筆記本、筆、唇蜜。」

加薩走廊的過去就像一部好萊塢電影

這個嘛……我在加薩走廊的成長經歷當然相當有意思呢，過程宛如好萊塢電影一樣精彩。不過，這部電影既不是喜劇片也不是浪漫愛情片，反而比較像是一部動作片。我見證了兩次巴勒斯坦大起義、兩次軍事入侵、哈瑪斯政變[1]。而當我見證過這麼多災難之後，我對於自己能活在這個世界上就愈發覺得感激。

一九八七年，也就是巴勒斯坦第一次起義爆發的那年，我在加薩市出生了[2]。在我上學之前，每天早晨見到在街道上巡邏的以色列士兵，對我而言已經是家常便飯了。以前我十分懼怕他們，而我祖母也再三告誡，要我別跟以色列士兵說話。上學之後，我們在學校學習各種跟以色列士兵互動的技巧。比如說，看到以色列吉普車的時候，你絕對不能奔跑，因為你一跑，他們就會認為你一定做了什麼壞事。不過，還年幼的我們，壓根沒仔細想過這些士兵的身分，以及他們出現在我們生活周遭的原因。我只知道，到處都有穿著綠色制服的陌生人。我也好奇，為什麼我們大家都沒有槍，可是以色列士兵卻人手一把。如果其他人只能用石頭當武器，那以色列士兵為什麼要用槍來保護自己呢？我的童年對於以色列占領加薩的事情完全不了解。在我成長的過程中，我的家人也很少跟我提及這些。

成長過程，我一直認為自己是個土生土長的加薩人。在家中排行第八的我，一共有四個兄弟以及五個姐妹。在我們小時候，即便我那經營金屬工業的父親擁有十分豐厚的收入，但送我們十個孩子上學也著實花了他不少錢。所以即便我們家的家境不差，我的童年卻過的跟

1 二〇〇六年，哈瑪斯在加薩贏得議會選舉，透過民主的方式掌管政府。然而，二〇〇七年的六月，哈瑪斯與巴勒斯坦自治政府，以及主要領導政黨法塔（Fatah）決裂。在經過一連串的武裝對峙、衝突之後，法塔和自治政府勢力退出加薩走廊。更多資料詳參見附錄〈名詞解釋〉。

2 加薩市（Gaza City）為加薩走廊的第一大城。共有五十一萬五千位居民。第一次巴勒斯坦大起義期間，戰火延燒整個約旦河西岸與加薩地區，起因為巴勒斯坦人民挺身反抗以色列的軍事占領。時間從一九八七年的十二月一直到一九九三年才宣告結束。

一般孩子沒什麼兩樣。我並不缺少生活必需品，但是我的願望卻無法常常實現。我們家雖然買得起上學的衣服，但我的父母可能無法負擔額外的東西。我們跟社區大部分的人一樣，只有在開學前、齋月過後的開齋節和宰牲節，才會上街購物[3]。

我們家的親戚都住在同一條街上，我父親自己擁有一間房子，跟他的四個兄弟住在同一個街區。因此童年時期，我總是跟兄弟姐妹與堂表兄弟姊們玩在一塊，不論男孩或女孩，我們總是一塊在街上踢足球、一塊上學、一塊回家。街上也有幾位鄰居，他們的孩子也會過來跟我們一起玩耍。

從很多方面來說，我母親都是很典型的家庭主婦。她勤儉持家，而且給予每個孩子足夠的關愛。當然，她沒辦法花很多時間在我們每一個人身上！但我記得每次我們在做功課的時候，她總會湊過身來，設法幫助我們，我還記得她教我寫阿拉伯文與英文的模樣。雖然她自己完全不懂英文，不過她總會記下我英文課本的內容，再試圖讓我了解。雖然她所知有限，但我記得她努力用英語唸出星期一到星期日，好讓我可以記下來。

西元二〇〇〇年時，巴勒斯坦第二次大起義爆發了，以色列屯墾區[4]爆發了許多場衝突。當年才十二、三歲的我也因此親眼目睹了許多槍擊與暴力的場面。那段時間，街上的情況並不穩定，所以我有時去學校上課，有時則待在家裡。部分來自其他學校的年輕人會到我們學校來，他們把學生帶出教室，要求我們加入戰局。那段期間，暴力事件總是不斷上演。大部分時候，我們只希望能夠平平安安就好，所以我們通常很早就離開了學校，因為放學後通常就是衝突開始的時間。如果我們能夠早點離開學校，就不必得穿過催淚瓦斯的煙霧才能通往回家的路。

巴勒斯坦第二次大起義時，我已經是青少女了。當時的我還是個滿腦子充滿愚蠢想法的古板女孩，愚蠢到竟然想要在十六歲時結婚，但卻從不敢妄想自己可以擁有能單獨出去約會的男性朋友。

當我進入青春期，男孩與女孩就完完全全地被隔離開來了。一開始，我的確訝異不已，但很快就習慣了。我十五歲之後，以前每天跟我一同踢足球的鄰居男孩就不再跟我說話了，而我的哥哥和堂哥們都要我假裝不認識他們，這就是我們的文化傳統，彷彿突然間，這些過去十年裡每天都跟我玩在一起的男孩，對我而言就如陌生人般。第一是因為他們跟我非親非故，第二則是因為我已經是個年輕女性了。這一切的變化實在令人沮喪，但是我很快就相信，戴著頭巾（hijab）是一件十分重要的事，我得把自己藏在頭巾之下，不能讓男性看到我的樣子[5]。

3 開齋節（Eid Al-Fitr）和宰牲節（Eid Al-Adha）是伊斯蘭教的兩大節日。依照巴勒斯坦的習俗，大家都會在這時上街購買新衣服，互相拜訪。

4 西元二〇〇〇年，加薩走廊共有超過十七個以色列屯墾區，屯墾者超過六千兩百人。

5 「hijab」是一種伊斯蘭婦女用以遮蓋頸部與頭部的服裝。

我父親總是告訴我，我是所有兄弟姊妹裡頭最聰明的一個，而我的學業成績也相當亮眼。不過，我從來沒有聽說過，自己身邊有哪個女性從事令人印象深刻的工作，也沒人鼓勵我朝這方面走，但我仍舊非常努力用功。坦白說，我自認自己並不漂亮，因此要找到丈夫應該頗有難度。我想，或許我可以用自己的在校表現或是大學資格考試的成績，來證明自己的特別，而我也做到了。我大學入學考成績讓我父母相當驚喜，他們也保證會全力支持我上自己喜歡的大學以及科系。我在二〇〇五年時全心全意準備這些考試，那年對加薩走廊而言也是意義重大的一年[6]。那一年，以色列士兵退出了加薩地區，對我們而言，就像是多年來的辛苦終於有了成就一樣。

隔年，我開始了在加薩伊斯蘭大學[7]的學業。雖然我並不是很喜歡這間大學對宗教信仰的控制，但這裡有我想修的英國文學課程。況且，如果你當時在加薩，你根本不可能找到一間不受伊斯蘭主義派（Islamist）[8]影響的大學。我在學校學英文已經有好長一段時間了，而我希望進了大學後能夠繼續精進。我覺得這或許會成為我畢業後找工作的一大利器。

我花了大一一整年的時間研究英國文學。接著二〇〇六年，在哈瑪斯俘虜了吉拉德・沙利特[9]，之後加薩的一切都變了。以色列開始對加薩進行制裁，我們擁有的金錢和自由又更少了。由於我們家的收入不比以往來得多，我父親希望我們這些孩子能夠休學，但是我那喜愛首飾與金飾的母親，竟然把她的珠寶全都整理出來拿去變賣，好支付我們龐大的大學學費。她是我得以繼續接受教育的原因。從很多方面來說，我的母親成就了今日的我。

我就會起身尖叫：「我只是想要睡覺！」

大二那年的某堂課中，教授要求我們做一項研究計畫，研究對象是使用英文技巧的人。我選了新聞編輯當作研究主題，我忘了自己當初選擇這題目的理由了。其實原先我只是想找個主題隨便寫寫，交差了事，但自從我開始研究之後，我找到許多相關書籍，每一本都非常有趣。

因為計畫所需，我去訪問了一位住在加薩，名叫紹德・阿布——拉瑪丹（Saud Abu Ramadan）的記者。他是位自由接案者，也替世界各地的報社寫報導。我們的訪問過程非常有意思，而且他還表示，如果我有意願，他很樂意以記者的身分指導我，而我也答應了。事實上在媒體界，有很多滿腦子都想占女孩子便宜的討厭鬼，我遇過很多人這樣告訴我：「要

---

6 二〇〇五年，以色列單方面宣布退出加薩走廊，更多詳細資料請見附錄〈名詞解釋〉。

7 加薩伊斯蘭大學（Islamic University of Gaza）是位於加薩市的大學，全校約只有兩萬名大學生。

8 編注：指伊斯蘭主義的支持者或追隨者。伊斯蘭主義主張伊斯蘭信仰與教義不只是個人生活的指導方向，同時也成為國家的社會與政治運作模式的引領方針。伊斯蘭主義亦可說是一種「宗教化政治」的表現形式。

9 吉拉德・沙利特（Gilad Shalit）原為以色列國防軍（IDF）的士兵，二〇〇六年六月被哈瑪斯旗下的民兵所綁架，並於二〇一一年十月在戰俘交換計畫中被釋放。

我教妳當然可以，不過妳得為我做點什麼。」他們要求的事當然不會好到哪裡去，可是沙特跟他們不同。除此之外，拜他所賜，我還認識另一位名叫法瑞斯・阿克蘭（Fares Akram）的記者，他同時也在人權觀察組織[10]擔任研究顧問一職。他們兩人都相當專業，我也在與他們共事的過程中獲益良多。事實上，一直到我真正確定自己想從事什麼工作之前，每週我都去他們那裡接受指導，最後我確定：我想成為一名記者。

二〇〇八年以色列派兵進入加薩[11]之時，我還是個學生。因為轟炸的緣故，我跟家人全都被關在屋子裡，足足有二十二天出不了門。我們三十多個人全擠在同一間公寓裡，每天一同共進早餐、午餐、晚餐，能如此共聚在一起讓我們比較有安全感。此外，在那二十二天裡，我們完全無電可用。那時天氣十分寒冷，導致一天的時光，總是有好幾個小時得縮在毯子底下取暖。加上我們通常都自己生火做飯，也有一小罐瓦斯可以使用，不過那時候我們希望能夠盡可能節省瓦斯的用量。在這期間，加薩地區根本沒有人在光天化日之下賣東西，因此我跟兄弟們總會溜到比較熟悉的黑市去買一些日常生活必需品。除此之外，大部分的時間，我都依靠一台電池收音機所播放的新聞度過，而我也嘗試以一個記者的角度了解情勢。現在到底情況怎麼樣？什麼才是真相？記者要怎麼把事情經過講清楚？雖然我當時十分害怕，但我覺得這樣的情況，對我來說也是一種訓練。

那段期間，不分白天黑夜都有空襲，只是每當晚上要就寢時，我們總是特別害怕。我記得，有一次我睡著幾分鐘之後，就聽到炸彈從天而降的聲音。我跳起身喊著：「我只是需要睡眠而已！」在戰事結束的前幾天，我們每天都在哭泣，因為我們實在太想要好好休息了。

我們還學會了區別兩種不同的噪音，一種是無人機呼嘯過頭頂的引擎轉動聲，一種是F16戰機前來空襲的呼呼聲。雖然無人機的聲音令人煩躁，不過F16戰機的聲音總是讓我心中的恐懼直線上升，因為這表示空襲即將來臨。甚至連我那些還是小嬰兒的姪子都可以分辨無人機與戰機的聲音。現在，如果只是聽到無人機的引擎聲，他們根本不會醒過來。雖然家中的窗戶因為附近的空襲而破損，但幸運的是，我們從來沒有在空襲中被直接擊中過。

不過，我們公寓上方的窗戶就曾在空襲中砸落下來，幸好沒有造成任何人傷亡，但炸彈落下來的聲音，到現在似乎還是非常清晰可聞……咻咻咻咻。

熬過了這麼多天的轟炸之後，我變得有點神經兮兮。我以前常在想：我們家永遠不會被捲入軍事攻擊當中，畢竟家中沒有任何一個人參與軍事活動，可是這種事誰也說不準，某個武裝份子駕車經過，就可能讓我們因此被戰火波及，也有可能剛好有一個人躲在我們家附近

---

10 人權觀察（Human Rights Watch）是個非營利組織，總部位於美國，負責調查全世界違反人權的行為。人權觀察組織同時主導「發掘事實任務」（fact-finding missions），許多記者、律師、學者以及各路專家皆有參與其中。

11 二〇〇八年以色列對加薩走廊的攻擊行動一共持續了三週，時間從二〇〇八年十二月二十七日一直到二〇〇九年一月十八日。以色列並稱這次攻擊為「鑄鉛行動」（Operation Cast Lead）更多詳細資料請見附錄〈名詞解釋〉。

的空地裡——空襲時，敵機也會瞄準空曠的地方，因武裝分子經常在空地發射火箭，這也可能導致我們家附近的空地成為空襲目標。

衝突持續了三個禮拜，停火的隔天，即使外頭情勢還是很危險，但我仍舊在隔天回到大學上課。一見到校園的景象，我的眼淚瞬間就流了下來。校園被摧殘地十分嚴重，雖然我有很多討厭這間學校的理由——比如我不喜歡這間學校嚴格的宗教控制，但當我看到校園的慘況，還是忍不住潸然淚下。接下來的一個月，學校進行許多修復的工程，除了要修補在攻擊中損毀的窗戶，也得確定校園內的建築物安全無虞。接著，即便教室的天花板還沒修繕完畢，所有的學生都回到學校上課了。這是我在學校的最後一年，隔年也就是二〇一〇年，我就從學校畢業了。

畢業後的那一年，我在加薩擔任「協調員」的工作，這份工作主要是幫來到加薩的國際記者牽線聯絡，或是負責安排訪問這類的事。我當時非常積極地學習成為記者所需的各項磨練，也因為這份工作，我得以在加薩見到許多記者，總而言之，這是很棒的學習經驗。

老實的我回答了所有問題

二〇一一年一月，我第一次見識到加薩媒體界的運作模式。當時我本來要去參加埃及革命（Egyption Revolution）的團結運動集會[12]，之前指導我的記者前輩，法瑞斯・阿克蘭負責報導這個事件，我也打算順道與他碰面。我們大約有二十六人在示威現場，但是當群眾一出現，原本待命的哈瑪斯警方立刻就圍了上來，強行終止活動。我想哈瑪斯政權十分害怕中東的抗議活動延燒到加薩走廊，進而威脅他們的政權。

我一到達現場，就接到法瑞斯的電話，在電話另一端，他告訴我示威活動已經取消了，他要我找到他停車的位置，這樣他好順道載我一程。於是我到了他停車的地方，鑽進車裡，但馬上就有一位哈瑪斯的警察走了過來，對法瑞斯說：「請出示你的身分證件。」於是，法瑞斯就把自己的身分證交給警方。

在另一邊，女警正在攻擊一些女性示威者。有一位示威者沒有戴頭巾，在她身旁的女警扯著她的頭髮，一邊不停地打她巴掌，一邊質問她為什麼不是個虔誠的穆斯林。此時，坐在車裡的我很擔心自己會惹上麻煩，因為哈瑪斯會檢查共乘一車的男女，是否有婚姻或是親戚關係，一旦被他們發現沒有，我們就會遭到逮捕。因此，我趁車旁的警察一時分心時下了車，並試圖離那輛車遠一點。可是走沒幾分鐘，我就發現那位警察正騎著摩托車跟在我身後，我一轉身，剛好與他四目相接，他停下車並衝著我說：「拿出妳的手機與身分證。」我像個白癡一樣地哭了出來，一邊把身分證和手機交給他。接著他說：「妳得到警察局才能領

---

12 二〇一一年一月，數百萬名埃及示威者齊聚街頭，要求已經執政超過三十年的埃及總統胡斯尼・穆巴拉克（Hosni Mubarak）下台。

回這些東西。」因此，別無選擇的我只好跟著他一起回到警察局。一進門，我發現原本在示威現場的另外四位女警也在。從她們的臉上我看不見一絲笑容，而我則是嚇得不停哭泣。我的家人根本不知道我在這裡，警察又拒絕把手機還給我。接著，她們開始審問我，而我也很老實地回答她們每一個問題。

其中一個女警一直不停地詢問我跟法瑞斯兩人的關係，還有我們兩個剛才到底在做什麼。我只是不停重複地說：「我不認識他。我們剛剛才遇到的，他是位記者，不過我不知道他住在哪裡。」女警員繼續說：「他是某某人的兄弟，我們知道。」我只說：「噢，不，他不是。」那位女警一直試圖想從我口中套出一些話來。

除此之外，員警還詢問我包包裡的內容物，並且開始動手檢查。她找到我因為腳受傷而拿的處方箋藥，她想知道我的腳是怎麼受傷的，在哪裡拿的藥。最後她終於說：「好了，打電話叫妳的家人過來。」那瞬間對我來說實在糟糕透了，我心想：「我該怎麼告訴爸媽啊？」於是，我打電話給我的哥哥，他跟哈瑪斯成員的關係很好。接著，我簽了一份文件，證明我等等離開警局之後，不會去參加任何示威活動。

回到加薩，我竟然在報紙上看到自己的新聞，街坊鄰居全都在談論這件事，因為這是哈瑪斯第一次在示威活動中逮捕女性。在加薩，女性因為參與社會運動而被逮捕是件非同小可的事。除此之外，他們還把我的名字刊在報上，我覺得我似乎把事情給鬧大了！

新聞刊登之後，謠言開始四處流竄，我知道媒體原本就有自己獨特的運作模式，只是突然間，我竟成為新聞評論家談論的話題：「或許這些女孩被逮捕的原因根本就不是因為示威活動，而是因為她們違反社會道德，四處招搖，甚至連頭巾都不戴。」因為他們這番話，我哭了好幾天，事情的發展有點超出我所能承受的範圍了。

這次被逮捕的經驗實在太令人難忘，之後，媒體開始又替我們冠上妓女的罪名，這真是太瘋狂了。所以，我決定把自己對這些事情的看法寫到我的個人部落格上。也因為如此，某個在哈瑪斯新聞局任職的人寄電子郵件給我，他說我已經瘋了，還說我的觀點十分偏頗。那個寄件者甚至表示，如果我不撤下這些文字，他就會去網站上留言，說——阿碧爾是名不專業的記者，所以雇主根本不該聘用我之類的言論。這是我第一次因為文章而跟哈瑪斯政府扯上關係。雖然有點嚇人，但我也學到如何用比較圓滑的方式與政府交涉應對。

被截稿日追著跑的恐懼

我選擇記者作為我的職業，但是女記者在加薩並不是一個被大家廣泛接受的工作。在我開始就業之後，親戚們就開始在背後說長道短，甚至我的叔伯以及堂表兄弟姐妹也不例外。他們甚至還對我父母施加壓力：「這不是阿碧爾該做的工作，大家都在背後講閒話，說她單獨去跟很多男性談話。」有些平輩則說：「她就是個常去找男人的婊子。」我的父母原本可以因為這些難聽的話而對我說：「夠了！妳給我待在家裡，哪都不要去。雖然我們知道妳並沒有做什麼壞事，可是大家都在閒言閒語，這事關我們家的名聲。」然而，我的父母並沒有這種反應，完全沒有。

慢慢地，無論是外出旅遊或工作，我父母開始更信任我了。我當時也開始負責為一些新聞報社寫線上報導，像是《埃及獨立報》（*Egyptian Independent*）等媒體。基本上，我寫的報導是發生在加薩走廊的第一手資訊。一開始，我會接到一篇需要我穿過拉法過境點[13]才能寫成的報導，而我的父母則是一再叮嚀我：「拜託要找一位可以載妳的司機，我們很擔心妳呢。」其實，他們不太希望我離開加薩市，不過，當他們愈來愈了解，我其實可以好好照顧自己，再加上我並未遇到什麼壞事，也就漸漸放心了。

我的部分工作是研究員性質，另外我也擔任人權觀察組織的協調員。拜人權觀察組織所賜，二〇一二年年初，我終於有機會能夠踏出加薩走廊，拜訪耶路撒冷。我從以色列政府那裡拿到八天的許可。當我踏上耶路撒冷時，覺得自己像在作夢一樣。我一直在等自己從夢中醒來的那一刻，然後就會發現自己其實躺在家裡的床上。一個小時接著一個小時過去了，我甚至還拍拍自己的臉頰，告訴自己該醒過來了。可是隔天我一覺起來打開窗戶，映入我眼簾的竟然是跟昨天一樣的景象：是耶路撒冷——我這才確定，自己不是在做夢。我那次去的地方是東耶路撒冷，那是我第一次見到巴勒斯坦其他部分的土地。

我在人權觀察組織裡有位朋友，她就住在耶路撒冷。我待在耶路撒冷的期間，就是她開著車載我到處參觀。有一天，她並沒有事先告訴我那天的參觀地點，只是自顧自地往前開。

突然間，圓頂清真寺[14]就這樣出現在我的眼前，我開始像個瘋子一樣地尖叫。從小到大，我可以在每一間房子裡看到圓頂清真寺的海報或是裱框圖畫，圓頂清真寺甚至還被印在我學校筆記本的封面上。我已經數不清自己在加薩看過多少次圓頂清真寺的照片了，而它現在竟然就這樣出現在我的眼前。

不過，我在這趟旅程中也遇到了一些詭異的事。其中一項就是目睹某些人第一次見到加薩人的反應，尤其是生長耶路撒冷的巴勒斯坦人。當時，我入住東耶路撒冷的一間旅館，我想要跟每個我遇到的人說自己來自加薩，於是就告訴旅館的櫃台人員——一位巴勒斯坦男性，但是他整個人驚呆了。等他回過神來，他竟然開了一個蠢玩笑，問我的口袋裡面有沒有裝炸彈，或是其他的危險物品。第二天，我搭乘公共汽車前往拉馬拉（Ramallah）的車程中，與一位來自伯利恆的男士閒聊了一下。當我告訴他自己來自加薩，他的驚訝之情完全不下於那位飯店櫃檯人員。他說：「不會吧！你從加薩來的！可是你看起來既可愛又聰明耶！」我只能說，這趟旅程著實令我開了眼界。

---

13 「拉法過境點」（Rafah border crossing）是唯一一個允許加薩人進入埃及的地點，以色列二〇〇七年封鎖加薩走廊之後，拉法過境點通常是加薩人要離開加薩走廊唯一的出入口，但是過境點卻常常關閉。對加薩人來說，二〇〇七年之後要離開加薩走廊實在是難上加難。

14 更多圓頂清真寺的相關資訊，請見附錄〈名詞解釋〉。

待在家真好

二〇一二年，我拿到了可以去瑞典半年的獎學金。對於女兒要離家到那麼遙遠的地方，我父親完全沒有任何心理準備。出於擔心，我父親根本不讓我出國唸書，而我則為此哭了好幾天。不過，之後我發現待在家裡其實也不錯，因為這段時間成了我的第一個長假。

以色列第一次入侵加薩走廊的時候，我還在接受記者的訓練，當時一直都在閱讀新聞。但是，以色列於二〇一二年十一月第二次入侵加薩時，我已經是個職業記者了，相較於上次，情況自然不盡相同[15]，而我也努力地尋找取得新聞的方法。我最害怕的就是新聞有其時效性，這讓我時常備感壓力。

每次空襲過後，我總是立刻走到大街上去看看情況。漸漸地，我開始習慣見到屍體；空襲過後，許多屍體都從瓦礫堆中被抬出來。此外，希法醫院[16]也是空襲過後我必定造訪的地方，我總是在醫院的大門口觀察。空襲之後也有許多車輛快速進出，待在外頭的群眾總是大喊著，要群眾全都退後，好剛讓抵達的傷患有更多空間。而我則是站在那，看著不同背景的男女老少，因空襲受傷而被送到醫院。

在數次空襲發生的那段期間，我幾乎都沒有待在家裡，甚至有時候連晚上也沒有回家睡覺。攻擊行動持續了八天，而我心想，站在火箭底下的自己竟然沒有因為恐懼而哭泣。當時我正忙著為世界上最大的新聞台或報社寫稿，也為很多國際電台播報新聞。我的新聞報導被英國《衛報》（*Guardian*）和半島電視台（Al Jazeera）採用。以色列《國土報》（*Haáretz*）也雇用我當他們家的記者，因為《國土報》並沒有拿到派遣國際記者到加薩報導的許可。這是我一生中最重要的階段，也是我在新聞界的第一步。

過了一段時間，我開始覺得，自己雖然擁有這麼多經驗，也有許多感觸，但我竟然無暇仔細思考所看到的一切。這一切都太瘋狂了。我想，我需要一段時間好好休息，讓我可以充分在腦中消化這些事件，但我實在騰不出時間。衝突發生過後，我得到很多報導以巴後續發展的機會，而且根本推託不掉。況且，我一直想為巴勒斯坦做點什麼，我想當一名記者，我也知道加薩走廊是最適合記者大顯身手的地方，即使這樣毫不間斷的工作方式實在讓我感到身心俱疲。

嘿！加薩不只有火箭炮

我現在又回到加薩伊斯蘭大學讀書了，其實，我之前已經在這間大學拿到我的英國文學

---

15 由以色列軍方發起的雲柱行動（Operation Pillar of Defense）共為期八天，始於二〇一二年十一月十四日。更多資料請見附錄的〈名詞解釋〉。

16 加薩市的希法醫院（Al-Shifa Hospital）是加薩地區最大的醫療機構。

學士學位，現在正在學希伯來文，這是我除了阿拉伯文和英文之外的第三種語言。不過，我學希伯來文並沒有什麼特殊目的，只是純粹希望能夠學會另一種語言，這樣我就可以聽懂以色列和希伯來文的新聞。因為在以巴衝突期間，以色列那方的新聞總是比巴勒斯坦這方的新聞品質還要好。坦白來說，你會比較想聽以色列一些品質較佳的媒體所報出來的真相，聽他們的新聞總比聽哈瑪斯的消息還好。除此之外，在我進入以色列《國土報》工作之後，哈瑪斯宣布加薩的記者都不得為以色列媒體工作。我聯絡上哈瑪斯政府，詢問這項禁令頒布的原因，但是他們只叫我最好乖乖遵守規定，少抱怨為妙。我對他們說：「如果你們今天禁止親以色列的美國記者或以色列記者在加薩工作的話，我完全可以理解。可是，我不了解為什麼要禁止巴勒斯坦人在以色列媒體工作，這樣的話，我不排除做出一些抵抗行動。」以色列的讀者可以閱讀我用的筆電所敲出的一字一句，對我而言是一件非常令人開心的事。這也是我對抗以色列占領我們土地的方式。透過文字，我可以把事實攤在以色列人民面前，同時傳達可信的消息。我可以報導事情的發展情況，還可以說服以色列人民相信，大部分以色列媒體報導加薩走廊的新聞，其實有失公允。

不只是以色列人民，世人都對加薩走廊抱持著錯誤的印象。我今生的任務，就是要破除媒體加諸於巴勒斯坦人民身上的刻板印象。所以，我持續在加薩拍照，拍的都是世人以為加薩不曾擁有的東西。我在新聞、報導以及主題文章當中都不斷強調同樣的事實，當然也少不了把這些照片放到我的Instagram和臉書上。此外，我還替那些沒戴頭巾，或是身穿短褲的年輕女性拍照。我也會帶著相機到海灘，就為了捕捉幾百人或是數千人抛下一切去海邊游泳的身影。在那個當下，沒有該死的占領事實、沒有惱人的哈瑪斯，這一刻什麼都不重要！此時此刻，這些人只想要好好放鬆，好好玩樂。我還去了市場拍了些櫥窗模特兒身穿短裙的照片。在加薩看到戴著頭巾的年輕女性是在尋常不過的事情，但是我會特別注意不讓這些女性入鏡，因為歐洲人和美國人已經知道這群女性的存在，所以她們也就不是我關注的焦點。我比較喜歡關注在西方媒體從來沒有注意過的群體。除了這些，我也常常拍攝很多精緻旅館與餐廳的照片，這樣可以向大家證明——嘿！加薩不完全是個火箭炮滿天飛的地區喔。我們有咖啡廳、餐廳、酒吧、體育館，任何你可以想到的事物，其實在加薩都找得到。這就是我主要的任務。

我很樂意讓每個人——不只是美國人——知道，加薩跟阿富汗根本完全不一樣。加薩有受過教育的高知識分子，也有和以巴衝突完全無關的人。世人應該試著抛下偏見，給自己一個機會，從外部看待加薩，因為我們加薩什麼都有，而西方媒體卻總是試圖證明世人對加薩既有的刻板印象而已。社會大眾知道，對大部分的加薩人而言，傷害來自於發生在加薩的各種衝突，而不是因為他們親身參與戰爭。

身為一名記者，我的母語是阿拉伯文，但是我卻選擇用英文而不是用我的母語來報導新聞。如果我用阿拉伯文報導的話，那我寫的新聞就變成給巴勒斯坦人看了。為什麼我要報導這些巴勒斯坦人已經知道的新聞呢？巴勒斯坦人很清楚自己的家園被占領了，他們很了解自己的權利和義務，也知道巴勒斯坦發生了什麼事。正因為如此我才必須用英文來報導，因為很少有國際記者能夠定期來到加薩。通常來到加薩的人們都對加薩帶有既定的偏見，但這些偏見大多是道聽塗說所得來的。這些人到加薩並不是為了要推翻這些偏見，而是要證明他們心中既有的想法是正確的。

當一名加薩記者原本就不是件易事。每當報導敏感議題時，我就會讓手機保持暢通，等待加薩的政府官員打來的關切電話。我已經堅強到可以獨自應付這些電話。每次報導敏感議題時，我總會在發表文章之前，先把整篇文章反覆看過不下十來次，因為每個具爭議性的內容，都不是憑空杜撰而來，而是取自真人口述，如此一來，他們才不會指控我隨意捏造新聞報導。即便我喜歡在某些報導中涵蓋生活方面的主題，我也想揭露加薩的現況。我認為，除非你正在承擔某些風險，否則我根本不認為你會做出什麼實質貢獻。如果我只是報導一些像是加薩的新商場開幕之類的新聞，我根本不會把自己看作是一位真正的記者。

隨著時間過去，我與政府的互動漸入佳境。我跟政府官員和首長都保持良好的關係。我想他們終於打從心底認為：「當然，阿碧爾是個多嘴的記者沒錯，但是她從來不捏造新聞。」我的確報導過與政府相關的新聞，但同時我也不會忽略以色列的占領。這跟只偏重哈瑪斯、以色列或是巴勒斯坦自治政府的報導方式是非常不同的。基本上，我什麼都寫，如果我寫了五篇關於哈瑪斯政府侵犯人權的新聞，錯並不在我，而是選擇五次侵犯人權的哈瑪斯政府。

我做的事情跟其他女孩大不相同

為了應付這些狀況，我盡可能讓自己過著非傳統的加薩生活。每天早上起床後，我會到體育館運動，接著跟朋友外出，一直到很晚才回家。現在我還準備去上游泳課呢。基本上，我所做的事情是其他加薩女孩不常去做的。我想要讓自己盡可能地忙碌，所以目前正在學習第二外語，另一方面則是因為我不想讓自己覺得，因被以色列占領而限制了我的自由。我無時無刻都忙碌不已，但這並不代表我一天二十四小時都在工作。除了工作時間之外，我也有保留娛樂時間給運動、游泳、逛街、睡眠等。然而，我從來沒有時間靜下來好好思考，我就是沒辦法。

我覺得加薩社會並不接受像我這樣的女孩，但是我總是說：「這是他們的問題，不關我的事。」我為他們祈禱——希望他們能夠盡快提高自我意識以及教育程度，這樣他們才能夠了解我正在嘗試的事物。加薩的社會期望女孩能夠在二十歲的時候結婚，每天早上六點起床打掃，服侍丈夫，但這絕對不是我想要的人生。

有一種意謂「反女性權利」的專有名詞——「父權」，我討厭這個字眼，因為這些思想跟我人生的價值觀完全背道而馳。我想證明，男人可以做的，我也可以做得到，甚至可以比大多數男人做得還要好。有時候我知道路上的男人盯著我瞧，但是我才不管呢！我是一個女孩，並不代表你可以肆無忌憚地盯著我瞧，也不代表我就是個壞女孩。不是這樣子的！如果你盯著我看，那就是你的問題，表示你沒辦法控制你的慾望。有時候，我去的工作場合大多以男性為主，當我進去時，每個人都說：「妳不可以到這來，因為妳是唯一的女性！」通常我會反駁：「那又怎麼樣？因為我是這裡唯一的女性，就表示你們等等都會強暴我嗎？」你知道，這是我人生當中最需要克服的難題。我只是想要證明女孩也可以在半夜出門，很晚才回到家，而且不會有人因此過來跟我搭訕或是對我懷有非分之想。因為我的兄弟們就時常晚歸，而且他們還知道自己並不會因為這樣而惹上任何麻煩。

如果不是因為被以色列占領，大家都會想一遊巴勒斯坦

我總是說，如果巴勒斯坦沒遭到以色列占領，一定很多人會想要來巴勒斯坦觀光。我曾去過約旦河西岸，那裡簡直是天堂，有高山、丘陵、沙漠、古城等景點。而我們加薩則有美麗的海洋和沙灘。可是，巴勒斯坦成為一小片遭受封鎖的土地，這裡的居民無法自由地去想去的地方。在所有抗爭都無濟於事的情況下，巴勒斯坦人對其他國家有很深的依賴感，彷彿認為我們巴勒斯坦沒有獨立能力一樣。

我可以說出很多原由證明自己是個徹頭徹尾的加薩人，畢竟我是在這裡長大的嘛！我在爺爺家族的房子裡出生，我的家人全都來自加薩，所以我屬於這裡。我愛加薩，我愛這裡的每一個角落。

我是位記者，而我希望有愈來愈多人知道我的名字。我想，除了巴勒斯坦以外，沒有任何一個地方更值得我實現夢想。如果我每年有一個月能夠離開加薩到處旅遊，就只是單單去擴展視野、去認識一些新朋友、拓展一些新人脈，或是加強我的寫作能力，這一定很棒。我很樂意在外國寫稿，如果可以，我想被外派到土耳其或是埃及。但是我最終一定會回到加薩，因為我絕對不會離開我的國家到他國居住。絕不。

從七月八日炸彈落下的那一刻起，阿碧爾就開始報導加薩遭到入侵的新聞。她的報導不只被以色列《國土報》、《洛杉磯時報》（*Los Angeles Times*）、《紐約每日新聞》（*New York Daily News*）、+972雜誌、Buzzfeed等媒體採用。許多社群媒體、推特、Instagram也放上她的新聞報導。此外，阿碧爾在調查聯合國學校轟炸事件並參觀停屍間後，寫了一封慷慨激昂的公開信給以色列人民，該篇文章也被刊登在以色列《國土報》上。八月三號那天，她一起床就開始把消息發到社群媒體上；三個禮拜以來，那天是她第一次能夠好好睡上一覺。

西岸的農人，背景為以色列屯墾區

雷斯・赫羅

農人，臨時工，現年三十二歲，生於約旦河西岸的伯利恆，約旦河西岸。於約旦河西岸受訪。

雷斯・赫羅（Laith Al-Hlou）的家位於伯利恆的東南方。我們驅車前往拜訪時，第一件注意到的事情就是路途上的挑戰。有些道路陡到車子幾乎難以爬上去，其他的道路要不是太過泥濘，就是佈滿石子，根本看不到路在哪兒。我們的汽車一路顛顛簸簸地行駛，底部也多了許多刮痕。

最後我們終於來到雷斯他們一家人所住的院子。他家的院子由矮石牆組成，石牆的上方還設有鐵絲網，院子裡種有幾株家族橄欖樹，另外還有兩棟親戚的房子。我們一停好車，就見十幾個孩子衝過來向我們打招呼，有些是雷斯的小孩，有些是親戚的孩子。有些孩子腳上穿著破舊的塑膠鞋，有的則是腳上什麼也沒穿。

身材瘦削的雷斯今年三十二歲，家中除了太太之外，還有五個孩子。一家七口人擠在大約四坪大的小房間裡。這裡是他們一家人主要的活動空間，房間裡還塞了一座衣櫃、一張嬰兒床，以及堆滿毯子的上下鋪床組。而廚房跟廁所則設在二樓，就位於雞舍的正上方。

簡單參觀完房子之後，我們跟雷斯一起坐在外頭的幾張塑膠椅上。他開始談論一九九六年以來整個社區的改變，而一九九六年則是以色列屯墾者開始搬到雷斯家附近的那一年。雷斯的妻子就站在離我們不遠處，即使她的聽力不太好，她還是時不時插話與我們分享她的故事。

目前住在約旦河西岸C區的巴勒斯坦人約有三十萬名，雷斯正是其中一位。根據一九九三年的《奧斯陸協議》[1]，大約百分之六十的約旦河西岸地區，目前仍處在以色列的軍事與行政的控制之下。以色列於一九六七年占領C區，所以C區有許多以色列屯墾者建立的村莊。時至今日，居於約旦河西岸地區，但並非住在耶路撒冷的以色列屯墾者，約有四十至五十萬名。

我們談天的時候，附近屯墾區的守衛塔就像隻怪獸一般，飽含威脅地監視著雷斯的家園。談到以色列屯墾區，雷斯禁不住壓力而潸然淚下，他表示以色列屯墾區帶給他的壓力，最後可能迫使他們搬離自己的家園[2]。

過去的日子比現在好

我於一九八二年出生於伯利恆，不過打從有記憶以來，我就一直住在位於伯利恆東南方的村子裡，一直到二十五歲才搬離那裡。我的祖父把原本在伯利恆的大家族遷移到這個小村子裡，包含我爸爸那輩的兄弟姐妹，他們的配偶和孩子。我們家族在這塊土地上的歷史可以追溯到許久之前，我的祖父也繼承了一部分的土地。我們甚至還有房屋與土地所有權的文書資料，這份一九四三年的資料上記載著，我們家擁有十二英畝土地與三間房子。

日子一天天過去，我卻發現，過去的時光遠比現在的日子來得好。我記得好多小時候的趣事，像是幫忙看顧家族的農地、在附近的野地裡追著動物奔跑，開開心心地生活在這片土地上。我們也時常去野餐，這些都是再正常不過的事了。當時我們可以從事自己喜歡的工作，也可以自由進出各個地區而不會受到限制。那些簡單的日子是多麼快樂啊。

後來，在我差不多十五歲的時候，以色列屯墾者來了。其實打從我還是個小男孩的時

---

1 根據一九九三年的《奧斯陸協議》，約旦河西岸地區被劃分為三個行政區域。其中，A區主要為大城市，由巴勒斯坦自治政府全盤控制，B區則有大約四百四十個村莊，民事管轄權歸屬巴勒斯坦，而以色列則擁有軍事管轄權。而C區與前面兩區相較之下則大為荒涼，大多是些偏遠地區與以色列屯墾區，並由以色列軍隊全盤掌控。更多關於約旦河西岸A、B、C等三個行政區資料，請見附錄〈名詞解釋〉。

2 為了保護受訪者的身家安全，本篇的人名及地點等細節資料，已經過修改。

候，我們這兒就已經有以色列屯墾區了，只不過屯墾區的距離並沒有十分貼近我們的村莊。一九九六年左右，我們開始看到一條條道路慢慢開通。同一年，第一批屯墾者帶著移動式的房屋一起現身了。大約有十五到二十間這樣的房子出現在我們村子附近。第一批屯墾者都是整個家庭一起來到這裡。他們總是槍不離身，而且還是AK47的步槍。屯墾者來到這裡的第一件事，就是到我們的村子來看看他們未來可能會遇到什麼樣的麻煩。那些屯墾者各個都很粗暴。我們一開始因為土地糾紛跟他們爆發過幾場爭執。我記得有一位老人被屯墾者開槍擊中頭部，差點因此喪命。另外這些屯墾者也開始沿著屯墾區建起圍籬，有些就在我們農地的旁邊。我們大部分的土地上也建有圍籬，這些圍籬可以防止屯墾者直接在我們的土地上建造房屋。只不過他們占據了我們放牧羊群的土地，面積約有一千平方英呎，而且他們還搶走我父親的羊隻。只要一有機會，屯墾者就會占據村民的土地，奪取村民飼養的羊隻。

村民們於一九九六年曾發起大規模的抗議行動。大約一百位村民圍著村莊架起帳篷，抗議屯墾者搶走我們的土地。有些人權團體也現身在抗議活動中，我們也向人權團體解釋事情的經過，可是根本沒有任何用處。後來，屯墾者就開始發動攻擊，他們用槍柄毆打我們。除了這場抗議活動之外，村民也跟屯墾者爆發過幾次零星衝突，但是後來村民就放棄了。

他們說推土機要來了

一九九七年的夏天，以色列軍隊來到我們一家族的家，拆除了我們建的羊圈。那是某個星期六的晚上，六、七十名以色列士兵乘著吉普車，宣告他們的到來。他們先是把我全部的家人，包含我父母、六個兄弟和四名姊妹，全部集中到同一個房間。後來我們從房間裡往外看，看到那些士兵走向我叔伯的房子。一開始，這些以色列士兵的目的是要確認我們這裡沒有抗議人士或是滋事份子。

接著，他們說推土機馬上就要到了。而我父親試圖跟他們爭論，他說我們所建造的羊圈其實是未來新房子的一部分，這些新房子是未來要留給孩子們的。我父親表示，因為家族一直在擴大，所以他需要建造新房來容納日漸茁壯的家族。可是，以色列士兵只是叫他閉嘴安靜地待在房間。我們從上鎖的房間裡眼睜睜看著窗外發生的一切。不到一個半小時，以色列士兵就把我們的羊圈還有房舍拆除了。待在房裡的我們忍不住哭了起來。我們年初才親手把穀倉給建好，那可是花了我們一大筆錢，是我們好幾個月的心血啊。

我們心知肚明以色列士兵可能還會再來。當初我們新房的一樓還在建造的時候，我們就已經收到拆遷命令。雖然我們在自己的土地上建房子，但是以色列政府卻說我們沒有建造房屋的許可。村裡很多人也收到相同的拆除通知，因為沒有經過以色列核准建造的房屋或建築，都是不被允許建造的。但是那天，以色列軍隊只拆了兩棟建築，一個是我們的羊圈，另一間是鄰居的房屋，離我們家只有半英里遠。我也不確定他們為什麼挑上我們的房舍進行拆除。總之事情發生之後，我們必須輪流去外頭跟羊群睡在一起，好保護我們的羊隻。因為我們住的地方離野外不遠，所以時常得擔心野狗與胡狼。之後我們清掉瓦礫，發現還是有一些殘餘的牆留了下來，於是我們就用布搭了一個新的棚子，變成我們的新羊圈。

那天過後，我心頭一直有一股揮之不去的窒息感。我的家族很龐大，而且還在成長茁壯當中，可是我們卻不被允許建造新房舍。我的父親一直想要多開墾些農地，多建造些房子給他的孩子，但現在他不被允許這麼做。他本來計畫在原有的建物上加蓋房舍，就是多加一些樓層在原本的建築物上。羊圈就是一個新建物了，他本來希望在羊圈上面多蓋幾層，等到孩子成家之後，就可以搬進去居住，不過自從那次的拆除行動之後，這些想法都無法實現了。

過了幾年之後，我們又嘗試自己建造房屋。差不多在西元二〇〇〇年時，我們花了大約六萬謝克爾[3]，自己買了些石頭，打算在我們的土地上蓋新房子。這次我們試著申請建築許可。不過這實在是一件大工程，因為申請這許可得通過很多要求——包括金錢、與律師的討論，還有沒完沒了的文件工作。我的父親試了三次，但是我們還是沒辦法拿到許可。所以，我們之前買來要建房子的大理石塊到今天還躺在那裡，至今已經十四年了。

很多村民都離開村莊，搬到別的地方去了。我叔伯的親戚有些也移居國外。以色列政權跟那些屯墾者，似乎很希望我們離開這塊土地。如果我們打從一開始就沒有擁有這塊土地，我們就會回到伯利恆，至少伯利恆的環境比這裡好，也比較容易生活下去。可是，如果我們離開這裡，我們就無法保護這塊家族傳承好幾世代的土地了。

我們在這就跟囚犯沒兩樣

那次拆除行動後的幾年，我結婚了。結婚之後，我得找份能夠賺錢養家的工作，因為我跟我太太已經準備好要組織我們自己的家庭了。我在離家幾英里遠的大理石公司找到一份工作，公司位於某個大型屯墾區裡。我在那工作了三年，但是公司突然歇業，工人於二〇〇八年時都被遣散。那時，我們已經有了孩子，生活處處需要金錢，所以我開始偷偷到以色列非法打工。

第一次我成功偷溜到一處工地打工。後來，我第二次嘗試偷渡進以色列，就被以色列軍隊逮捕了，並因此吃了兩個月的牢飯。這麼多年以來，我都沒辦法申請合法在耶路撒冷工作的許可[4]。

---

3 當時，六萬謝克爾（shekel）大約等於美金一萬五千元。

4 居於約旦河西岸的巴勒斯坦居民需得到許可才能進入耶路撒冷。有些許可證需要特殊原因才得以申請，每次核發的許可證只能使用一次，而有些則是工作許可證。但是，申請許可證的過程十分費時費力，還得花上大筆金錢，導致許多巴勒斯坦人鋌而走險，非法進入以色列打工。

從那時起，我就回到家裡附近工作了。雖然我們家飼養綿羊和山羊，但我只負責照顧雞群。我們大約養了四十隻左右的雞，每天大約有十顆蛋的產量。我們會把沒吃完的雞蛋拿到市場販賣。除此之外，我們也自己種植蔬菜，像是黃瓜、白菜、豆類等，另外還種有三百棵橄欖樹。這些橄欖樹每年約可產出八十加侖的橄欖油，除了自用之外，剩下的我們都拿出去外頭販售了。

我通常都在早上六點半起床，七點前上工。現在我在鄰近屯墾區的橄欖樹農場工作。此時正是我們曬橄欖的季節，但其實我不太喜歡在太陽下工作，因為我常常曬太陽曬到頭暈或頭痛。所以，我的工作就是待在屋內，準備好橄欖以便裝箱。通常我從早上七點工作到下午三點，有時則會加班到五點左右。我也曾經在屯墾區附近打過一些零工，像是準備用來燒柴火的木柴，或是製造磚頭等。我的老闆也會告訴我該上哪兒去找工作。簡單來說，我喜歡在離家不遠的屯墾區做事，因為這樣來回上班地點與自家交通都十分方便，也可以更常見到我的孩子。可是，附近工作所給的薪水都不高。一般來說，我一天的工資大約是一百謝克爾。我那些去耶路撒冷工作的朋友就賺得比較多一些——大約是一百五十謝克爾或一百七十五謝克爾不等[5]。

以前我偶爾會跟他們一起到以色列打工。不過，進出以色列需要特別的許可，因為我之前被逮捕過的關係，到現在都沒有辦法拿到許可。

我家附近的屯墾區約有四十至五十名屯墾者，另有少數士兵與私人警衛駕著四、五台吉普車在附近巡邏。他們還在不遠處建了一座塔樓，以便監視四周的動靜。我們要搬運財物時，根本無法擺脫他們的視線。目前大約有十至十二位巴勒斯坦人在隔壁的屯墾區工作。我個人並不會懼怕屯墾區的居民，再加上我曾在屯墾區工作，所以屯墾者認識我，對我也算是友善。不過如果對象是我的孩子、親戚或是鄰居，那些屯墾區居民的態度可能就會比較粗暴一點。我的家人與多數鄰居都覺得自己被困在這塊土地上，放眼望去，我們四周都是雇有私人保全的屯墾區。如果你離開自己的土地，那些私人保全還會過來找你麻煩。我們在這裡就跟囚犯沒兩樣。

有時，觀光客會來到我們這裡野餐，春季的時候更是旺季，但是屯墾區的士兵會靠過來把那些觀光客包圍起來，表示這個地方是不開放的。長時間以來，一直都有些屯墾區的居民會到我們那去，大吼大叫地要我們滾出自己的土地。這樣的情形每個月會上演兩次。這群屯墾者帶著槍，嘴裡嚷嚷著：「如果我們看到你們出現在街上，我們就會開槍。如果你們帶著羊群出現在那邊的草地，我們也會開槍，還會讓你去坐牢。如果你們不乖乖待在家裡，我們也會開槍。」把我的孩子們都嚇壞了。他們還告訴我的孩子，出圍籬之外的地方都是禁止進入的。現在除了上學之外，我都不讓孩子出門，孩子們也經常做噩夢——夢到自己被槍擊的

5 一百謝克爾大約等於美金二十九元，一百七十五謝克爾約等於美金五十一元。

場景。

不過，情況有日漸改善的趨勢。第一批來到屯墾區的居民較為粗魯無禮，但在一些人離開了之後，有些新住進來的居民就沒這麼具有攻擊性了。我還記得某次，有個男人在屯墾區附近採蕁麻，結果卻被幾位屯墾區的居民抓住。他們扒光他的衣服，逼迫他裸著身子走回家。每位村民都看到他低著頭，快步走回家的身影。現在屯墾區的居民則友善多了，只是他們說，屯墾區的規模還會擴張，這一切讓我覺得壓力愈來愈大，壓得我快喘不過氣了。現在我們時時刻刻都提心吊膽，如果屯墾區繼續擴張，情況可能會愈來愈糟糕。

最大的問題是用水

我們有時會用發電機來發電，但是油錢可不便宜啊。我們通常一週只會開一次發電機，這樣才可以用洗衣機來洗衣服。現在天氣很熱，我們也沒有可以讓電風扇運轉的電。冬天也沒有辦法開暖氣，所以當天氣漸漸變冷時，我們就只能整天縮在床上取暖。

我們最大的問題還是用水。我們這裡的水管會先經過屯墾區，而我們住的地方則是位於供水水管的末端。在夏天時，水到我們這裡之前就可能被用完了，所以經常無水可用。如果遇到這樣的情況，我們就得請附近軍營的士兵把水源打開。有時候，得問好多次他們才會動手處理，不過可能一兩天後又關起來了。

在此情況下，我們得購買些水，以備不時之需，或是從井裡打水。不過，夏天井水的供應量不足，需要買的水量也就增多了。一箱水的價格大約是六十謝克爾[6]，容量大約是幾百加侖。當然我們總是盡可能節省用水，像是拿洗澡水來沖馬桶。孩子也都用同一桶水來洗澡，不太有浪費水的情況發生。

目前住在我們家族土地上的親戚約有三十位，另外大約十位則是暫時在外地工作。我們還飼養了一些牲畜，也種植橄欖樹。而我們得排出優先順序，確定孩子們都有足夠的水可以用，接下來才輪到大人，大人用完後，才考慮我們所飼養的家畜家禽，最後才是橄欖樹。我個人不認為今年的水足夠讓橄欖樹使用，而今年應該沒有什麼橄欖可以採收了。

鄰近的屯墾區根本不用煩惱用水的問題。他們不需要我們一樣，把水桶放在屋簷下接水。他們有用不盡的水，甚至還有游泳池。跟我們比起來，他們就像住在天堂一樣。

除此之外，即便我父親手上的文件能夠證明我們家擁有十二英畝的土地與三棟建築物，這份文件還是從一九四三年就存在的，但我們到現在還是不能建造新房子。以色列雖然不會拆除這些固有的建築物，但如果是沒有建築許可的新建築，他們通通都會拆除。五年前，我父親想建造一棟小房子給他們夫妻倆自己住，因為要拿到許可證實在很困難，所以他當時沒

6 六十謝克爾大約等於美金十七塊。

有去申請。可想而知，他馬上就收到了拆除命令，只好把原本房子的基底改建成雞舍。後來，我們又想在原有的房舍上加蓋，不過才剛開始沒多久，我們又接到了拆除命令。雖然以色列軍隊三年前就發了拆除命令，不過到現在還沒有派推土機來。我們不知道他們到底什麼時候動手，唯一能做的就是等待。

我們熱愛自己的生活

我們夫妻倆一共有五個孩子，兩個男孩，三個女孩，最小的才一歲半。一家大小都擠在同一間房間裡，不過我們也有自己的廚房可以使用。雖然空間還是不夠，我們仍無法建新房子，而孩子又需要空間奔跑和玩樂。此外，因為沒有電，他們甚至也不能看電視，孩子們通常都是吵吵鬧鬧地度過一天。

不過，我還是喜歡住在這裡，而且我可以說出好多理由。這裡畢竟不是大城市，所以不會有人滿為患的問題——我們自己養家禽家畜，依靠自己的土地過活。我們喜歡這種生活，這對我而言最自在不過了，即使我們得面對生活上的各種難題，還得設法跟屯墾區的居民相處，這些問題，我們都得一一克服。其實我也很想要搬家，但又捨不得自己的土地。

如果我離開了，我的生命還有什麼意義呢？我的工作都在屯墾區，所以無論是離開或重新找一份工都很困難，況且我的家人與父母都住在這裡，即使我離開了，我的父母依然會留在這裡。

這裡的一切實在令人不快，讓人窒息。如果屯墾區持續擴張，包圍我們的土地，我們的日子就會像活在地獄一樣悲慘。此刻大家都因為擔心而成日心情鬱悶。我無法確切描述我的感受，但我一直覺得自己是弱勢的一方，也沒有人願意幫助我們。屯墾區會日漸擴張，我的家族也會日漸壯大。現在我能做的就是多賺一點錢，好讓家人過上比較好的生活。我希望自己的孩子能夠有安全的生活環境，能夠安心去上學，不必擔心自己會受傷或是受到攻擊。而今知識已經成為我們最後的籌碼，所以我希望自己的孩子能夠上大學。我們有一些朋友住在伯利恆，而他們都有足夠的水電可以使用，生活比我們好太多了。很多村民已經搬離這座村莊，尋找更好的生活。有一天，我們可能也會離開，因為這裡完全沒有辦法讓我們建造房子，也無法讓孩子安心成長。

以色列杜曼監獄的警衛塔

阿布杜拉赫曼・阿赫瑪

律師，現年四十六歲，
生於約旦河西岸的迪黑希（Deheisheh）難民營。
受訪地點為約旦河西岸的伯利恆。

阿布杜拉赫曼・阿赫瑪（Abdelrahman Al-Ahmar）與妻子、四個孩子一同住在一間位於難民營邊界上的小公寓裡，這座難民營是從小伴著阿布杜拉赫曼長大的地方。他們養了些兔子、鳥兒、小狗，甚至還有一匹馬，整棟公寓被綠意盎然的樹木與花園所環繞。住在這裡的，除了他們一家人之外，還有阿布杜拉赫曼的四位兄弟和他們的家人。我們造訪了七次才好不容易才完成訪談。每次訪問時，整棟公寓裡孩子的嬉鬧聲不絕於耳。有時候，孩子們也坐在一旁聽阿布杜拉赫曼說故事，時不時童言童語地插上幾句話。

阿布杜拉赫曼現在所居住的舒適的房子，跟他一生的困苦形成強烈的對比。他出生於迪黑希難民營中。在難民營的日子裡，他們不僅須想方設法對抗極度貧窮的困境，還得應付士兵以及屯墾區居民的定期騷擾。阿布杜拉赫曼也多次被以色列以

「行政拘留」的手段拘禁，導致他在監獄裡度過將近二十年的歲月。在被拘禁的日子裡，他在獄中也曾受到拷打審問，那些刑求方式現都已被以色列最高返院判定違法[1]。

根據一九九九年以色列最高法院的規定，以色列安全局並無在審問過程中使用刑求工具的法律權限。在審問過程中，所有的方式都必須符合「公平合理」的原則，且不得造成被拘留者的痛苦。最高法庭中的案例指出，常見的審問方式為粗暴地搖晃囚犯，導致囚犯失去意識、腦部受損，甚至因此死亡（已有案例指出這種狀況的發生）。然而，即便最高法院已定下規矩，在百分之四十的男性曾進過監牢的巴勒斯坦社會，數以千計的民眾仍表示他們在獄中曾受過生理與心理上的折磨。

阿布杜拉赫曼一開始接受我們的訪問時，說話總是語帶保留。他安靜寡言，而且我們問問題時，他總是小心地盯著我們看。一旦他放鬆之後，他獨有的黑色幽默與說故事的天份就顯現出來了。他滔滔不絕地用英語、阿拉伯語和希伯來語三種語言訴說他的經歷，只有當他談及那段在監獄裡接受一連串刑求的往事時，他明顯地變得沉默。不過，他也告訴我們，過去那些痛苦的人生經歷如何帶給他啟發，讓他之後成為社區領導者。

我們甚至喝不到可口可樂

我在以色列占領巴勒斯坦的那年出生，戰爭於一九六七年的六月爆發[2]，我的母親在那時懷上了我。當時，我懷有身孕的母親與父親一同住在伯利恆的迪黑希難民營[3]。他們在一九四八年的戰爭時，被趕出拉姆拉（Ramla）[4]，也失去了他們原本的房屋。

他們搬到難民營之後，就一直住在營區的帳篷裡。前前後後算起來，他們居住在難民營帳篷的時間超過了十年之久。一九五〇年代後期，我父親終於得以在難民營區裡建造一間小小的房子。接著，許多難民於一九六七年的戰爭爆發時逃離難民營，許多人最後留在約旦的

---

1 以色列占領軍隊得以在人民未被正式起訴時，就使用行政拘留當作監禁的手段。更多相關資料請見附錄〈名詞解釋〉。

2 一九六七年的戰役也被稱為「六日戰爭」。更多關於此次戰役以及約旦河西岸長時間被占領的資料，請見附錄〈現今巴勒斯坦的歷史年表〉。

3 迪黑希難民營於一九四九年建立，為因應三千名難民的收容問題。伯利恆市區總共有三座難民營，位於城市南區的迪黑希難民營是其中一個。目前迪黑希難民營的人數估計已達到一萬六千名，所有難民全擠在這大約一平方英里的土地上。

4 拉姆拉位於以色列中部，人口約有六萬五千人。目前大約有百分之二十的居民信仰伊斯蘭教，大部分的阿拉伯人都是在一九四八年的戰爭時遷居至此。

首都安曼[5]。但我父親說：「我們不會再離開自己的家了。」他實在不想再經歷一次失去家園的感受，所以在一九六七年戰爭爆發時，我的父親選擇留下來守護房子，我的母親則是跑到樹林裡躲避了幾日。幾個月後，我母親在助產士的幫助之下，於難民營生下了我[6]。

年幼在難民營，我還記得附近鄰居所住的棚子是由煤渣塊以及鋁製屋頂搭建而成的。通常在難民營的民眾也會建造自己的房子，就跟我父親一樣。但我們的屋頂全都會漏水，房子裡沒有水管，當然也沒有廁所。我們只有幾間公共廁所可以使用，而且只要沖了馬桶，那些排泄物就會被沖到水溝，流到街上。我們也沒有淋浴間可以洗澡，通常得找個盆子自己燒熱水，再用那些水來沖澡。我們的衣服則仰賴聯合國救濟工作署[7]的幫助。我記得每年我們會有兩次拿到新衣服的機會，但很難拿到合適的尺寸。有時送來的都是女生穿的衣服。我們這裡的冬天很冷，不過我們只能在戶外的油桶裡生火，大夥再圍著桶子取暖。印象中，火常常燒得很旺，煙霧濃到我們根本看不到坐在火堆對面的人。除此之外，難民營有很多流行疾病——有霍亂，還有各式傳染病。

我小的時候，我們可以清楚聽到鄰居每天的動靜，包含爭吵與對話。難民營的巷弄十分狹小，很多地方汽車根本過不去，大家都得徒步穿過房子跟房子間的小巷道。

每次我們這些難民營的孩子到伯利恆時，都覺得自己與他們格格不入。伯利恆的孩子有腳踏車可以騎，有好看的衣服可以穿，但我們都沒有。他們甚至還有可口可樂可以喝！當時我的父母也不太習慣這種貧窮的生活，因為我父母親都出生在富裕的家庭，家裡擁有大片的土地。在我的童年時期，我的父親曾在以色列工作，他是位石頭切割師。由於他生了四個兒子和兩個女兒，他賺的錢還是不足以維持一家人的生活。迪黑希難民營中的每個人都很窮，儘管大家經濟上十分困窘，但至少我們在感受上是平等的。

我們總是敞開窗戶，久而久之就習慣了催淚瓦斯的味道

兒時的成長階段，以色列軍隊與屯墾區的居民總是讓我倍感壓力。我們最大的麻煩來源就是以色列屯墾區的居民。一九七〇年代初期，陸續開始有屯墾者經過難民營，當時我才六歲，我的童年記憶已有屯墾者的身影。迪黑希難民營裡有一條屯墾者會經過的主要道路，這條路從屯墾區南部出發，途經伯利恆，最後到達耶路撒冷。我猜想，那些經過這裡的屯墾者大概認為，難民營應該歸屯墾區所管才對。

5 安曼（Amman）為約旦的首都，居民人數大約有兩百萬人。一九六七年後，因為巴勒斯坦難民營的擴張，安曼的城市規模也因此增長。

6 一九六七年，以色列從約旦手中奪下約旦河西岸。在那之前，約旦自一九四八年起就擁有西岸的管理權了。更多關於一九四八年與一九六七年戰爭的資訊，請見附錄〈現今巴勒斯坦的歷史年表〉。

7 聯合國救濟工作署（UNRWA）自一九四九年以來，提供教育與醫療服務給巴勒斯坦難民營的居民。更多資料請見附錄的〈名詞解釋〉。

以色列屯墾者的領導者是拉比摩西・勒允格[8]（Rabbi Moshe Levinger），他把約旦河西岸視為以色列的一部分。屯墾者希望以色列政府能夠對外宣布，迪黑希難民營是以色列的一部分。

這些屯墾者也讓我們的生活陷入悲慘的地獄。他們會乘著公車來到難民營，下車後對著難民營胡亂開槍掃射，朝著難民們大吼大叫或丟擲石塊，企圖挑起爭端，頻率大約是每週一次。一旦有人試圖反抗，那些屯墾者就會通知以色列士兵，而士兵則會發射催淚瓦斯，接著穿過大街小巷去追捕那些企圖反擊的民眾。我們家的窗戶總是敞開的，所以我們也就漸漸習慣了催淚瓦斯的味道。

我記得以色列屯墾者闖入聯合國工作署所辦的學校，砸毀桌子和門窗。而我們的老師根本沒辦法保護我們。我們的生活處處充滿恐懼與不安，這些事情對年幼的我造成深遠的影響，也改變了我跟老師之間的關係與我對老師的看法。我眼見老師失去威信，而我也失去對老師的尊敬。往後，我跟其他同學根本不把老師放在眼裡，因為我們知道老師們根本什麼也做不了。

接著在一九八〇年代初，以色列軍隊沿著難民營建造了二十英呎高的圍牆，唯一進出的通道就只有一扇門，門的後面是通往希伯崙與耶路撒冷方向的道路，也就是屯墾者必經的那條路。有一次我還聽到，來伯利恆遊玩的觀光客們談論著那扇大門，那些觀光客還以為這道圍牆的後面是個市立動物園呢！除了隔離牆之外，我們的營區裡還實施宵禁，大家都必須在七點前回到難民營，否則守門的士兵是不會讓你進去的。七點開始實施宵禁之後，無論發生什麼事，我們都不能夠外出。有些人就因為這種規定，失去就醫的黃金時間而喪命。

差不多同一個時間點，屯墾者帶著許多推車穿越營區，試圖在營區大門附近建立一個據點。我還記得我們被宵禁困在營區時，整夜聽到的都是屯墾者們唱著愛國歌曲的聲音。

以色列士兵也跟屯墾者十分親近。記得我十四歲的時候得到人生中第一個背包，在此之前，我跟其他營區裡的孩子一樣都得用塑膠袋裝著我的課本。我好高興我終於擁有自己的背包了，那也是父親買給我的禮物。我還記得那個背包是綠色的。某天早晨，我在上學的途中遇到六名以色列士兵和一位屯墾者。那名屯墾者身穿便服，帶著武器，他把我叫過去之後，對著我拳打腳踢，把我的背包丟到水溝裡。我試圖把背包從水溝裡救出來，但士兵們又對我揮拳，把我的背包又丟回水溝裡。我的書全部濕透了，他們還是不讓我把背包拿回來。後來，我只能眼睜睜看著他們也把我朋友們的書全都丟到水溝裡。

我們可以在聯合國救濟工作署的學校裡免費取得書籍。在我告訴他們，剛剛上學途中以色列士兵的所作所為之後，他們就拿了新的課本給我。只不過，我又得用塑膠袋裝這些書

8 猶太拉比摩西・勒允格一九三五年出生於耶路撒冷。他於一九六七年的六日戰爭之後，領導以色列於約旦河西岸的屯墾行動。除此之外，他也主張以色列在希伯崙建立屯墾區的重要性。希伯崙是約旦河西岸的大城市之一，在距離迪黑希難民營十五英里的南方。

了。以色列士兵當然知道背包對我的重要性，他們知道我們的生活是多麼困苦，也知道我們所擁有的東西全都這樣就被掠奪一空了。

營區難民的報復手段就是朝著屯墾者丟擲石塊。我從十歲起開始朝屯墾者丟石頭。年紀稍長的孩子可能比較有組織一點。不同年齡層的孩子有不同的任務要負責，例如：五歲的孩子看守這邊，六歲的孩子去那邊埋伏等等。我十三歲時就加入孩子們的領導團體，我們鼓吹孩子豎起巴勒斯坦的國旗。當時，持有巴勒斯坦國旗是違法的[9]。我們要孩子拿著巴勒斯坦旗幟，並在牆上寫標語等，全都是違法行為。我們可能因此被以色列軍隊逮捕，關進監牢。

一旦屯墾者或以色列士兵見到我們丟擲石塊，他們可能會開槍攻擊我們。當屯墾者的槍口對著我們，我得說，我們真的很害怕。只是隨著時間過去，我們所遭受的不公平對待和挫折感愈來愈重，已經把我們逼到無路可退的地步了，我們也就把生死置之度外了。不過我們認為朝他們丟擲石塊可以帶來一些改變。在我們眼中，那些屯墾者跟侵略者沒什麼兩樣，他們對待我們的方式根本談不上任何公平正義，而且還剝奪了我們的一切。他們就是造成這一切的罪魁禍首，我們勢必得反擊。

此時，巴勒斯坦第一次大起義還沒爆發，但對我們而言，迪黑希難民營這裡的起義早已拉開序幕——我們每一天都在抗暴[10]。

「你做了什麼？你做了什麼？你做了什麼？」

最後，我跟朋友們決定不再丟擲石塊，而是開始盤算改用燃燒彈的可能性。其實製造武器根本不難，只要在瓶子裡裝上煤油與引線即可。我們希望可以把這些燃燒彈投到摩西・勒允格建立的據點，或是丟向那些協助屯墾者破壞我們鄰近地區的士兵。當時我快十六歲了，不過有些同伴年紀較輕，有一個甚至才十四歲。我們做了幾個燃燒彈，並且趁其他人都不注意時，把燃燒彈丟向難民營區的牆面，好試試看效果如何。

一九八四年十二月十一日，那是個寒冷的夜晚。當時外頭正下著大雪，我已經上床睡覺了，突然間，以色列士兵衝進了我家，還把我上銬帶走。我被帶上車之後，才知道我的另外四名同伴也被捕了，我們全都被帶往穆斯庫比亞監獄[11]。

---

9 《奧斯陸協議》於一九九五年生效之後，伯利恆正式由巴勒斯坦自治政府管理。從一九六七至一九九五年期間，以色列持續控制伯利恆等區域，並且宣告任何代表巴勒斯坦民族主義的象徵物，像是巴勒斯坦的旗幟，都是違法的。

10 巴勒斯坦第一次大起義於一九八七年十二月爆發。這是場巴勒斯坦人反抗以色列軍事占領的示威行動，一直到一九九三年才落幕，地區涵括了約旦河西岸與加薩地區。

11 穆斯庫比亞監獄（Al Muskubiya）又稱「俄國大院」，是座落於耶路撒冷的大型建築物群。這座大院建於十九世紀，鄂圖曼土耳其帝國時期，有大批俄羅斯朝聖者會到耶路撒冷朝聖，這批建築物就是為了他們而建。現今，該監獄有些建築物群被用來當作以色列警察的總部、審判法庭、監獄，與審訊中心。

我們到達審訊中心時，情況非常混亂。那天晚上，大約有四十個人跟我們一起被逮捕，也一起被送到了穆斯庫比亞監獄。士兵扒光了我跟同伴身上的衣服，將赤身露體的我們上銬並帶到戶外，還在我們的頭上套上袋子。雪不停地落下，我與大夥兒就這樣在雪地中赤裸著身體。

雖然我看不見其他人的狀況，但是我可以聽見牙齒在寒風中打顫的聲音，還有我們因為發抖而被敲得叮噹的手銬聲。到現在，每當天氣變冷時，我就會想起那個晚上的遭遇。我們在監獄經歷四十五天的審問。由於我們待在寒冷戶外的時間實在太長了，最後我們的身體都被凍成藍色了。

我的審問持續了兩個月之久。在審訊過程中，他們除了毆打我之外，還不停地在我耳邊播放震耳欲聾的音樂。我們每天只能去上一次廁所，他們還在我們如廁時把我們的手綁在水管上，這一切實在令人痛苦萬分。經過一段時間後，我的手臂漸漸失去知覺——有時候我根本不知道，我的手臂是不是還在自己身上，也許早就被截肢了也說不定。在審問過程中，他們從來沒有停止毆打我，我的身上佈滿了傷痕，瘀血的顏色已經深到跟夾克一樣了。如果我在審問中失去知覺，他們會用潑水或是打耳光的方式把我叫醒。

我手腕上的這個痕跡，其實來自當時我在監獄裡戴的那副手銬。以色列士兵把手銬扣得很緊，緊到讓手銬刮著我的手腕。另外，我的腿到現在仍留著當時被毆打的傷痕。即便我們在審訊中受傷，他們也不會給我們任何醫療幫助。審訊時，他們不會單刀直入地問問題，只是不停地反覆詢問：「你做了什麼？你做了什麼？你做了什麼？」他們這樣的嚴刑拷打讓我雖仍保有意識，但注意力早已無法集中。或許，我做了許多得向他們坦白招認的事情，然而，當時在接受審問時，我已經完全不記得我進監獄前的任何事情。大部分的孩子告訴警察他們的所作所為——他們做了些燃燒瓶，還測試過燃燒瓶。我沒有告訴他們任何事情。這並不代表我很會保守秘密，而是因為我在他們嚴刑拷打之下早已失去了理智，整個人的精神狀況十分混亂。整個審訊過程的環境也非常惡劣。

有時候，他們先讓我好幾天都不能睡覺，接著再給我四個小時的睡眠。嚴重的睡眠不足導致我開始產生幻覺，根本不知道自己周遭發生了什麼事。我總是想像自己在幼稚園，身邊有很多哭鬧不休的孩子一直在製造混亂，但我什麼也做不了，我沒辦法讓他們冷靜下來。我那時已經分不清楚，什麼是現實中正在發生的事，什麼又只是存在我腦中的想像。

最後，有一位名叫麗雅・提賽蒙（Lea Tsemel）[12]的以色列律師來獄中拜訪我。她跟我在會客室見面，還送我幾根香菸。她告訴我，她是我這件案子的負責人。可是，聽完她的話之後，我十分困惑，我問她這件事是否屬實，還是只是我腦中的想像。好幾次，我都已經相信這座監獄裡有好多條蛇。麗雅告訴我，那些都只是我的幻覺罷了。她也告訴我這件案子目

12 麗雅・提賽蒙是位傑出的以色列人權律師。

前的情況，還說不久之後就要開庭了。

在監獄的那段時間，我還記得有一位警察人非常好。一天早上，我想去上廁所，可是審問我的人說要到深夜才讓我去。當那名警察看到我因為想上廁所而痛苦萬分時，生氣地說：「搞什麼呀！這些人怎麼了？為什麼要這樣折磨人？到底在做什麼！」他當時真的很憤怒，後來他讓我去上廁所，還拿了茶跟香菸給我，對我說：「放輕鬆，放輕鬆。」這麼做可能會害他惹上麻煩，我實在很感謝他。

審問長達兩個月。由於我跟朋友聽過許多與刑求有關的恐怖故事，我實在很害怕他們會殺了我跟我的朋友。我有位叔叔之前被抓去坐牢，最後也在獄中去世。他那時正在絕食，後來獄卒強迫他吃東西時，一不小心就被噎死了。

我總覺得這些審問者一定是瘋了，他們總是盡可能地折磨我們，把我們逼到崩潰邊緣。而且他們也會當面威脅我們：「我要讓你精神崩潰。」事實上，很多受刑人的心理健康都出了問題，有些人後來就這樣死在獄中。我當時並沒有精神崩潰，那是因為我一直試著不去注意自己所承受的痛苦，而是把注意力放在其他人所受的痛苦上。而且我認為，當時有宗教信仰的受刑人一定覺得這段時光特別難熬。他們向上天祈禱，但沒有任何人會來拯救他們。而我自己，則是把注意力放在未來，並且思考該如何讓自己擺脫如此困境。

經過兩個月的審問之後，我跟我的朋友因涉嫌參與恐怖份子活動，被帶到法庭上聽候判決結果。法官宣判我們各自需服四年到六年不等的有期徒刑。當時，我那在法庭後方等候判決結果的母親，一聽到法官的宣布後就暈了過去。

我們仍夢想蓄鬍子

判決結果出爐後，我便被送到了達蒙監獄（Damun Prison）[13]。我覺得，我在監獄裡學到的一切，可能比我去念大學學到的還要多。在獄中，我遇到一些抗議活動的領導者。我對自己感到十分驕傲，因為跟我們一同坐牢的都是十分厲害的抗爭者，而其他跟我一起被逮捕的男孩也是如此。即便當時的我們都仍夢想著蓄鬍，的確也在獄中成熟了不少。我們每天刮四次鬍子，好讓鬍渣變得很硬，讓我們的外表看起來更成熟。我表現出對判決十分不滿的模樣——倒不是因為我覺得服刑的時間太長了，相反地，我覺得四年實在是太短，我想要他們關我十二年，因這對我而言根本是一種榮耀。

在達蒙監獄時，以色列的黑手黨、毒販等等各式各樣的罪犯全都跟我關在一起。我猜想，以色列士兵想企圖藉由這種方式，讓我們這些參與巴勒斯坦抗爭活動的青年因此墮落。但是，我們全都相處得很好，我還成為了監獄裡的領導者。我是獄中青年們的發言人，代表

13 達蒙監獄位於以色列北部，靠近海法市（Haifa）。在英國委任統治時期，官員們把這裡作為菸草倉庫，但是以色列於一九五三年，把該地改建成監獄，可以容納五百名以上的囚犯。

他們向獄方溝通，表達我們的訴求，拒絕接受我們所遭受的待遇。一九八六年，我在獄中發起絕食行動，藉此抗議我們的食物太少。另外，當時正值冬天，但我們卻沒有暖氣可以使用，只能窩在一條薄薄的毯子下取暖。我們在戶外運動的時間也明顯不足，出於以上種種原因，我們十幾個人決定一同絕食進行抗議。我還記得我們有時甚至餓到晚上睡覺時都會夢到食物。而以色列士兵則是嘲弄我們，他們在牢房的外頭烤肉，讓肉的香氣透過窗戶飄進房間裡。

我們前後絕食了十八天，到了第十八天，我向大家宣布，從現在開始，除了絕食之外，我們也要開始禁水。很快地，獄卒帶了紅十字會的醫生過來，醫生表示，如果我們不喝水，兩天內就會死亡。於是我說：「好吧，那還是算了。」儘管我們沒有禁水，但我們的所做所為已經說服獄卒我們這群瘋子什麼事都做得出來。隔天，監獄管理員來了，並對我們的要求做出回應，包含同意給我們多一點食物，晚上多給兩條毯子，外加多十五分鐘的戶外活動時間，看起來，我們似乎贏了這一回合。不過接下來的兩週，由於我們太久沒有進食，所以得跟小嬰兒一樣，慢慢學習如何吃飯。那時我們的胃能接受的食物，只有牛奶或一點點鬆軟的馬鈴薯。

我也在這次的行動之後，成為他們眼中惡名昭彰的危險受刑人，不是因為我有暴力傾向，而是我會帶頭反抗我們在監獄中所受到的待遇。監獄管理單位決定把我調到亞希基倫監獄[14]服刑。亞希基倫監獄收容的都是被列為危險份子的囚犯。在亞希基倫監獄囚禁了許多巴勒斯坦抗議活動的領導者。對以色列而言，這裡應該是世界上最糟糕的地方，不過對巴勒斯坦人而言，我覺得亞希基倫監獄還比較安全。

我們這群較為年輕的受刑人開始在獄中讀書。我們求知若渴，時常坐在年紀較長的受刑人身邊，聽他們講述自己的往事。年紀較長的受刑人還安排了正式的教學，讓我們每天都有課程與預定的進度。這裡的許多受刑人被判的是無期徒刑，有些人在一九六七年時就被關進來了。我想有些受刑人還聽了耶穌的故事！他們才能擁有足夠的智慧度過在獄中的時間。

我們在獄中上了歷史、經濟學與哲學。每天早上準時於六點起床，接著開始讀書。十點到中午間有一門課，接著是九十分鐘的休息時間。休息過後，我們得寫一篇關於政治、教育或其他主題的文章。不管寫什麼，反正我們得寫一些東西就是了。每天我們都安排一名受刑人跟大家分享他寫的文章，以及他閱讀的書。聽完分享後的時間，我們大家繼續閱讀。七點是監獄的晚餐時間，七點到十點之間我們還有時間看點書，十點過後就得就寢了。不過如果我們還沒有把該寫的文章寫完，熬夜是可以接受的。其實，我總覺得我們的時間不夠用，所以我常常很猶豫自己等會要寫什麼？或待會要看什麼書？

14 亞希基倫監獄（Ashkelon Prison）現在被稱作席克馬監獄（Shikma Prison），是安全性最高的監獄，位於亞希基倫市外，即加薩走廊的北部，約有十一萬五千名居民。席克馬監獄於一九六七年六日戰爭後建造，目的在於讓以色列得以於新占領的巴勒斯坦領土上，可就近監禁人犯。

每位受刑人都有各自擅長的領域，像是政治、哲學或是經濟學，甚至還有人專門研究馬克思。另外，也有受刑人在監獄裡教授化學，還教受刑人如何製作炸藥。除了這些學科，因受刑人會的語言五花八門，很多人會講希臘文、俄文、土耳其文等等不同語言，所以我們獄中也有語言課。被關到亞希基倫監獄對我來說就跟進哈佛或牛津大學唸書一樣，甚至比那些大學還要好！

只不過，監獄裡的待人方式非常苛刻。在所有以色列的監獄裡，亞希基倫監獄的禁閉室環境最為惡劣。囚犯可能被關在禁閉室與其他人隔離好幾年，我知道有位被隔離禁閉的受刑人最後因為受不了孤獨的壓力而精神崩潰，需要接受心理治療[15]。

我們打算在獄中放火，作為對這件事情的抗議，每位受刑人都參與這項計畫。我們把衣服堆成一堆，放在牢房的中央，然後用我們走私進來的火柴把衣服點燃。燒出來的濃煙味道非常難聞，我們很多人差點因此窒息，最後共有四十八人送醫急救，但我們的抗議已經引起了注意。即使如此，獄方還是繼續用關禁閉的方式折磨人。

我們受刑人彼此間的關係非常緊密。大家都來自不同的城市，包含拉馬拉、納布盧斯（Nablus）、希伯崙等地。我們從彼此身上學到很多，不僅長了知識，也更了解對方所居住城市的情況。況且，當你出獄之後，你跟這些人都還是朋友，而他們都在自己所處的社群中具有深厚的影響力。我在獄中遇到的受刑人，後來都成為巴勒斯坦第一次大起義的領導者。

我在一九八九年出獄，那時正值巴勒斯坦第一次大起義期間。我當時只有二十歲，不過因為大家很尊敬坐過牢的人，我在自己的社區有相當程度的影響力。對大家來說，我們不是罪犯，而是領袖。

我就像一位教宗

我的自由時光並不長久。被釋放後的六個月，又回去坐牢了。但其實我什麼事也沒做，不過由於我之前的記錄，還有因為我所認識的人，再加上正逢第一次巴勒斯坦大起義，我又被捕了。[16]

在經過審問之後，我被送往克特西歐監獄[17]。我在克特西歐監獄增進希伯來文的能力。

15 一九八六年，阿布杜拉赫曼被移到席克馬監獄。同一年，以色列核武技術員莫迪凱·瓦努努（Mordechai Vanunu）也在羅馬被以色列情報局逮捕入獄。他被以色列軍事法庭判定有罪，被送至席克馬監獄監禁，罪名是洩露以色列核武計畫的資訊。莫迪凱被囚禁了十八年，有十一年都是被單獨拘禁。

16 阿布杜拉赫曼因涉嫌參與巴勒斯坦解放組織而被捕。更多資訊請見附錄〈名詞解釋〉。

17 克特西歐監獄（Ktzi’ot Prison）是座位於內蓋夫大沙漠（Negev desert）的大型開放式囚犯營，位於貝爾謝巴（Be’er Sheva）的西南方四十五英里處。克特西歐監獄於一九八八年啟用，於一九九五年第一次巴勒斯坦大起義結束後關閉，而於二〇〇二年巴勒斯坦第二次大起義期間又再度啟用。根據人權觀察組織報告，每五十五位來自約旦河西岸地區與加薩地區的十六歲以上男性，就有一位曾在一九九〇年第一次巴勒斯坦大起義期間，被拘禁於克特西歐監獄當中。

克特西歐是座開放式的監獄，所謂的監獄其實是由很多帳篷組成，其中一個就是「希伯來文帳篷」，大家在那個帳篷裡只說希伯來文。而我則在裡面教大家講希伯來文，並翻譯希伯來文的報紙給其他受刑人閱讀。

由於我的經驗豐富，對監獄也比較了解，新來的受刑人常會詢問我該怎麼處理事情。我覺得自己就像教宗一樣，大家十分尊敬我，也尋求我的意見。在監獄文化裡頭，較為資深或是曾經坐過牢的囚犯都能從其他受刑人、獄警與警衛那得到特殊待遇。所以，我睡的床是全帳篷裡最好的，你知道的，就是位在角落的那張床。對他們而言，我的利用價值非常高，警衛自然也給我比較好的待遇。他們知道我在受刑人之中擁有很大的影響力，如果我說了些什麼，大家都會照著我說的話去做。這其實是一種雙方互惠的協議。

我在一九九四年出獄，不過以色列政府還是密切關注我的行蹤。以色列政府打從心底認為，像我這種坐過牢的人，一輩子就是恐怖分子了。他們抓走我好幾次，有時候，我只被拘留了一天，不過有時候，我被拘留的時間長達兩個禮拜。接著我在一九九五年又被捕了，這次他們把我帶到穆斯庫比亞監獄。但並沒有握有我被指控任何罪行的證據。他們只是想要審問我，並從我這邊得到一些人的消息。在審問期間，我又被他們刑求了。

我記得，審問進行的整整十二天內，他們根本不讓我睡覺，我也沒有足夠的食物可以吃。在我的身體漸漸吃不消之後，那些審問者開始折磨我。他們有時大力搖晃我的身體，有時只粗魯搖晃我的頭部和脖子。經過兩週的不吃不睡之後，我的身體根本受不了他們猛力地搖晃，也完全無力反抗。那時候我真的太虛弱了，而我的脖子只能隨著他們搖晃的力道扭成奇怪的角度，我沒辦法吸到氧氣，接著就昏倒了。總之，他們把囚犯們折磨到半死不活。

我記得我後來是在醫院醒來的，他們在我昏倒後把我被送到了哈達薩醫療中心[18]。等我身體稍微復原之後，我又被帶回穆斯庫比亞監獄繼續接受審問，這次他們改用其他方式審問。審問者把我們的手銬栓得非常緊，並把我綁在一張傾斜向下的椅子上。

整整十二天我都過著這樣的日子，手銬就這樣慢慢地割著我的手腕。又或者，他們會把裝過嘔吐物或丟進馬桶裡的髒袋子套在我頭上。拷問十二個小時之後，他們會給我四個小時休息，一連好幾個月以來都是如此。有時候，他們一天只會問幾個問題，時間大概只有十五分鐘左右，之後我又被他們綁回椅子上。有時他們說要讓我做一些「腸道運動」，兩個審問員在我的手還被銬住的情況下，抓著我的身體往相反的方向扭轉。他們就這樣讓我維持那個姿勢，直到我吐出來或昏倒為止。

我被關在穆斯庫比亞監獄的時候，雖然以色列沒有辦法對我提出任何指控，但他們依舊不願釋放我，好幾個星期都不讓我見律師。最後律師終於來了，這次是位我沒見過律師，名叫阿萊格拉・佩翠柯（Allegra Pacheco）。身為一名囚犯，我早就培養出敏銳的直覺，可以

---

18 哈德薩醫療中心（Hadassah Medical Center）是一間位於耶路撒冷的醫療機構。

判斷誰是危險的，誰是安全的，又有誰是可以信任的。而當我第一眼看到阿萊格拉時，立刻就知道她是位值得信任的人。

六個月之後，他們把我送到以色列北部的梅吉多監獄（Megiddo Prison）。在這之前，他們從未起訴我。只不過，在我入獄的第二年時，他們宣判我得服兩年的行政監禁。那時候，我已經是監獄生活的高手，加上我的希伯來語講得很好，所以我甚至可以說服警衛相信我其實是一個猶太人。他們甚至還問過我：「現在你身邊都是阿拉伯人，有沒有什麼需要幫忙的？」既然他們都這樣問了，於是我跟他們要了一只手機。其實我們在獄中不得持有手機，只是他們後來想方設法弄了一支。

我還利用自己優異的希伯來文來惡作劇。我們獄中有提供報紙給受刑人閱讀，報紙後頭印有廣告，其中一則是披薩店的廣告。我用那支偷渡進來的手機打給披薩店，並假裝我是監獄主管，點了七十五片披薩，份量多到可以分給每個受刑人。披薩店員告訴我，他們會在兩個小時內送到。兩個小時後，監獄主管來到我的帳篷，意味深長地看著我。

他問：「你還想要披薩嗎？」我回答他：「如果你要給我們的話，當然好啊！」他簡直氣壞了，他憤怒地說：「我知道披薩是你叫的，因為你的希伯來語講得非常好。現在，給我去禁閉室關禁閉。」我在禁閉室待了兩個禮拜。後來我又在報紙上看到肚皮舞孃的廣告，我也想打電話請她們來跳舞給我們看。不過，我因為披薩而惹上大麻煩，這次也就只是在心裡想想而已，再也沒膽做了。

毫無憐憫心的法官

在監獄裡的那段期間，我會見阿萊格拉的次數非常頻繁，也就是我的律師。她幫我在每半年一次的行政拘留聽證會上提出上訴。不過同時，她也讓我思考自己的未來。我在梅吉多監獄時向她求婚了二十次，可是她卻說我是個瘋子。

最後，我在一九九八年結束了我的行政拘留生涯，開始在人權組織工作，像是巴勒斯坦人權監督和貝賽林人道組織[19]等，負責調查侵犯巴勒斯坦人權的案件。此外，除了麗雅與阿萊格拉之外，我也與某些律師保持聯繫，他們都試圖終結巴勒斯坦囚犯遭到虐待的情況。一九九九年，他們將一些案子上訴到以色列的最高法院，最後也贏得訴訟，這對於打擊非法刑求的行動而言是場空前的勝利。

大約同一時間，我終於讓阿萊格拉答應了我的求婚。我想她之所以會答應，是因為我已經求太多次婚了吧。過去坐牢的歲月，讓我學會要如何堅定說出自己的想法，而我用同樣的方式贏得阿萊格拉的心。我們才剛說好，很快就可攜手步入禮堂，阿萊格拉就獲得獎學金，

---

19 巴勒斯坦人權監督組織（Palestinian Human Rights Monitoring Group）始於一九九六年，由部分巴勒斯坦自治政府成員所成立。負責記錄約旦河西岸與加薩地區的侵害人權事件。貝賽林人道組織（B'Tselem）則由以色列公民於一九八九年成立，負責記錄占領地區的人權侵害事件。

前往美國。她當時正在寫一本關於巴勒斯坦第二次大起義的書，並表示巴勒斯坦第二次大起義即將爆發。但是沒等她把書寫完，巴勒斯坦第二次大起義就在西元二〇〇〇年爆發了，也讓她的書完全寫不下去！

巴勒斯坦第二次大起義期間，我仍在貝賽林人道組織工作。有時候，我會偷偷溜進耶路撒冷採訪巴勒斯坦人，並把採訪做成人權侵害事件的報導。跟我一同工作的，還有一位名叫吉登・里維（Gideon Levy）的以色列《國土報》記者。《國土報》是以色列的主流報紙。我帶他參觀難民營並分享了一些故事。我去以色列時總是帶著一個品質極好的皮革公事包，讓我自己看起來像一位生意人。但是在二〇〇一年的五月，我因未持有合法城市通行證，而在耶路撒冷被警方攔下。我又再次入獄。

我被帶回穆斯庫比亞監獄。雖然審問的方式已有些修改，但基本上改變不大。他們還是把我綁在傾斜的椅子上，我的手也緊緊地被手銬銬住。不過，他們不再用毆打、大力搖晃等方式折磨囚犯，而是企圖讓我的心智混亂。他們會拿著修改過的照片告訴我，我家的房子已經被拆除了。但事實上，那只是Photoshop做的合成照片。

我被捕的時候，阿萊格拉人在美國，她本來打算完成課程後，六月再回到以色列。聽到我被捕的消息時，她正在波士頓的婚紗店試穿婚紗。阿萊格拉即時趕回我身邊，以擔任我在行政拘留聽證會上的律師。她跟麗雅一起出現，麗雅不只是阿萊格拉的指導老師，同時也是我的第一個律師。她們還帶來一位以色列《國土報》的攝影師要來替我作證。此外，她們還帶了很多點心，包括一種名叫Burek的酥皮餡餅[20]、可樂和香菸。

阿萊格拉甚至把婚禮樂隊都帶來了。我們在律師的會面室舉相聚，同時也向眾人宣布我們訂婚了。在我們的小小派對上，有酥皮餡餅，還有可口可樂。麗雅拿了一些甜點給法官，告訴他們，我跟阿萊格拉剛剛訂婚了，也順便詢問法官我們可否在會客室待久一點。同時，《國土報》的那位攝影師幫我們拍了很多交換戒指的照片，實在美極了！

不過，法官實在沒什麼憐憫心。檢察官一直提起我對審問者們的態度是多麼惡劣，說我咒罵那些審問者，說他們是婊子養的，還說我有多麼不配合審問。只因為我在審問室的態度不夠友善，他們就覺得我對以色列的安全構成威脅。不過阿萊格拉實在出色，她要求法官看看我手腕上那些手銬勒出來的凹痕，然而法官拒絕了，最後，我又被行政拘留了一年。

二〇〇二年五月，在我出獄之後，我和阿萊格拉結婚了。同年十一月我再次被捕入獄時，她已懷有五個月的身孕。當時正值巴勒斯坦大起義，很多已經出獄的受刑人又再次被捕。其實他們原本要抓的是我的兄弟，由於我之前有坐牢的記錄，所以他們決定連我也一起抓。我被判六個月的行政拘留，並被送到奧佛監獄[21]。二〇〇三年四月，我還在獄中坐牢

---

20 Burek是土耳其的傳統糕點，內有起司、馬鈴薯，還有其他各式各樣的餡料。

21 開放式的奧佛監獄（Ofer Prison）靠近拉馬拉，二〇一三年阿布杜拉赫曼被捕時，大約有一千名巴勒斯坦男女被以色列行程拘留於奧佛監獄。

時，我的兒子古德（Quds）出生了。阿萊格拉一個人獨自面對生產過程。二〇〇三年六月，我又面臨另一次六個月的行政拘留，這已經是我人生中第七次被行政拘留了。我的律師麗雅試圖把古德的照片帶到法庭給我瞧瞧，那座法庭距離奧佛監獄並不是很遠。這是我第一次有機會知道自己的兒子究竟長得什麼樣子，可是法官不讓我看那些照片。在法庭上，他又判了我六個月的行政拘留，聽證會期間，我試圖趁大家不注意時，把兒子的照片偷偷放進囚犯制服的口袋，至少我往後在獄中的日子，還有兒子的照片可以看。

我的行政拘留被延長兩次，服刑時間總共延長至一年半。一直到我的兒子兩歲時才見到他。那時算一算，包含沒有被起訴的十三年行政拘留期間在內，我坐牢的日子前後加起來已有十七年之久了。

數千人的生活都是如此

我於二〇〇四年出獄。出獄後我開始鑽研法律，現在我跟阿萊格拉一樣，是一名律師。去年一月，我原本要在軍事法庭為我的朋友辯護。我在那個曾經判我多次行政拘留的法官面前，跟他爭論這位朋友的案件，我差點就要衝上去頂著那名法官的臉，告訴他我已經是個律師了，但他們最後還是沒有讓我上法庭。

我也捍衛被巴勒斯坦當局逮捕的囚犯的權利。我們與巴勒斯坦自治政府[22]間的衝突，甚至比以色列占領我們土地的情況還要複雜。我探視被關在各個巴勒斯坦監獄裡的受刑人，某些人受到折磨和羞辱的情況，甚至比面對以色列的受刑人更為嚴重。我每天去探視他們，坐下來與他們交談，傾聽他們給的建議。他們面臨的情況十分棘手。如果是重要的案件，我也會把詢問到的消息，與美國、以色列和巴勒斯坦的情報機構分享。

我還是常常見到我那些獄中老友，包含受刑人，還有我的第一位律師——麗雅・提賽蒙女士。她就像我和妻子的母親一般，至今她還會抽空來拜訪我們，是一位很好的人。

現在我跟阿萊格拉育有兩男兩女。兒子分別是十歲與七歲，女兒則是五歲與兩歲。我覺得女嬰比男嬰好帶，因為女孩比較冷靜，也比較溫順。男孩則無時無刻都想唱反調。但我兒子並沒有暴力傾向，孩子們只想玩耍而已，他們其實都十分乖巧貼心。

當然我很在乎我的孩子，也擔心他們所處的環境是否可以讓他們安心長大。我希望孩子能有良好的環境，可在正義且自由的社會氛圍下生活，並也希望他們生活無虞。畢竟，我們這一代已經被剝奪了原有的生活，也失去許多權利。所以不管孩子有什麼要求，我總是盡量滿足他們，像是買昂貴的腳踏車給孩子。阿萊格拉總是叫我不要這麼做。由於我小時候什麼

22 巴勒斯坦自治政府於一九九三年的《奧斯陸協議》中，取得部分約旦河西岸地區與加薩走廊的自治權。根據《奧斯陸協議》，巴勒斯坦自治政府擁有約旦河西岸部分地區的安全控制權。更多關於巴勒斯坦自治政府的資料附錄〈名詞解釋〉。

東西都沒有，所以特別寵愛孩子。我希望我的孩子可以擁有我小時候沒有的東西。而且我得承認，自己對於鞋子特別沒有抵抗力！我總是買鞋給孩子，他們一個人都有數十雙鞋。每次阿萊格拉都會問我：「你為什麼買這個？」我總回答：「你不懂啦。」我的女兒甚至已經有五個小背包了。

我其實很想去美國拜訪我的岳父岳母。雖然我的妻子是美國人，但美國政府因為安全考量拒絕了我們的簽證申請[23]。我到底會帶來什麼安全問題呢?從以前到現在，我都沒有被以色列法庭裁定任何罪行。即使我們嘗試許久，還是無法取得簽證，再加上簽證律師的費用達十二萬美元，最後我們就放棄了。

我的身體上也留下被刑求過的痕跡，因為手銬所造成的神經傷害，導致我左手的某個部位沒有知覺。此外，我的過去還帶給我揮之不去的陰影，懷著這樣恐怖的記憶生活，可一點都不容易。

如果我之前沒有坐過牢，我的人生可能完全不同。或許我會選擇就讀醫學院而不是法律學院。不過，我自己倒是沒有多花心思去想這些可能性，因為幾千幾百萬個在巴勒斯坦、黎巴嫩或敘利亞的難民，都跟我有過相同的遭遇，這就是我們的人生，所以這不是我個人的問題，而是普遍發生在每個人身上的情況。如果情勢不改變，我的兒子也會跟我經歷相同的遭遇。這是我們世世代代所要面臨的問題，我們為此已經抗爭超過六十五年了。不過，我們會持續奮鬥，直到我們打破這個惡性循環為止。

23 坐過牢的巴勒斯坦人要出國旅遊十分不易，即便他們只是被行政拘留，從未被正式起訴的也是如此，想踏上美國國土更是難上加難。

拉瑪拉的街道口，約旦河西岸

瑞妍・卡夫里・阿布—拉班

化學教授兼部落客，三十六歲，出生於約旦首都安曼。於約旦河西岸的拉馬拉接受訪問。

瑞妍・卡夫里・阿布—拉班（Riyam Kafri Abu Laban）出生於約旦首都安曼。她的父親跟數千名巴勒斯坦人一樣，在一九六七年的六日戰爭後流離失所，無法回到故鄉。一九六七年六日戰爭後的移民潮是繼一九四八年的大逃亡之後，第二次大規模的巴勒斯坦難民遷徙。不過，瑞妍的父母並沒有遠走他鄉尋找出路，而是一直等待著回到約旦河西岸的機會。最後，在歷經一連串的法律糾紛之後，他們一家人在一九八〇年回到約旦河西岸，於拉馬拉市附近定居。

瑞妍於拉馬拉市的自宅中接受我們的訪問。她在寬敞的廚房內一邊講故事，一邊手腳俐落地攪拌鍋子、洗碗、查看烤箱，輕輕鬆鬆就把六人份的晚餐備妥了。在我們多了解瑞妍之後發現，原來這樣「一心多用」的模式對她而言是再正常不過了。因為瑞妍除了是一對雙胞胎的母親之外，也是聖城大學（Al-Quds University）的有機化學教師，還幫助學校執行通識教育（liberal arts program）（聖城大學預計將與巴德學院〔Bard College〕合併）。除此之外，她還與校內一位教授合寫部落格。無論她寫的主題是否有趣，或是有對挫折的怨言，她的文章都是旁人了解巴勒斯坦日常生活的第一手精確資料。

瑞妍對寫作充滿熱情，只不過她的寫作生涯起步比較晚了一些。事實上，她在田納西大學（Univeresity of Tennessee）拿到化學博士學位之後，大可留在美國過舒適的生活。但是她最終選擇回到巴勒斯坦，也開始在這裡的教書生涯。身為一位居於約旦河西岸的網路作家，她在部落格的文章中對當地的生活多有所描寫。她筆下的巴勒斯坦是這樣的形象：「巴勒斯坦是一片遙遠的土地，不過卻在我們心頭最溫暖的地方扎了根，如此親切，卻又如此遙不可及[1]。」

渴望與其他地區的青少年過一樣的生活

一九六七年六日戰爭爆發時，我父親正在德國攻讀電子工程的博士學位。戰爭結束後，以色列政府要求，想要繼續待在巴勒斯坦的巴勒斯坦人，必須領有以色列核發的身分證。可是，當時父親學業尚未完成，無法回國的他就因此錯過以色列政府發放身分證的時間。而我的母親則因為住在約旦河西岸，順利領取了身分證。當時，我的父母還不認識彼此。戰爭結束沒多久，我的父親學成歸國，搬回約旦居住。這時他才偶遇我那恰巧到約旦拜訪親戚的母親。他們於一九七七年十一月攜手步入禮堂。婚後他們回到巴勒斯坦，就開始立刻著手找工作。最初他們都認為，既然我的母親擁有以色列核發的身分證，要申請一張給我的父親應該不是難事。但當他們提出申請時，以色列政府說，他們倆得要有個孩子才行，這才能證明他們的婚姻並非造假。我母親很快就懷了我，一九七八年的十月，我就在安曼[2]出生了。

我出生之後，我的父親再次向以色列政府提出申請身分證的要求。但這次，以色列政府告訴我母親，女嬰不能做為他們倆婚姻的證明，只有男嬰才能算數。

沒有人知道以色列政府的想法究竟是什麼。不過，以色列政府再次拒絕我父親的申請之後，母親就得盡快懷孕，拼個男孩，好讓父親能再次申請身分證。

同一時間，父親正要協助一間位於阿布迪斯[3]的技術學院轉型成大學。因此，即使父親還沒領到身分證，我們一家人仍舊於一九七九年遷至巴勒斯坦，但我們住在那的時間並不

1 更多瑞妍的作品，請見附錄〈在等待之中〉。
2 安曼城是約旦的首都，居民數約有兩百萬人。
3 阿布迪斯（Abu Dis）人口約有一萬兩千人，約位於耶路撒冷的東邊，也是聖城大學的其中一個校區所在地。

長。事情的起因是，教職員將這所新大學命名為聖城大學[4]。「Al-Quds」在阿拉伯文中是「耶路撒冷」的意思。因此這間新轉型的大學引起以色列政府的注意。以色列政府認為，學校的創立者使用這個名字的目的是在影射耶路撒冷屬於巴勒斯坦。有些教授因此被捕入獄，我的父親也被遣返回約旦。

隔年，我母親懷了我弟弟穆罕尼德（Muhanned），我們又試著搬回約旦河西岸居住。我的父親找到一份教職，我們最終在拉馬拉[5]附近落腳。而我弟弟出生之後，我父親也終於如願以償拿到身分證。接著，他協助比爾澤特大學[6]成立工程學系。我的母親原本是位老師，後來接任校長一職。但是，在我弟弟穆罕尼德以及妹妹多娜（Duna）出生後，她就選擇把一些時間留給孩子。

我們家中的每一位成員都非常關心公共事務。我的父母親認為，孩子應該對整個社會有所貢獻。因此在我們成長的過程中，他們一直培養我們對社會的使命感。這麼做的目的是希望，將來無論如何我們都能對巴勒斯坦有所貢獻。

事實上，許多巴勒斯坦人遭遇的問題，我都沒有碰到。不過倒也不能說我的成長過程一帆風順，畢竟大人們也會告訴我關於以色列占領巴勒斯坦的事實。你知道，巴勒斯坦第一次大起義[7]剛爆發時，我還是個小孩子，那時整個社會的氛圍跟以往完全不同。巴勒斯坦大起義爆發後，每一個人的巴勒斯坦意識都提升了。每個青少年跟老人除了關注政治情勢之外，也注意到巴勒斯坦囚犯的處境與逮捕事件[8]的發生。我們家位於比雷赫市的市中心，就在拉馬拉市的外圍[9]，所以示威行動有時就發生在我們家門口。巴勒斯坦大起義的開始，也成為我小時候印象最深刻的幾件事之一。猶記當時八歲的我對來採訪的ＢＢＣ記者說：「我們不是丟丟石頭而已，我們要的是自由！」

第一次大起義期間的示威行動，把整個社區凝聚在一起了。婦女們聚在一起縫製內衣給受刑人，我也因此學會了針線活。我們所縫製的內衣顏色必須是海軍藍，因為只有這個顏色是監獄允許的色彩。他們還要求領口得做成Ｖ字形，整件衣服甚至不得有任何複雜的繡工，

4 聖城（Al-Quds）大學一共擁有三個不同的校區，一個位於耶路撒冷城內，一個為於阿布迪斯，另一個則位於緊鄰拉馬拉的比雷赫市（Al-Bireh），目前三個校區加起來的大學生總數約有一萬三千多名。

5 拉馬拉（Ramallah）的居民約有三萬名，自從以巴簽署《奧斯陸協議》之後，拉馬拉就成為巴勒斯坦自治政府實質上的行政首都，許多非政府組織與辦公處都設在這裡。拉馬拉城位於耶路撒冷東北部約十英里處，不過多數巴勒斯坦人皆認為耶路撒冷才是巴勒斯坦真正的首都。

6 比爾澤特大學（Birzeit University）是所著名的公立大學，學校位置就在拉馬拉市外。目前大約有八千五百名大學生於該所大學就讀。

7 巴勒斯坦第一次大起義爆發於一九八七年，是巴勒斯坦人反抗以色列軍事占領的示威行動，一直到一九九三年才落幕。

8 以色列於巴勒斯坦第一次大起義爆發時，發動大規模的搜捕行動，超過十二萬名巴勒斯坦人因此於一九八七年被捕入獄，一直到一九九三年以巴雙方簽訂《奧斯陸協議》之後才被釋放。

9 比雷赫市（Al-Bireh）位於拉馬拉的東邊，居民人數超過四萬名。

所以我們只好採用最基本的方法縫製。此外，我的母親也與其他婦女一同前往難民村，探望受刑人的家屬，蒐集他們所織的衣服，再一起送到監獄給受刑人。

我對自己頭幾年上學的記憶並不深刻。事實上，巴勒斯坦第一次大起義期間，以色列政府關閉了大部分的學校，再加上學校一星期開放的時間可能只有幾個小時，所以我們皆採用遠距教學模式。我就讀於教友會學校[10]，每隔兩週我會去學校繳交功課，再領新的作業回來。每當新學年開始，我們就會去學校領取教科書以及第一份作業。一回到家，孩子們馬上聚在一起寫功課，而且每個人對自己分內的作業都非常有責任感。附近的孩子會來我家一起完成作業，如果遇到困難，我母親就會教導他們。最後，學校終於在我十二歲時重新開放了，不過還是只有半天而已。

當我漸漸長大，邁入青春期之後，巴勒斯坦大起義帶給我不同於以往的震撼。跟以前一樣，我還是繼續縫製衣服給在監獄裡的受刑人，我的朋友卻一個接著一個被逮捕入獄。還記得，我當時好希望自己能夠跟世界上其他青少年一樣，過著閒時聽聽音樂的生活，而不是讓政治占據日常生活的時間，這樣的日子實在是太令人窒息了。儘管如此，我仍舊懷抱著謙卑的心態，因為我並沒有真正見識過難民們的生活方式，如果連我這樣居住在城市，家中還擁有許多設施可以借給左鄰右舍的人，都覺得被壓得喘不過氣，我實在無法想像在難民營的人們該如何過日子。

自從一九九三年《奧斯陸協議》[11]簽訂，我親眼見證情況的轉變。許多地方因為戰事停止而重新開放，我們也因此得以進入一些之前被禁止前往的地方，像是耶路撒冷、海法、雅法[12]等。

一九九六年我從高中畢業，那時候，朋友間所聊的話題已經跟過去完全不同了——更多的是對生活與工作的憂慮。不過，我們倒是不用擔心自己是不是得奮力掙扎才得以生存下來。有時候，我們也聊聊如「街頭頑童」（New Kids on the Block）之類的流行音樂。但是，即使當時我還是個青少年，我也不相信《奧斯陸協議》能夠真正改變什麼，就算我們得到了和平，卻感覺我們的和平跟幻影沒什麼兩樣。

10 拉馬拉教友會學校（The Friends School of Ramallah）由貴格會（Quaker）於一八八九年創立。一八八九年，拉馬拉仍在鄂圖曼土耳其帝國的統治之下。

11 一九九三年的夏天，第一次《奧斯陸協議》的協商會議展開。幾次協商會議分別舉辦於挪威、美國，與法國。協商內容包含以色列軍隊必須退出加薩與西岸地區，同時進一步商討巴勒斯坦的建國、安全、邊界、以色列屯墾區等議題。更多關於《奧斯陸協議》的資訊，請見附錄〈名詞解釋〉。

12 一九九三年《奧斯陸協議》之前，只有西岸的巴勒斯坦人能夠進入耶路撒冷。海法市位於以色列的北方，居民數約有二十七萬人。雅法（Jaffa）則為特拉維夫城的一部分，在一九四八年以巴戰爭爆發以前，許多穆斯林居住於該地。

愛上公路旅行的概念

十七歲之前，我一直住在拉馬拉。很快地，我從教友會中學畢業，同時也申請前往美國厄勒姆學院[13]讀書的全額獎學金。根據教友會中學與厄勒姆學院所簽訂的合約，每年教友會中學可選出一至兩位應屆畢業生到厄勒姆學院讀書，並提供全額獎學金。雖然我同時也申請了許多間美國文理學院，但我非常嚮往進入厄勒姆學院就讀。當我拿到獎學金之後，我們家還為此討論了一番。過程中當然少不了衝突，特別是我父親，他十分難以接受這件事。而我的母親是位非常實際的女人，她認為孩子們長大後必定會離家。但我的父親則不這麼認為，他覺得美國一直在幫助以色列，對他而言，要不要去美國讀書涉及的是原則問題。他打從心底認為自己的女兒不應該離開巴勒斯坦到美國唸書。後來他花上好長一段時間，才把心情調適過來。

最後，我們得出一個結論，如果我要去厄勒姆學院唸書，就得抱著成為一位物理學家的信念，並在畢業之後回到巴基斯坦。我父母表示：「我們會讓妳自己去美國唸書，不過我們也有條件，妳不能去那裡拿個生物學或化學的學位回來，因為這兩個科系在巴勒斯坦比爾澤特大學裡就有了，而且妳之後還得繼續唸醫學院。」

我只知道厄勒姆學院是間非常小的文理學院，一班的學生不會超過三十或四十人，結果真是如此。除入門課程之外，我猜班級人數應該不多。當時只有十七歲的我，根本不知道大學應該是什麼樣子。但我立刻發現，迎面來的挑戰接踵而至，而我都得用盡全力才有辦法應付。不過，厄勒姆學院的社交生活比我預期中的好太多了。大家都十分友善，讓我在這個小小的圈子裡倍感照顧。此外，厄勒姆學院的立場十分親近巴勒斯坦，再加上貴格會下教育機構的身分，讓厄勒姆學院十分歡迎巴勒斯坦學生來此求學。從一九四八年起，厄勒姆學院就已經開始招收來自巴勒斯坦的國際學生。

為了成為醫學院預備課程的學生，我在大一時選修了生物學。沒想到，我竟然被解剖學與生理學難倒了，最讓我難以忍受的還是甲醛的那股味道。說實話，我在那兩堂課上花了許多時間與心力，但最後，我只在那兩堂課勉強拿了C而已。

除了解剖學與生理學之外，我還修了有機化學課。有時上課我睡著了，但最後還是在這堂課拿到A的成績。我想，你應該猜得到這代表什麼結果吧？漸漸地，很多原訂計畫改變了。我的有機化學教授湯瑪斯・瑞特傑（Thomas Ruttledge）是位非常棒的老師，也是促成我下定決心成為化學家的重要人物。現在我們不僅是同事，也是朋友。當時我還想：「我應該拿個博士學位，而不僅僅是碩士。」我希望在畢業之後，能進入製藥業公司工作。如此一

13 厄勒姆學院（Earlham College）為貴格會附屬的文理學院，位於印第安納州的里士滿（Richmond）。學生數約有一千兩百一十位左右。以巴簽訂《奧斯陸協議》之後，厄勒姆學院也招收了許多來自巴勒斯坦的學生。

來，我就能自行創造一些新東西，這樣的工作內容十分吸引我。

大學生涯快接近尾聲時，我覺得厄勒姆學院已經給了我有如家的感覺。大學四年是我在美國最快樂的一段日子。住在美國最吸引我的一件事，就是可以開車到任何我想去的地方，我喜歡自己有能力完成公路旅行。我學開車只是為了可以開車四處瞧瞧，想開多久都可以。最令我難以置信的是，我只要開車就可以跨越州界，不出幾個小時就到田納西，甚至同一天就可以開回印第安納州，完全沒有問題！這對我來說實在太新鮮了。我熱愛旅遊，即使我的博士課程已經開始了，我依舊樂此不疲。

我在田納西大學攻讀藥物有機化學博士學位，專攻電腦化藥物設計與開發，學習如何用電腦程式製作出不同的酶，並依此設計化合物。這在當時的藥物化學領域是十分前端的技術。我與當時團隊一同研發出抗愛滋病的化合物，以及抗癌的新藥劑。

我一度考慮要一輩子待在美國。當你正在修讀研究所跟做研究的時候，沒有什麼會比你手邊正在進行的研究還要重要。你對人生應該是什麼樣子毫無概念，也不了解人生的真實樣貌，沒錯吧？因為科學家的生活就是整天關在研究室或圖書館面對著電腦。我其實想過，拿到博士學位之後，要繼續留下來繼續做博士後研究。但我的父母可不願意，對於這種孩子不在身邊的生活，他們連一年都不想再忍受了。他們堅持每個孩子把學業完成後，就應該盡快回家與他們相聚。

二○○一年九月十一日，美國雙子星世貿大樓遭到攻擊，在這之前，我在田納西大學的博士課程已經開始了。事發當天，我必須要教課，但當我一走進教室，就聽到許多學生正在竊竊私語：「她是巴勒斯坦人啊，他們巴勒斯坦人得對這次的攻擊負起責任。」聽到這，我再也無法保持沉默。我告訴全班，不能因為這場悲劇，就怪罪所有的巴勒斯坦人，我自己當然也不會縱容那些暴力分子的行為。我還告訴他們，實際上，我的家鄉充滿各式各樣的暴力行為。我只希望自己的弟妹可以不用過得這麼辛苦。講著講著，我忍不住哭了起來，後來我同事只好接替我上完那節課。

接下來的日子，我感受到來自四面八方的敵意，甚至某些教職員的態度也不甚友善，他們問：「為什麼穆斯林要做這種事？」之類的問題。我也有自知之明，自己可能無法再繼續待在美國了，因為我始終無法為自己不斷去說明。雖然聽起來有點弔詭，但如果未來我有孩子，比起一直替自己澄清，不斷解釋自己的群體裡面的身分認同，我還寧願他們面對家園被以色列占領的困境，並且知道自己到底是誰。

其實，我心底還是非常喜愛美國與美國南部的一切，直到現在，每逢十一月的感恩節，我還是會做甜南瓜派。然而，從二〇〇一年九月十一號開始，我就知道自己在美國快樂地過生活的希望是不可能實現了。

後來，我在拉馬拉一間名叫「藥物保健」（Pharmacare）的製藥公司看到了一線希望，能夠在那裡工作似乎挺有意思的。我心想如果我願意待在美國，讓自己適應美國文化，包含美國人工作的方式、社會結構等，為什麼我不給巴勒斯坦與自己一個機會試試看呢？

完成博士學位之後，我在二〇〇七年一月回到巴勒斯坦，開始在藥物保健公司研究巴勒斯坦植物裡所含的抗氧化成分。這個計畫目的在於從巴勒斯坦的傳統藥用植物中，找出抗癌的化合物。因為這項計畫，我與整個約旦河西岸的醫生都有密切合作，不過僅限於使用傳統療法的醫生。這在當時是個全新的計畫，不過現在，整個約旦河西岸的製藥公司，都已經有能力可以仿製我們研發出來的化合物了。而我們當時的計畫仍是巴勒斯坦地區的第一個投資研發型計畫。

巴勒斯坦的生活節奏深入血脈，成為你的一部分了

自從我離開後，巴勒斯坦經歷很大的改變。由於在美國求學的關係，我錯過了巴勒斯坦第二次大起義，當然也從未見過隔離牆[14]。一回到巴勒斯坦，第一個引起我注意的就是整面的隔離牆。雖然先前也看過照片，但親眼目睹的感受畢竟不同，尤其見到隔離牆硬生生把我熟悉的土地分割成兩半。坦白說，直到現在我都還沒有調適好第一眼見到時的震撼。

在車子穿過卡蘭蒂亞難民營[15]前往約旦河西岸的路上，坐在車裡的我注意到，難民營已經窮困到令人難以置信的地步。那裡貧窮與擁擠的情況，完全就是西岸地區人民生活的縮影。不過，車子開進拉馬拉之後，我被拉馬拉市的成長給震懾住了。市區內有許多高樓大廈，在在都顯示市民的生活品質不錯。拉馬拉市已成為一座具有魅力的城市，一座被悉心打

理過的城市。回到家鄉讓我有一種和平的錯覺，所謂和平其實就像個泡泡，被泡泡包覆住的，只有我的家鄉拉馬拉而已。

不過從某些方面來說，搬回拉馬拉居住還是一項挑戰。如果你去國外讀研究所，就會體驗跟巴勒斯坦完全不同的生活方式。無論你相不相信，但我覺得一開始自己到美國厄勒姆學院唸書時所遭遇到的文化衝擊，其實不太難消化。然而，十一年後，要因應回到巴勒斯坦所面對的文化衝擊，可就困難多了。

我沒辦法指出為什麼搬回拉馬拉如此困難，但是我認為其中一個原因，是因為整整十一年以來，我都在一個自由開放的國家開心地做我自己。我學會為自己思考，學會不按這個人的思考、容貌、信仰去評斷他，而是真正接受每一個人的樣子。然而，我現在回來的這個國家不僅體制系統嚴密，社會結構還十分嚴謹，你必須想辦法讓自己融入這裡。

現在，我回到巴勒斯坦，在這裡，我肩上揹負著社會責任與家庭義務，失去能夠在空閒時間閱讀閒書的權利，甚至連穿著方式都必須改變。一開始實在是困難萬分。

不過，即便我才剛回到巴勒斯坦沒多久，我已經發現，拉馬拉這個城市無論如何都可以

14 約旦河西岸最早的隔離牆出現在一九九四年，當時只有一小部分，但是在二〇〇二年快速增建。

15 卡蘭蒂亞難民營（Qalandiya）座落於耶路撒冷與拉馬拉之間，同時也是個擁擠的城市，居民人數大約三萬人。卡蘭蒂亞也是附近一個檢查哨的名稱，該檢查哨是約旦河西岸地區大型的檢查哨之一。

讓我感到放鬆，倒不是因為這個城市有多好，而是因為這裡的人們。巴勒斯坦也有自己的步調節奏，就跟世界上每個國家一樣。即使在巴勒斯坦，人們無法自由自在地旅行，每天還得面對壅塞的交通，但是，她就是有一種可以漸漸影響你的魔力，只要定居在這裡，就難以與她分離了。漸漸地，我也終於找回許多跟我面臨同樣困境的老朋友。我的這些朋友在年輕時前往法國、英國或美國留學，許久沒有踏上巴勒斯坦的土地。我們之間有共通點和共通的語言，這也讓我逐漸習慣在巴勒斯坦的生活。

我們的第一堂課

回國後，我開始在藥物保健公司工作，一直到二〇一〇年才離職，前後大概待了兩年的時間。有幾個原因讓我認為藥物保健公司並不是我所嚮往的工作。其一，和我一起關在實驗室裡的就只有另外一個人，而我發現自己很希望能夠與更多人互動。一個博士能夠與人互動的方式，不就是教書嗎？我還記得，當年我的指導教授湯瑪斯・瑞特傑對我說，我最後一定會走上教書這條路，因為他在我身上看見教書的熱忱。當時我還覺得他不了解我。

因此，我在二〇一〇年應徵聖城大學和比爾澤特大學的教職。聖城大學近來與美國的巴德學院[16]建立合作關係，巴德學院打算在聖城大學設立通識教育課程。巴德學院認為，由我來擔任這項課程的教師，實在是再適合不過了。因為畢業於文理學院的我，比較能夠了解通識教育的教學概念以及教學方式。

一開始，他們只給我一個學期的兼任職位，所以我只負責教一節課。一個學期過後，聖城大學跟巴德學院馬上就給我一份全職的教師職位。我其實有點像空降部隊。他們根本不在意我沒有出版過很多書，這跟比爾澤特大學以男性教職員為主的生態很不一樣。

我是這項計畫的創始教職員之一，同時也是主力教師。當時，課程計畫根本還沒真正開始實行，我們也只有三十名學生。我還記得，那時候一直忙著辦理學生的內部轉學文件。我們鼓勵聖城大學的學生花一個學期來試聽這裡的課程。此外，無論學生程度是好是壞都可以申請，我們照單全收，如此一來，就可以確保課程計畫能夠順利運行。接著我開始著手設計與科學相關的課程，現在本系所也成為整個學院裡最成功的教學單位，也是規模最大的院所。目前我手上大約有六十名主修生物或是化學的學生。二〇一四年六月底，第二屆的學生以及化學系的第一屆學生就可以畢業了。

16 巴德學院（Bard College）是一所私立文理學院，位於紐約州哈德遜河畔的杜且斯縣（Dutchess County），目前學校約有兩千名大學生。巴德學院自二〇〇九年開始與聖城大學合作，希望能夠在巴勒斯坦地區推廣文理學院的教育模式。

頭戴兩百年歷史的土耳其金幣頭飾

二〇〇九年的春天，我透過朋友的介紹，認識一位在市政府工作，名叫阿赫瑪德（Ahmad）的男士。接下來的一年半，我們只偶爾見個幾次面，不過我真的不認為那是約會。我們也就見過那一次或兩次面，再加上彼此都忙於事業，我們也就讓這段戀情順其自然地發展。

我們有時候會傳個簡訊看看對方過得如何。一直到二〇一〇年的九月，我們才開始比較認真地約會。不過，我們只有跟一大群朋友聚會時才見面，這樣就可以保持低調，外人就看不出這一大群人裡，究竟誰跟誰才是情侶。

接著在十二月底，我們倆決定正式交往，他還邀請我在十二月三十日到他家吃晚飯。他還說，吃完晚飯後，他很樂意到我們家坐坐，也想拜訪我的父母。從那時起，事情發展地相當迅速。星期五早上，也就是新年的前一天，他打電話給我，在電話中說，他的哥哥想跟我父親說話。而且他希望能夠讓這個拜訪變得正式一點，這樣才符合我們的傳統文化。後來，他們跟我父母約好正式拜訪的日子，同時要向我父母提親。

新年除夕的那天晚上，阿赫瑪德竟然在瑞享飯店[17]的除夕派對上，當著三百六十位賓客的面前向我求婚，我驚喜極了。也因為他這麼高調，隔天早上，整個城市都知道我們訂婚的消息了。

他向我求婚時，學校第二個學期才剛開始沒多久，要我花心思準備婚禮實在有點困難。然而聖城大學的第二學期意外不斷，先是罷課，接著學校關閉，還有學生因為政治因素拒絕來學校上課。於是，我們決定將婚禮日期訂在四月，但是，阿赫瑪德有個兄弟的女兒的預產期，恰巧跟我們的婚禮在同一週，而他們希望能夠在她生產時陪在她身邊。因此，我們把婚期延到六月，可是他的母親又希望我們越早結婚愈好。他母親覺得自己已經老了，沒有人可以預測隔天會發生什麼事，她實在很想看著自己的兒子娶妻。最後，我們的婚禮提前至一個濕冷的三月天。

我們辦了一場巴勒斯坦的傳統婚禮，我身穿傳統服飾，頭戴有兩百年歷史，由鄂圖曼土耳其金幣（lira）所製的頭飾。婚禮非常盛大，來參加的賓客超過七百位。那時我就應該知道，自己未來的生活會如此熱鬧萬分。喧鬧的婚禮過後，我們又舉辦了只宴請親戚與好友的小型婚宴。

一年之內，我的身分從注重事業的單身女性，搖身一變，成為一位人妻。接著我懷孕了，在二〇一一年十一月十日生下一對雙胞胎，成為兩個孩子的母親。我來自一個核心家庭，家中每位成員都接受過教育。每個星期五早上，大家會一起吃早飯，只不過餐桌上通常

17 拉馬拉的瑞享飯店（Mövenpick Hotel）屬於瑞士國際連鎖豪華飯店集團，於二〇一〇年秋季開幕。

很安靜。婚後，我的夫家是個大家庭，許多兄弟姐妹都已婚且育有子女，而他們的孩子也已有了下一代。我夫家的家庭生活非常熱鬧，我也因此學會一次煮四十人份的飯量，即使我懷孕時，也照煮不誤。我發覺，自己已經完全過著巴勒斯坦的生活，這是我之前從未體驗過的經歷。

我發現自己寫作的天份

我的丈夫是拉馬拉市長的秘書，結婚時，我覺得自己好像嫁給了整座城市。朋友們戲稱我是「拉馬拉小姐」，因為他們在每個場合都看得到我。只不過，我也出城參與各式各樣的文化活動。

當我好不容易了解我丈夫的家族，我才知道，原來自己嫁到的地方，並不是拉馬拉市，而是他的父母於一九四八年離開的兩個村莊，阿布舒沙與札凱里雅[18]。此外，我發覺自己深受巴勒斯坦流亡難民文化的影響，在這之前，我只有在書本上讀過關於流亡難民的資料。現在，我的孩子就是難民的後代。這一切啟動我身體裡的某個開關，讓我敞開心房，發覺巴勒斯坦真正的苦難以及令人心碎的部分。這些痛苦，遠比外界想像地還要多，也成為我寫作的初衷。

二〇一〇年七月，巴德學院派我到美國參與一個名為「語言與思考」的寫作工作坊。這也是我們核心課程的一部分，他們還鼓勵各方教職員教授這門課程，我因此發現自己寫作的天賦。在巴德學院舉辦的工作坊裡，我發現自己多麼喜歡與人群相處，也樂於從每個人身上學習。我開始認真寫作，沒多久，我就創立了自己的部落格「大橄欖」（The Big Olive）。

我的第一篇文章，寫下某位我在婚禮上遇到的女子，她名叫塔拉（Tala）。事情就是那麼剛好，我在寫作工作坊開始的前兩週又遇見她。最初在我的設想裡，個人部落格應該寫關於拉馬拉的文章，還有我回到這個城市的心路歷程。但後來，我的文章內容變成我融入丈夫那一個大家族的故事。

另一個促使我寫出巴勒斯坦真實樣貌的原因，得拜我常常在西岸旅行所賜。為了替學校招生，我得到鄰近耶路撒冷的阿布迪斯以及伯利恆，在路途中須經過一個又一個的檢查哨。我的部落格讓我得以檢視住在大城市的生活，那個發展中的城市，就是拉馬拉。另外，我也常常出城，體會不同於城市的文化。

以前我住在紐約時，朋友們時常問我，巴勒斯坦的生活究竟是什麼樣子。我要他們想像，他們每天得從紐約花上一個小時，通勤到新紐澤西的一個小鎮。可是，你沒辦法走高速

18 阿布舒沙（Abu Shusha）是鄰近拉馬拉的一個小村莊，人口大約只有一千人，此村莊於一九四八年的戰爭中被摧毀。札凱里雅（Zakariyya）是個人數恰好超過一千人的巴勒斯坦村莊，位於希伯崙的西北邊，同樣於一九四八年被毀。

公路，能選擇的就只有便道。不過，便道可不是全部都開放，再加上警察可以隨時隨地在路上攔下你，毫無理由盤問你一個小時。結果到頭來，你整天的時間都耗費在通勤上了。這樣的生活模式實在很折磨人，不過這就是巴勒斯坦生活的真實寫照，也是我想記錄在部落格裡的一部分。

我總是告訴我的美國朋友們：「你們把移動的自由看得太理所當然了。」我還記得當時結束巴德學院的工作坊後，打算搭機回巴勒斯坦的我，被困在前往甘迺迪機場的途中。隨著時間一分一秒過去，我愈來愈坐立不安。當時，我跟我朋友一塊被困在路上，我說：「天啊！我快要趕不上飛機了，我實在不知道這裡的交通到底怎麼了！」只見他們瞪大眼睛看著我：「什麼叫這裡的交通怎麼了？你住在巴勒斯坦耶！」我們對於巴勒斯坦的不便早已習以為常，但在紐約遇上交通問題，仍舊令我們感到訝異，我猜這就是旅行跟實際居住在當地的差別吧。

再者，巴勒斯坦人根本無法掌握自己每日的既定行程。假如我打算十一點上課，有時候運氣好，可能只遲到十五分鐘而已，但有時則會遲到一個小時之久，無論我多早出門結果都一樣。或是，路上會突然冒出一個之前不存在的檢查哨，根本沒有出於任何緊急情況或是安全疑慮的原由，他們似乎想設置檢查哨就設置檢查哨。

這條我們每天往返於工作地點與家的道路帶給我們不小的壓力。甚至可以說，我們的生活已經受制於這種壓力之下了。有了孩子之後，情況似乎每況愈下。每天下班我得去保母那裡把孩子們接回家，這樣我才能夠在他們準時上床睡覺之前與他們好好相處一小時。這只是身為母親最基本的渴望，也是全世界的職業婦女每天牽腸掛肚的事。只不過，我需要擔心的比一般職業婦女更多，因為每天我都想著，要是自己今天沒辦法準時接到孩子，該怎麼調整接下來的作息。

這些壓力會讓人衰老得愈來愈快。在巴勒斯坦的某些地方，情勢已經緊繃到無以復加的程度。這就是為什麼人們無法過著正常的生活，因為他們每天得面對很多突發狀況，這些困境使人們對自己的人生失去該有的方向，這樣的壓力迫使人們喘不過氣，無法好好過生活。

懷孕期間，我一直很擔心孩子會選在我還待在卡蘭蒂亞的時候出生，若真是如此，我就會被困在那裡，沒辦法出來了。此外，我的胎位不正，到時候我應該沒辦法自然生產。

因此在預產期前一週，我自己開車到伯利恆，預約了伯利恆的醫生。如此一來，只要我羊水一破，就可以盡快到伯利恆的醫院報到，那比到我家附近的醫院簡單多了。我的朋友甚至還幫我安排了救護車待命，一接到消息，就能立刻過來接我，並載我到伯利恆的法國婦女醫院。他也聯繫我的婦產科醫生，這樣醫生就能在電話中向我朋友解釋我懷孕的狀況。這樣安排或許有些誇張，不過每次我踏出家門，都得先準備好緊急應變方案，因為我不知道每一次出門究竟會花上多長的時間。

如果住在美國的妳懷有雙胞胎，家裡離醫院只有幾英里遠，那麼妳要到醫院生產自然是一件輕而易舉的事。無論妳的羊水什麼時候破，胎兒的胎位正不正，也無論他們準備哪時候來人間報到，妳都可以隨時到醫院待產，但是在巴勒斯坦可沒辦法這麼做。

在巴勒斯坦，每座城市與城市間唯一的聯繫途徑就是道路，當這些道路被封鎖，民眾的生活也就跟著停擺。這就是造成婦女最後會在檢查哨生產的原因。我在部落格中寫出婦女迫不得已在檢查哨生產的故事，也寫出了我的恐懼。我常常覺得，恐懼無時無刻向我逼近，甚至連我在開車時，都會忍不住想：「如果我被塞在車陣中，有人過來毆打我，或是從後面撞上來，我會不會因此失去孩子？」

話說，我們這有一條被稱為瓦蒂納（Wadi Nar）的山路，從拉馬拉一路蜿蜒著接到耶路撒冷東南邊的城市。雖然現在這條山路因為稍微拓寬的關係，狀況已經比過去好一些了，但當各式各樣的卡車跟汽車全擠在那條路上時，混亂的情況簡直一發不可收拾。因為那條路上並沒有清楚的雙向車道劃分，而當你頂著強風開著車往山上爬，看向你的右手邊，那裡就是懸崖了。如果一不小心被其他車子撞到，就只有掉下山谷的份。

我告訴朋友們，如果每天從日出到日落之前，我都能夠順利地完成每一件事，那真是神的恩賜。我每天往返於家中與阿布迪斯，還得保留體力，以便下班後可以照顧兩個孩子。在我的生活中，只有寫作可以紓解我的壓力。在部落格上，讀者的留言都十分正面，只不過我不確定這是因為我是一位好作家，還是因為大家實在太友善了。這也讓我有點害怕，或許我只是不相信自己除了科學之外，還有其他天賦。

此外，我發現部落格是一個可以擁抱各種意見的地方。每篇文章都有討論、修改以及進步的空間。其實，寫文章就是把真實的自己在紙上形象化。除了部落格之外，我會投稿至一個叫做《巴勒斯坦週報》（*This Week in Palestine*）的線上雜誌。不投稿時，我會把那些文字整理發表在部落格上。我常常邊寫邊想：「親愛的主，請可憐可憐我吧。我的文章代表真實的我，請別讓他人一直打擊我，我會因此心碎的。」只不過，我現在仍試著在科學與寫作兩者中尋找平衡點。其實身為一個部落客，我至今還在尋找自己內心真正的聲音。說實話，我還不知道自己該採用哪個觀點敘事，也不清楚自己正在嘗試什麼，甚至不知道自己在說的是哪一種故事。

我仍在追尋的旅途中，我並不會完全放棄科學，專職從事寫作。然而，我也不會讓科學獨領風騷，我很高興能夠讓自己喜愛創作的那一面展現出來。

拉馬拉城外真正的苦難

我們剛開始在聖城大學實行巴德通識教育計畫時，並沒有充足的學生來源，因此除了教書之外，我也負責招生，我的足跡踏遍約旦河西岸許多地方，為的就是要想方設法地招募更多學生。

最後，我在伯利恆的難民營與希伯崙都招收到許多學生，這幾趟旅程對我而言，意義也十分重大，因為旅途中的所見所聞在在提醒著我，城外的人民過著十分艱苦的生活。他們除得面對檢查哨的阻礙之外，還有對生活的不確定感。之前住在西岸地區時，我也體會過這些感受。

我目睹學生被這些痛苦所折磨。我們從難民營中招募到很多孩子，很多人都成為我的學生。我對一位有機化學課堂上的孩子印象特別深刻，我總是得在課堂上阻止他彷彿永無止盡的問題，好讓課能夠繼續下去。他是一位有趣，又貼心、又帥氣的小伙子，也是團體裡的領袖。然而，在暑假期間，他整整消失了兩個星期，連他的父母都不知道他去哪了。他們只找到被遺棄在路邊的汽車。後來我們才知道，原來他被逮捕了。雖然他在秋季開學時回到學校上課，不過他已經完全變了個人。整個學期，他都沒有開口說過一個字。

我認為通識教育十分有價值，尤其在巴勒斯坦實在更難能可貴，而且學生們的接受度非常高，也都有相當傑出的發展。我們的學生會閱讀希臘哲學和戲劇，同時鑽研寫作。還記得，有次作業是要學生先閱讀哈姆雷特著名的獨白「生存或是毀滅」（To be or not to be），再從巴勒斯坦的觀點出發，重新呈現整段對白。最後，學生們在課堂上的分享非常令人震撼，充滿力量。我很希望，這一代孩子能夠過上比我們更輕鬆自在的生活，也希望這些孩子未來能夠帶領巴勒斯坦人走出自己的路，而非只是遵循某些領導者跟不上時代的想法，並希望孩子們能夠好好活下去。至於我的孩子，我希望藉由教育解放他們，還希望他們可能選擇拿起筆或書，而不是拿起槍或武器。我自己則是會繼續寫作，即使我對巴勒斯坦愈來愈絕望，但我還是會堅持下去。

我希望自己永遠也不會忘記在拉馬拉市見識到和平與繁榮的那一刻，即使那終究只是個幻影罷了。

約旦河西岸的伊萊屯墾區

阿米亞德・柯恩

伊萊（Eli）屯墾區執行長，現年三十二歲，出生於約旦河西岸的克法爾・艾斯恩（Kfar Etzion）屯墾區。於約旦河西岸的伊萊屯墾區受訪。

二〇一二年，我們得到聯合國的贊助，前往約旦河西岸地區探查乾淨泉水的蹤跡。在旅途中，我們第一次與阿米亞德・柯恩（Amiad Cohen）相遇。我們在途中發現，除了約旦河谷之外的地方都受乾旱所苦。而水資源控制權的歸屬，也是造成巴勒斯坦人與以色列屯墾者緊張情勢的主要原因之一。約旦河西岸的艾因阿里克（Ein Al-Arik）是個位於納布盧斯與拉馬拉之間的城鎮，那裡的泉水已經被附近的伊萊屯墾區[1]開發，成為天然浴池與公園的一部分。

我們跟著記者群與非政府組織成員走在種滿橄欖樹的山坡上，踏著腳下的碎石前

1　伊萊屯墾區目前採取合作運行模式。屯墾區人數約有將近三千五百人，地理位置於耶路撒冷北方三十英里處。

進。導遊告訴我們，由於附近屯墾區最近建造公園，許多巴勒斯坦村莊的水源因此被切斷。走著走著，一輛以色列卡車在我們面前停了下來，阿米亞德與他的學生從那輛車走了下來，想探看發生了什麼事。但沒過多久，阿米亞德就跟巴勒斯坦村莊的村長吵了起來，因為那位巴勒斯坦村長堅持，地方上的泉水是屬於他們家族的財產。等他們冷靜下來之後，我們走向阿米亞德說明我們此行的來意，也敲定了見面的時間。

稍晚之後我們與阿米亞德約在他的辦公室會面，他的辦公室就位於伊萊屯墾區。這個屯墾區範圍涵蓋了八座山頭，就在拉馬拉城北邊不遠處，只要八分鐘的車程即可到達。阿米亞德有著一雙棕色的眼睛，臉上蓄滿了鬍子，看起來已經三天沒有刮了，除此之外，他頭上還戴著一頂圓頂小帽，而髮線似乎已經退到那頂小帽的邊緣了。他的辦公桌上擺滿了各種文件、資料夾，還有幾串大鑰匙。「有人跟我說，如果你的桌子雜亂無章，代表你的思緒也同樣混亂。」他說，「但是，空無一物的桌子又代表什麼呢？」其實，阿米亞德的辦公室很小，只有一台電腦與為數不多的安全監視設備。況且，他不常待在辦公室裡，他真正的辦公室其實是他平常駕駛的那輛卡車。他總是開著卡車穿梭於屯墾區，從這區開到那區。

阿米亞德開著卡車替我們完成一場屯墾區的導覽，我們欣賞了伊萊屯墾區的山景，也造訪士兵紀念碑與當地著名的軍事預校——班尼．大衛（Bnei David）。此外，我們也受邀至阿米亞德的家中拜訪，與他的太太以及兩個孩子見面。一踏進門，只見小小的客廳地板上塑膠玩具散落一地，其中一面牆擺滿書架，上頭滿滿的都是書。

兩年之後，我們又再次到伊萊屯墾區拜訪阿米亞德，此時他已經從伊來屯墾區的安全負責人晉升為伊萊屯墾區的執行長，至少他本人是這麼說的。他還說自己監視著伊萊屯墾區的日常運作，從日常用水到污水處理系統，到新社區計畫的建築物，都由他一手包辦。不過，他每天待在辦公室的時間，還是只有兩個小時。

「身為錫安主義者，我們要回到以色列」

一九八二年，我出生在克法爾・艾斯恩屯墾區的某個基布茲社區[2]。克法爾・艾斯恩屯墾區位於約旦河西岸耶路撒冷南邊。我一共有兩個弟弟跟三個姊姊，在家族裡我就是長男。在一九四八年的戰爭中，克法爾・艾斯恩屯墾區成了唯一一個在戰事中被摧毀的猶太社區，我們所居住的基布茲也連帶被毀了。當年，約旦與阿拉伯軍隊不僅摧毀了我們的基布茲，幾

2 克法爾・艾斯恩屯墾區（Kfar Etzion）人口不到一千人，位於耶路撒冷南方四英里處。基布茲（kibbutz即以色列的集體社區，以農業生產為主）則在一九二七年建立。

乎沒有人能夠逃離他們的魔掌。

一直到一九六七年，當初倖免於難的某個孩子也長大成人了，他帶著其他倖存者一起回到克法爾・艾斯恩屯墾區的原址，並在原地重建了屯墾區[3]。

我的母親成長於一個標準的藍領階級家庭，她父母的家位於特拉維夫附近的巴特亞鎮（Batya），我的父親則是出生於巴爾謝巴（Be'er Sheva）[4]，並在那長大。我父母的家族最初分別居住於紐約以及長島。我祖父曾在第二次世界大戰期間，成為美軍的一分子，為美國而戰。一九五〇年，他與我的祖母結婚，同時告訴她：「我們是錫安主義者[5]，我們回以色列吧。」因此他們離開了美國，搬到約旦河西岸的巴特亞鎮上。事實上，我的祖父很希望能夠加入以色列軍隊，並建立屯墾區，所以他才選擇離開美國，來到約旦河西岸。

我出生在克法爾・艾斯恩屯墾區。當我三歲半時，我們舉家遷移到南非的約翰尼斯堡（Johannesburg）。我們居住在南非的日子，正逢種族隔離政策實行期間。我們家請了五位家僕，並讓他們住在家裡。雖然我是一位師長眼中的好學生、長輩眼中的好孩子，但是大人們的安全顧慮還是讓我連踏出家門一步都困難重重[6]。因為只要踏出家門，我們可能會被綁架，甚至被殺害。學生搭乘的校車都有荷槍實彈的警衛時時刻刻保護著，而我放學後就得直接回家。如果你想要前往鄰區探望朋友的話，就得提早兩個禮拜預約武裝保全，讓他們護送你至目的地。這一切實在是太瘋狂了。

我們一家人於一九八九年又搬回了以色列屯墾區，那是我七歲發生的事情。我們這次選擇一個名叫埃佛拉特（Efrat）的屯墾區[7]。我們住在豪華氣派的房子裡，還有一座游泳池。我的父親是一位聰明人，一九九〇年初網路剛開始流行時，他就進入電腦企業工作。因為他的緣故，我小小年紀就開始接觸電腦，也因此在HTML剛問世後不久，年僅十三歲的我就已經能獨立操作程式語言了。除此之外，我也開授成人電腦課程，教導成人如何使用Excel、Powerpoint、Word等軟體。

十一年級時，我因為覺得學校無趣，所以選擇提早一年離開學校。我打從心底認為，待

---

3 一九四八年以阿戰爭期間，該基布茲於某場為期兩天的戰鬥中被完全摧毀。以色列人為了紀念被阿拉伯軍隊摧毀的村莊，於一九六七年的六日戰爭後，安排克法爾・艾斯恩成為第一批建造的屯墾區之一，這批屯墾區都位置都位於約旦河西岸的以色列占領區。新屯墾區的領導者是哈南・波拉特（Hanan Porat, 1943-2011）他不僅在推動屯墾區的建立上享有很高的聲譽，而且還是當年克法爾・艾斯恩被摧毀時，僥倖逃過一劫的四位倖存者之一。

4 馬茲凱雷特巴特亞城（Mazkeret Batya）約有一萬名人口，位於特拉維夫城南方約十六英里處。巴爾謝巴人口約有二十萬，位於耶路撒冷西南方六十英里處。

5 錫安主義為支持猶太人建立自己家園的運動。錫安主義促成以色列於一九四八年成功復國，更多資訊請見附錄〈現今巴勒斯坦的歷史年表〉。

6 一九八〇年代末期，反對南非種族隔離政策的聲音日益加劇，最後造成大規模的暴動，也讓整個國家陷入緊急情況。

7 於一九八三年建立的埃佛拉特屯墾區約有一萬民住戶，屯墾區位於克法爾・艾斯恩東邊三英里處。

在學校實在是浪費了自己大好的青春。而且在學校唸書時，我常常懷疑自己到底在這裡做什麼？我實在不喜歡無所事事。讓自己保持忙碌才是我喜愛的生活方式，於是我就自行辦理退學了。離開學校後，我先去當了一年的志工，一邊教學，一邊與孩子一起工作。一年後，我進入伊萊屯墾區的班尼・大衛軍事預校就讀，隔了一年之後，就入伍從軍去了。

伊萊屯墾區仍未受到以色列合法承認

當初就讀軍事預校時，為了求學，我搬到伊萊屯墾區居住。伊萊屯墾區於一九八六年建立，範圍涵括八座山。我們住在某一座山的山頂，那是屯墾區最早建造的部分，由二十至三十戶猶太家庭組成。

屯墾區計畫從六〇年代末期開始陸續建設，也就是一九六七年六日戰爭之後。一九七六年後，屯墾者陸續遷移至此。最初，以色列政府預計建立一個可以容納十萬人的城市。最早遷移至此地的居民是來自屯墾區南邊的希洛（Shilo）[8]，那個屯墾區就在伊萊屯墾區南邊沒多遠的地方。事實上，建造伊萊屯墾區是大多數屯墾者的夢想，而我們也希望盡可能地讓猶太人搬到這裡來居住，目標是讓在西岸地區的猶太人口數達到一百萬。

一九八〇年代，以色列政府提供各種獎勵，像是支付購買房屋與道路的支出等[9]，鼓勵人民搬到屯墾區定居。只不過，到了一九九〇年代中期，政府停止推廣屯墾區[10]，伊萊屯墾區的成長速度也不如我們當初期望的那般快速。

班尼・大衛軍事預校的創立者是一位猶太拉比，創校時間為一九八九年。那位拉比希望能夠創立預備軍校形式的葉史瓦[11]，目的希望學生能夠研讀《托拉》，進而成為更優秀的士兵與公民，也能夠成為更好的人。

班尼・大衛軍事預校是第一個融合宗教與軍事的學校，也在以色列錫安主義社區中掀起一陣風潮。這種結合宗教的軍事預校，目前在伊萊屯墾區的數目已達到二十所，另外還有二十間一般的軍事學校。我在班尼・大衛軍事預校教書，同時也在特拉維夫城的某間軍事預校兼職。這一切都是從伊萊屯墾區開始的。現在，伊萊的居民幾乎都是班尼・大衛軍事預校的

---

8 希洛屯墾區就在伊萊屯墾區東邊幾英里處。希洛屯墾區於一九七八年建立，人口數約有兩千五百人，也是忠信社群（Gush Eminum）屯墾區運動所催生的第一批屯墾區之一。忠信社群屯墾區運動主要目的在於宣示以色列對於猶地亞（Judea）和撒馬利亞（Samaria）地區（即約旦河西岸）的所有權。更多關於忠信社群屯墾區運動的資料，請見附錄〈名詞解釋〉，頁三八七。

9 一九八〇至一九八三年期間，約旦河西岸的以色列屯墾者人數成長了四倍之多，從八千人成長至大約三萬兩千人。以色列總理梅納赫姆．貝京（Menachem Begin）當年依據大衛營協議（Camp David Accords），加上埃及與以色列雙方的安全協議，推動屯墾區在約旦河西岸與加薩地區的擴張。

10 第一次《奧斯陸協議》於一九九三年簽署，同時減緩約旦河西岸屯墾區於一九九〇年代初期的擴張。更多關於《奧斯陸協議》的資料，請見附錄〈名詞解釋〉，頁三九一。

11 葉史瓦（yeshiva）是專門研讀《塔木德》（*Talmud*）以及《托拉》（*Torah*）的猶太宗教學校。

畢業生，許多軍中的高階將領也都居住於此。這裡其實只是一個只有四千人的小鎮，卻有十位將軍與十五位大將軍都選擇在此定居，都是因有此班尼・大衛軍事預校的緣故。

然而，伊萊屯墾區有個麻煩的難題必須處理。實際上，我們到現在還不被以色列政府承認為合法的屯墾區。或許我該說，以色列其實已經承認了，他們卻沒有把程序跑完。根據一九九〇年代中期的協定，以色列國防部長需要簽訂文件以證明伊萊屯墾區合法性。但是過去二十五年來，國防部長的政治立場過於左傾，導致他們不願意簽署文件，讓一些跟伊萊面臨相同困境的屯墾區獲得合法的資格[12]。這是伊萊屯墾區面臨的第一項難題。第二個難題則是關於伊萊屯墾區所在的地理位置。事實上，伊萊正巧位於行政區A與行政區B之間。而A區與B區由巴勒斯坦人管轄，和C區的管轄權則是由以色列與屯墾者掌控[13]。這樣的情況不僅尷尬，也同時意謂著，這塊土地的所有權以及法律的執行尚未塵埃落定。這些問題還只是冰山一角而已。再加上這裡的土地所有權並沒有被白紙黑字的書面協議記錄下來，致使附近的阿拉伯人常常宣稱自己對某塊土地的所有權。因為沒有任何文字記錄，所以根本無法證明實際情況究竟如何。在雙方無法對自己的土地提出所有權證明時，問題也就因此產生了[14]。

戰爭是戰爭，良心是良心

從班尼・大衛軍事預校畢業之後，我就從軍入伍了[15]。二〇〇一年我剛進入軍隊時，一般義務兵的兵役期為三年。我在軍中待的旅（軍事編制單位），是個擁有各種特殊單位的隊伍，名叫戈蘭[16]。而我所待的單位則是以拆遷為主要任務。

入伍之後，每一天我都與RDX-10跟C-4等等炸彈為伍[17]。我們的主要任務就是找出巴勒斯坦人的藏身處與武器藏匿的地點，動手加以拆除。我們負責的範圍遍及整個加薩地區、約旦河西岸與黎巴嫩。其實我們可以用炸藥做出一些瘋狂的事，像是在不損及整棟建築物的情況下炸毀一間房間。有一次，我們在某棟建築物裡發現巴勒斯坦人藏匿炸藥的地點，那些炸藥必須被引爆，但是我們又不希望因此對整棟建築物造成無法彌補的傷害。因此，我們在牆上挖了個洞，設法用某種方式引爆炸藥，只要安排妥當，炸彈就會在建築物外頭爆

12 在約旦河西岸地區，以色列政府正式承認的屯墾區，總共有一百二十五個，未被正式承認的屯墾區則有一百多個（違反以色列法律），儘管未被承認，但以色列政府仍舊支援這些屯墾區的基礎建設與安全維護。

13 更多關於行政區（A區、B區、C區）的資料請見附錄〈名詞解釋〉，頁三八三。

14 根據以色列民政機關二〇一三年的調查資料，伊萊屯墾區的部分土地其實是巴勒斯坦人民的私人財產。

15 除了一些從外觀上就能判定的案例之外，以色列公民皆有服兵役的義務，十八歲就必須入伍。更多關於以色列國防軍力的資料請見附錄〈名詞解釋〉，頁三八九。

16 戈蘭旅（Golani Brigade）（也稱為第一旅）在第二次巴勒斯坦大起義期間，負責整個約旦河西岸和加薩地區的作戰行動。

17 RDX-10和C-4都是在戰場上常見的炸彈。

炸。這項任務難度很高。而且，有時候事情並不會按照我們當初設想的情況進行，所以整棟建築物就被炸毀了。我們仍設法避免不必要的傷害或死亡的發生。

二○○四年至二○○五年在加薩地區作戰的期間，是我軍旅生涯當中最艱困的一段時期[18]。那段時光只能用「恐怖」與「極端」這樣的字眼來形容。許多朋友以及同袍都在戰鬥中受了傷。當時，我們的主要敵人是哈瑪斯，但是，我們常常無法分辨出誰是哈瑪斯，誰是自己人。我也跟同袍們針對如何在戰爭中保有自己的良心，進行許多次深入的對談，也提出許多人不會想到的問題。戰爭就是戰爭，而你的良心一直都在你心裡，只是，這兩者不會總是剛好兜在一塊。不過，我們試著詢問彼此一些問題，例如：在這種情況下，你該怎麼做？要怎麼行動才不違背良心？如果敵方的孩子被我們俘虜了，你該怎麼做？

除此之外，戰場上處處是危機，我就曾在擔任士兵時遭敵方襲擊。當時，我乘著民用車前往基地，突然兩名巴勒斯坦人對我們發動攻擊。我在他們的槍聲中讓司機停下車，接著跑去追捕那兩位槍手。最後，我們順利地逮捕他們，並把他們送進監獄。

當你加入軍隊之後，世界就被你分為「好」與「壞」，沒有中間的灰色地帶。我自己就有這樣的體會。我也依照這套模式教育士兵，讓他們知道，只有自己所屬的軍隊才是對的，對方則是糟糕到無以復加的敵人。如果他認為自己的軍隊有一點點不好，或是他認為敵方也許沒這麼壞，那他就不是一位稱職的士兵。這就是軍隊。現在，我回到了現實社會，我反而覺得現實世界比軍中社會更複雜。

我娶了太太跟那把M-16步槍

戰爭結束後，我回到伊萊屯墾區，並開始在班尼・大衛軍事預校教書。二〇〇七年，我在朋友的介紹下認識我現在的妻子。看到她的那一剎那，我立刻就知道，她是我想要共度一生的人。學生們曾經問過我，我怎麼知道她是我的真命天女，我告訴他們：「第一，你得看看有沒有迸出火花。接著，你得觀察雙方是不是對生活有相同的想法。然後，去贏得她的心，但不是要打敗她，而是要讓你自己變得更好，讓她因此對你傾心。」

我們倆相遇時，我的妻子正與殘疾人士一起工作。因此，當我看見她與同事相處時的態度，我就知道她是一個善良的人，擁有一副好心腸，而我需要一位善良的妻子。我告訴她，「妳將會是我的妻子，現在妳只需決定，我是不是妳未來的丈夫。」一切就這麼自然而然地發生了。半年之後我們訂婚，八個月後就步入禮堂了。我們的老大與老二分別在二〇〇九年和二〇一一年報到。在我太太懷第二胎時，我接下伊萊屯墾區的幹部職位，負責維護伊萊屯墾區的安危。

我工作時總是開著我的卡車，帶著一把刀、Motorola手機和我的M-16步槍。我不僅僅

---

18 第二次起義期間，戰火延燒至整個加薩地區，戰事一直持續到二〇〇五年八月至九月期間，等到以色列安全部隊與屯墾區撤軍之後，戰事才稍稍平息。

娶了我的太太，也娶了那把步槍，因為它總是跟我形影不離。

其實身為伊萊屯墾區安全負責人期間，我那把來福槍並未真正派上用場。事實上，我也不希望真有需要它上場的一天，只不過我對於它該亮相的時間點可是一清二楚。至於伊萊屯墾區的住戶幾乎都有自己的武器，大部分都以手槍為主。受到威脅並不僅僅是住戶的感覺而已，而是實際存在的事實，但許多屯墾區居民卻不知如何使用槍枝，這實在非常危險。

有些區域十分危險，有些區域的危險性則沒那麼高。事實上，在二〇〇一年至二〇〇五年間，街上時常槍聲大響[19]，這在約旦河西岸地區是家常便飯，不過現在情況已經改善許多，街道也安靜下來，但是過去三年我擔任安全負責人的期間，街頭就曾發生過三次槍戰。此外，我們周圍都是巴勒斯坦村莊，每個村莊約有五千民居民，換句話說，我們等於被一萬兩千名至一萬五千名巴勒斯坦人所包圍，而我們伊萊屯墾區的居民只有大約四千人左右。

每當有任何攸關安全的狀況發生，我總是承受很大的壓力，而游泳跟慢跑是我讓自己冷靜下來的方式。即使我們在伊萊屯墾區擁有正常的生活，心頭卻總縈繞著揮之不去的恐懼感。到了晚上，只要我的下屬打電話來告訴我，屯墾區的雷達系統偵測到不對勁的事物，我整個人就會跳起來。原因在於，我沒辦法接受家人在我的眼前被殺害。況且，攻擊事件每天都在這裡上演，導致我總是擔憂害怕，擔心自己的妻子跟孩子會遭人用石頭攻擊。此外，巴勒斯坦人還會向汽車投擲燃燒瓶，這種事情大概每一週或兩週就會發生一次。

二〇一〇年的夏天，我接到一通電話，得知在伊萊屯墾區的東邊發生火災，我召集自己的隊員還有一些群眾，為了安全起見，在我們打電話給軍隊之後，就出發前往撲滅火勢。巴勒斯坦人居住的某個名叫卡爾尤特的村莊[20]，就位在伊萊屯墾區東邊。巴勒斯坦人在伊萊屯墾區的邊界處，燒掉了我們架設的安全監視相機。他們是蓄意的，這點我心知肚明。他們先讓輪胎著火，再把那些燃燒的輪胎拿到別處，這樣火勢就會蔓延。我之前就看過他們使用這種方式縱火。由於當時吹著西風，火勢很快就延燒至橄欖園，許多橄欖樹都燒起來了。幸而我有卡爾尤特村裡那位安全主管的電話號碼，加上我會說一點阿拉伯語，我便撥了通電話給他，告訴他現在火勢已經延燒到巴勒斯坦的橄欖樹林了。

我決定自行撲滅延燒至橄欖園內的火勢。原因在於，我實在不樂見橄欖樹被火勢波及，而我們相信，樹木在這個世界上所占有的一席之地，在大自然中更扮演十分重要的角色。

接著，卡爾尤特村的安全主管也來了，而且他還帶了好幾個攝影師。我帶的是滅火設備，而他帶來的竟然是攝影師。當我們試圖撲滅橄欖樹林的火勢時，那些攝影師就在一旁拍攝。所以我也還以顏色，拍下他們拍攝我們的樣子。這一切實在太瘋狂了。那位主管還告訴我：「我已經把你燒毀我們橄欖樹的過程拍下來了！」儘管我承受了巴勒斯坦人的指責，我仍然把火勢撲滅了，因為撲滅火勢是我們應該做的，也是正確的事。

---

19 當時正逢巴勒斯坦第二次大起義期間，更多關於大起義的資料，請見附錄〈名詞解釋〉，頁三八八。

20 卡爾尤特村（Karyut）的居民人數不到五千人，該村位於伊萊屯墾區東方一英里處。

其實，我並沒有憤怒，而是懷著深深的挫折感。是的，我們都知道彼此間有矛盾與衝突，但我嘗試不讓這些衝突搬到檯面上。想要解決衝突，溝通協調是唯一的辦法。如果你想溝通，那就來吧。如果你不想溝通，就得付出代價。

對我來說，「屯墾者」是個正面的名稱

儘管我們必須面對因為意識型態不同而帶來的威脅，我們還是選擇待在這裡。錫安主義、猶太人、上帝，這三者的核心思想其實都一樣，三者只是切入的角度不同罷了。當初，我們猶太人被趕出了歐洲——還真謝謝他們當初把我們趕走。事實上，現在我們已經不在乎究竟誰能夠接受猶太人，因為我們自己作主的時候到了。此刻，我們就站在這塊土地上，而你休想在我們面前玩什麼把戲。我們也有能力為了待在這塊土地上而戰鬥。昨天，我與一位巴勒斯坦人發生爭執，他對我說：「你現在如此強大，當然可以殺了我們。不過，改天風水輪流轉時，你們就洗乾淨脖子等著吧。」而我則回嗆：「好啊，如果哪天你覺得自己已經夠厲害時，就打個電話給我吧。」這種話就是專門說給那些只對權力理解的人聽的。

而我覺得，現在自己的力量愈來愈強大。每當談到約旦河西岸，「屯墾者」就不是個受歡迎的對象。但對我而言則不然，我個人覺得這是個很棒的詞，因為這表示一個人試圖以正面的方式，建立人與土地的連結。這正是我們伊萊屯墾區正在努力的方向。我們希望伊萊屯

墾區的人越多愈好。在這裡，許多婦女只從事一些兼差的工作，因為她們主要的工作是負責孕育下一代。我的妻子是一位社會工作者，諸如幫助孩子、失能家庭、單親家庭以及受刑人，都是他們的職責所在。不過，她也只是兼職而已，因為我們希望能夠多生幾個孩子。

事實上，我並不恨阿拉伯人，也不想置他們於死地。我並不反對他們的存在。只不過，猶太人的國家就在這裡。我們也歡迎你住在這裡，當然我也不希望與你發生衝突，況且，在約旦還有巴勒斯坦國呀。我們要做的就是把一切都安排妥當。我們以色列其實不想要埃及或是敘利亞的土地，我們也不想占領歐洲，我們要求的只是自己的土地，自己的家園就好。我們只要在邊界內的這塊小小領土。說真的，我也不想要到你的土地上啊。

面對生活，我相當樂觀

我希望未來孩子們的成就比我好，事實上，我不覺得自己多麼成功，但我向上天祈禱，我的孩子一定會比我還優秀。因為世界一直在進步，未來只會一天會比一天更好，我可是對未來充滿信心。

我知道如何控制自己，同時壓抑我的憤怒。這是過去幾年我從《托拉》上學到的。現在，我該學習如何在生命的每一分鐘裡做出選擇。我對於自己的感受有責任，我可以選擇自己的感受，我也知道該如何控制它們。因為每個感受、每個決定，都是你可以選擇的。

這是民族間的衝突，而我相信這更是道德上的衝突。我得問問自己，我們對巴勒斯坦人做出什麼不人道的行為，並想辦法彌補。我曾經在南非住過一段時間，所以我知道南非的種族隔離政策。在種族隔離政策之下，有很多不平等的情況發生。英國人、法國人與荷蘭人在南非以征服者的角色自居，打著帝國主義的旗幟占領非洲。然而，這跟我們這裡的情況完全不同。有人說，我們對待巴勒斯坦人的方式就跟那些白人對待南非人的態度沒兩樣。這簡直大錯特錯，我們這裡沒有種族隔離這種事。

我不相信在以色列的全體阿拉伯人都想把所有的猶太人推入海中。實際情況還更加複雜。任何帶有伊斯蘭意識型態的人都想把所有猶太人都殺死，他們從不避諱如此大聲宣稱。你只要稍微打聽一下，或是看看他們的書和報紙就知道了。而任何認同巴勒斯坦民族的人則是想要在戰場上致我們於死地。他們總是如此表明，巴勒斯坦人在繪製地圖時，從不畫出我們在一九六七年訂出的邊界[21]，他們宣稱擁有整個以色列的國土。他們根本什麼都想要。

只是，我也不認為以色列的所作所為全都符合道德標準。我們沒有自己期望中那麼好。我自己的解釋是，這是因為我們以色列人還沒找到自己的定位，也不清楚我們的目標。我們跟巴勒斯坦人之間有人權問題需要處理。事實上，極端左派份子不想處理這些問題，如此一來，這樣他們就可以證明，我們以色列人做事根本不符合道義，猶太人也不是我們自己所說的那樣。而我則是一直試圖與這種看法對抗。

為了在以色列建立猶太人的認同，我們必須開始向自己提問。過去，我們總是不願意這樣質問自己，現在是時候了。感謝巴勒斯坦人也感謝上帝，給我們這道難題，讓我們有這個機會確定自己究竟是誰。這樣捫心自問十分有效果，也是讓我們確認自我的一部分。

至於屯墾區的建築物，有任何違反道德之處嗎？事實是，世界對猶太人的道德標準比其他人高。我教書時總是告訴學生，批評來自你於的信念。當你批評某人或某事，其實你相信他們可以因此改變。如果你不在乎，你根本就不會去批評。因此，全世界之所以把焦點集中在以色列，就是因為他們覺得我們不太一樣。

21 根據一九四九年的停戰協定，以色列與鄰國在一九六七年劃定邊界，也稱為綠線（Green Line）。

約旦河西岸的馬利克村

艾普蒂哈吉・貝拉特

家管，五十二歲。
出生於約旦河西岸的馬利克村（Kafr Malek）；
於約旦河西岸的馬利克村受訪。

二〇一〇年，我們第一次拜訪艾普蒂哈吉・貝拉特（Ebtihaj Be'erat）的家，她的家位於山頂的馬利克村。要找到她家其實並不難，因為她家的門口有幅掛在泛白石牆上的巨幅布條，用以紀念她的兒子阿布杜勒－阿濟茲（Abdal Aziz），而布條下方是一叢鮮紅的天竺葵。兩年前，阿布杜勒－阿濟茲就在屋子外頭的馬路上，遭到以色列士兵槍擊而身亡。到現在屋子裡還有一間專門紀念他的房間，房裡掛著一些照片和圖板，還有更多照片堆在地板上。

艾普蒂哈吉是位親切的婦人，戴著橢圓形邊框眼鏡，一條心型的金項鍊，笑起來時有著深深的酒窩。事實上，她的名字就是「喜悅」的意思，然而她兒子的死卻籠罩著她每日的生活。當我們向她問起童年時在馬利克村時的種種，包括第一次巴勒斯坦大起義的經歷或是她的家族時，她的回答繞來繞去總是回到她失去的兒子身上，還有他被槍擊身亡的那天。除了她去世的兒子之外，她另外五位孩子的事蹟也都被她貼在牆上，包含他們參加某個知名舞團時拍下的照片、裱框的大學學位證書，還有各式各樣的獎項。在我們訪問的過程中，她家裡總是熱熱鬧鬧，家人跟鄰居在屋裡進進出出。即便身為家庭主婦的艾普蒂哈吉貶低自己的手藝，但她端上桌的菜還是令我們十分驚艷，有手工麵包、果醬、醃菜，還有土產雞蛋與蔬菜。

兩年之後，當我們再度拜訪艾普蒂哈吉時，紀念阿布杜勒－阿濟茲的那塊布條已經被移到街上了，就掛在他當初被射殺身亡的地點。現在，艾普蒂哈吉已能夠比較坦然地談論他兒子的死亡，至少那些憂傷不會再把她整個人淹沒。此外，她也比較願意談談在她兒子去世之後的日子。我們的話題除了圍繞在艾普蒂哈吉的兒子，也包含一些關於村子的故事，她跟我們分享一九六七年六日戰爭發生之後，村子裡所發生的改變，而六日戰爭也造成以色列占領約旦河西岸。六日戰爭爆發之際，數以百計的巴勒斯坦移民從約旦河西岸湧出，艾普蒂哈吉跟她的家人本來有機會加入這股移民潮，但是她最後決定留在馬利克村，在巴勒斯坦社區中，扶養她的孩子長大成人。

我們的婚禮派對是最美的

我的名字是艾普蒂哈吉，來自馬利克村[1]，於一九六二年的春天出生。馬利克村是個鄰里關係相當緊密的村子，村民都互相認識。

我的整個家族出生於這個村子，包括我的祖父與曾祖父。這裡的人以熱情好客聞名，每個來到馬利克村的人都不禁愛上這個地方，一切實在是美極了。無論來到馬利克村的人是男是女，我們皆熱情相待。跟附近的村子比起來，我們馬利克村較為溫和，也比較文明。不像其他村子，他們不准男子在女子獨自一人在家時入內拜訪。而且我們的婚禮是地方上最美的習俗，一旦舉行婚禮時，每個人都得穿上傳統服飾才行，連小女孩也不例外。此外，村子裡很多人曾住過美國或是拉丁美洲，他們也會說英語或西班牙語。

百分之三十到四十的村民在巴勒斯坦第一次大起義時搬到國外居住，大部分的人選擇美國，也有一部分的人選擇遷往哥倫比亞或巴西，只不過我不太清楚到底有多少人在那段時間移民。許多家庭從此移居到國外，不過他們還是會回來探看他們過去居住的村子[2]。

1 馬利克村的人口約有三千名，位於拉馬拉城市的東北方九英里處。

2 巴勒斯坦第一次大起義爆發於一九八七年，是巴勒斯坦人反抗以色列軍事占領的示威行動，一直到一九九三年才落幕，被波及的地區涵括了約旦河西岸與加薩。

我在家中排行老六，家裡還有四位姐妹與兩位兄弟。我的父親在村裡的郵局上班，他每天的工作就是去拉馬拉城領取信件，再把那些信件逐一送到馬利克村的村民手上。除了郵局的工作，他也在市場擔任屠夫。小時候，我記得馬利克村的四周都是農場。許多村民在村後的那座阿素爾山（**Al-Asur Hill**）上都有自己的農場，很多農人都種植葡萄。

接著，以色列士兵於一九六七年入侵村莊[3]。印象中，我與其他村民一起逃到杏仁樹園避難，有些村民則是逃到了他們自己的農地去。在戰事進行期間，我跟家人在杏仁樹園整整躲了兩個星期，我還記得當初配給的水跟食物，只夠我們支撐兩個星期而已。

那年年底，以色列軍隊進駐村莊，並在山頂上建了一個基地。他們清空山丘上的農場，也拆除許多農人的房舍。久而久之，我們漸漸習慣在村裡看到士兵的身影。從那時開始，再也沒有約旦警察出現在村莊了，取而代之的都是以色列的士兵。我們也開始習慣聽到家家戶戶被搜查的聲音。士兵會在大半夜把男人們帶到屋外，連小男孩跟老人也不放過。

我十分年輕時就與我的丈夫相遇了，那年我才十五歲，而他也才二十歲而已。其實我的丈夫就是我的表哥，是母親家族那邊的親戚[4]。我倆相遇之後，他和我墜入情網，而我們也在同一年訂婚。在我十七歲那年，我們就攜手步入禮堂。現在時代不同了，現在的女性都等到大學畢業後才結婚。看著那些女孩，我覺得有些難過，因為當初我其實很想完成學業，但是父親告訴我：「不行，妳得嫁人了。」我甚至沒有念完高中就結了婚。

一九七九年結婚之後，我就搬到夫家去住了。一九六七年戰爭爆發前，丈夫的家族在阿素爾山上種植農作物。戰爭爆發後，以色列士兵把他們家族趕出他們原本居住的房子，再炸毀他們的屋子，所以他們只好搬到村子的另一處居住。我嫁給我丈夫時，他還是一位農夫，同時也是石頭切割師。

一九八〇年，我們有了第一個孩子，我們的女兒梅莎（Maysa）。那年，我十八歲。從那時開始，我在夫家當全職的家庭主婦，與婆婆跟小姑一同料理家務。我平時負責煮飯，當有客人來訪時，我也會去接待他們。接下來幾年，我又生了兩個女兒跟一個兒子，海珐（Haifa）、菈珐（Rafa），跟法迪（Fadi）。每天我都為孩子跟丈夫做午飯，我會到市場採購食材，也會整理花園。我們還在花園裡種了麥子跟橄欖。有時候，我也烤烤餅乾，你知道的，就是瑪姆餅[5]，烤好之後，每個人都會聞香而來，跟我要幾塊餅乾享用。

在一九八〇年代初期，許多村民都離開到外國定居了。我的兩個哥哥跟一個姊姊都拿到了美國的工作簽證，我哥哥們還鼓勵家人把文件填一填，以便爭取到美國工作的機會。美國

3 一九六七年，六日戰爭的戰事達到巔峰，以色列占領了約旦河西岸地區。更多關於六日戰爭的資料，請見附錄〈名詞解釋〉。

4 在整個中東跟巴勒斯坦地區，表親結婚曾經被認為是最理想的結合，特別是在鄉村地區。

5 瑪姆餅（ma'amoul）是種脆皮糕點，裡頭有棗子跟堅果。一般會把餡料放進有精緻圖案的木頭模具之中。瑪姆餅是開齋節與宰牲節這兩個穆斯林大型節日中常見的點心。巴勒斯坦的基督教徒也會在復活節時製作瑪姆餅。

的工作機會比較多，也較自由，而且只要搬到美國，我們就不用無時無刻擔心不知道何時會出現的士兵，所以也跟著填了文件。即使第一年我們的簽證被拒絕，可是我們還是鍥而不捨地每年重新申請。

在一九八六年，我的家人終於獲得在美國居住的許可。然而，當時有三個女兒的我，不確定自己到底希不希望孩子是在美國長大成人。我姊姊已經把她兩個女兒帶到美國了，她們最後也都跟外國人結婚。可是我希望我的女兒是徹頭徹尾的巴勒斯坦人，長大之後最好能嫁給巴勒斯坦人，而且是村裡的年輕人。經過再三考慮，最後我們決定留在巴勒斯坦。而我的丈夫在拉馬拉市當計程車司機，他能夠支撐起我們的家庭。

士兵不准我們點亮蠟燭

一九八七年十二月五日，也是巴勒斯坦第一次大起義期間，我在拉馬拉市生下我的二兒子，阿布杜勒—阿濟茲[6]。他出生時體重九磅，一頭金髮配上綠眼。值班的護士抱著他跟每一個人說：「快來看看這個馬利克村的孩子，他好漂亮呀！」我把他取名叫阿布杜勒—阿濟茲，這名字取自於他的祖父。

當我走出醫院，以色列士兵正在命令關閉路上的商家。他們說，巴勒斯坦大起義已經從加薩地區蔓延到約旦河西岸了。因此，我根本無法找到一家藥局，讓我能購買維他命或是奶瓶，任何我們需要給新生兒用的東西，那天晚上都沒辦法買到。

以色列士兵們開始在村子裡實施宵禁，禁止人們晚上到外頭，甚至連自家院子也不被允許，這樣的情況整整持續了一個月。我們必須待在屋子裡，也不能打開窗戶向外瞧。士兵甚至禁止我們點蠟燭，如果他們看到屋子裡有燭光，他們就會過去查看，並把那間房子的窗戶給打破。

那段時間我們大多以麵包、橄欖油，還有香料「**za'atar**」[7]為主食。當我們有機會取得其他食物時，我的婆婆就會在家裡找個地方，把它們藏起來。因為一旦在搜查時被士兵發現我們家中有新鮮的食物，他們就會知道我們違反宵禁外出了。

以色列士兵每一兩個月就會逮捕一些人，但有時似乎每天都有人會被他們逮捕。他們還設立了檢查哨，導致村莊只剩下一個出入口，此外，我們再也無法到以色列設據點的那座山頂上了。有時，以色列士兵會視巴勒斯坦大起義的情形，在村莊的出入口處設立檢查哨，除非要去鄰村，否則任何人都不得進出。即便是病人，甚至是即將生產的孕婦，都不能去拉馬

6 抗議活動、與以色列軍方之間的衝突，再加上抵制與其他公民不服從的活動，在在都暗示著一九八七年十二月巴勒斯坦第一次大起義的爆發。在阿布杜勒—阿濟茲出生的兩天之後，也就是十二月九日，大多數的組織行動正式在這天開跑。

7 **za'atar**是種味道接近巴勒斯坦野生百里香的混合香料，是巴勒斯坦與中東地區主要烹飪調料。

拉市的醫院就醫，唯一的選擇就是到隔壁的泰貝村（Taybeh）[8]。因為一旦士兵們設立了檢查哨，他們就不會讓任何人離開。

除此之外，村裡所有的男人都不能待在家中，因為只要士兵進門時看到有男性在家，那位男性很有可能被士兵毒打一頓。因此，村子裡所有的男性只能待在農地，然後去拉馬拉市覓食。到了晚上，他們就會帶著食物，還有一些像是砂糖之類的日常生活用品偷偷溜回家，再回到外頭的農地待著。

我家剛好位於市中心，所以經常有以色列士兵經過。在阿布杜勒—阿濟茲兩個月大時，有一次剛清完床灶的我抱著他坐在屋外休息，那時我的婆婆在鄰居家，我的丈夫則在農地。結果，幾位士兵從街上看到我，他們一路追著我進了屋子。我跑進廚房，手上抱著阿布杜勒—阿濟茲，其他孩子也跟我一起待在廚房。結果士兵們跟了進來，手裡抓著警棍，其中一個士兵企圖用警棍毆打我。我在千鈞一髮之際移動頭部，避開他的攻擊，警棍就這樣擊中冰箱。我的孩子們全都在尖聲哭喊，包含在我臂彎中的阿布杜勒—阿濟茲。我猜大概是孩子們的哭聲讓那些士兵卻步，換句話說，我的孩子保護了我。

接著士兵關上廚房的門，把鑰匙留在門外，讓我跟孩子被鎖在裡面。一直到我婆婆回家，把我們解救出來之前，我們在廚房被關了大約兩個小時之久。在那個年代還沒有手機，甚至也沒有家用電話。如果我婆婆沒有在鄰居家串門子，或是她不巧跟我一起關在家裡，誰知道多久之後才會有人過來幫我們把門打開呢？我婆婆回到家之後，馬上把我從廚房救出，我實在害怕極了，整個人癱軟在地上，還暈了過去。我婆婆完全不知道該怎麼辦，也沒有辦法叫醫生或護士來，於是，她把窗戶全都打開通風，並把燈打開。這樣的動作也引起了以色列士兵的注意，有好幾個士兵過來查看情況時，我婆婆央求他們為我找個護士或醫生，這是她唯一可以幫我取得醫療資源的方式。

我相信阿布杜勒—阿濟茲的腦海中應該永遠記得那天的情況，也會把那天發生的事牢牢地印在他的心上。雖然兩個月大的孩子實在沒有什麼記憶能力，但是上天似乎已將那天的記憶留在阿布杜勒—阿濟茲的心中了，至少我是這麼認為的。

用丟石頭表達他的感受

阿布杜勒—阿濟茲是個特別的孩子，在世界上找不到跟他一模一樣的小孩。他是如此善良，長相又如此漂亮。阿布杜勒—阿濟茲擁有許多好友，從小就是孩子們心目中的領袖，而且十分重感情，對朋友又非常慷慨。我還記得，他總是在我洗碗或做家事時，走到我身邊給我一個大大的擁抱。他也是這樣對待朋友的。如果他有個朋友很想買市場上的某件衣服，阿

8 泰貝村（Taybeh）是馬利克的鄰村，村民信仰基督教，全村人口約有一千五百名。當地以釀酒廠聞名，是巴勒斯坦唯一一個製造啤酒的地方。

布杜勒—阿濟茲就會把自己的錢省下來，然後買衣服給那位朋友。除了阿布杜勒—阿濟茲之外，我還有一個在一九九〇年出生的小兒子，名叫穆罕默德（Muhammed），他一直把阿布杜勒—阿濟茲視為偶像。

二〇〇〇年巴勒斯坦第二次大起義爆發時，阿布杜勒—阿濟茲才十三歲。第二次大起義期間，以色列關閉村莊整整一個月，所有村民都不得離開屋子。我們甚至還被斷水斷電長達一個月。每當士兵來時，我們總是緊閉所有門窗，待在屋子裡。我還記得，有兩次我們忘了關上窗戶，催淚瓦斯就這樣飄進屋內，我覺得我們當時都快窒息了。

阿布杜勒—阿濟茲出生時正值巴勒斯坦第一次大起義期間，他天生就有成為活躍份子的因子[9]。但是阿布杜勒—阿濟茲沒有加入特定的政黨，他手上戴著一個上面有「法塔」字樣的手鐲，另一個上面寫著「解放巴勒斯坦人民陣線」，還有一個寫著「哈瑪斯」，他把這些全部都戴在手上[10]。我常常問他：「哪個才是代表你的立場呢？」他回答：「我代表巴勒斯坦人。」這也是為什麼大家都喜歡他的原因。

每當吉普車或坦克經過我們家時，阿布杜勒—阿濟茲總是說自己是多麼想朝他們丟石頭，把他們趕出村子，這是他小時候常常掛在嘴邊的事。其實，孩子們沒有任何可以保衛國家的武器，所以他們只能丟石頭，以石頭對抗坦克。我知道自己的兒子很喜歡朝士兵丟擲石塊，因此每當士兵晚上經過時，我都知道我兒子讓他自己暴露在危險之中。只要孩子們丟的石頭傷到人，以色列士兵就會逮捕很多青少年。

因為朝士兵丟擲石頭的緣故，我的表兄弟已經在牢裡蹲了二十五年了，另一個親戚在牢裡待的時間也超過十五年之久。我的鄰居目前已經坐了十八年的牢，原因只是他朝著士兵投擲石塊。

通常士兵會在凌晨兩、三點的時候來到村裡，這是他們的固定行程。每次他們走進村莊，年輕人就會吹口哨讓整個村子知道，讓還在街上的人趕緊回家，如此一來，士兵就不會在街上逮到村民或毆打他們。只不過，每當我聽到口哨聲，我還是非常害怕。

好幾個晚上，只要我聽到口哨聲，我就會馬上跳起來穿上衣服，到外頭尋找阿布杜勒—阿濟茲。我會去找他的朋友並向他們詢問他的去向。隔天早上阿布杜勒—阿濟茲回家時，只要我一看到他出現在房子外的台階上，我總是衝過去緊緊地抱著他，告訴他：「感謝老天！幸好你平安在此，沒發生什麼事。」因為他根本不會聽我的話，所以我總是強迫他坐下來跟我聊天。我告訴他好多次：「以色列士兵們都有武裝，他們身上有武器，比我們強多了。」我問他，如果我們朝那些士兵丟石頭，他們是否就會因此離開村子。而他總是回答：「這是

9 在巴勒斯坦，「活躍分子」就是指那些反抗以色列占領的人們，包括策劃活動、參與抗議活動、丟擲石頭，或是加入軍事活動。

10 「法塔」、「解放巴勒斯坦人民陣線」、「哈瑪斯」都是巴勒斯坦的政黨。更多相關資料請見附錄〈名詞解釋〉。

我們的村子。為什麼他們要來這裡？」我問他：「你可以禁止士兵或是坦克到村子裡來嗎？」我還跟他說，如果哪天以色列士兵殺了他，我一定會失去理智。但是阿布杜勒—阿濟茲說，如果巡邏的士兵來到村子，而他沒有朝他們丟擲石頭的話，他的良心會過意不去。他想要保護他的國家，想要透過丟石頭的行動來表達，巴勒斯坦是我們的國家，而不是以色列的地盤。他想透過丟擲石塊來表達這樣的感受。我實在很氣他，因為我知道，未來一定會有厄運降臨在他身上。

有一次，我出門時遇到鄰居，鄰居問我：「妳要去哪？巡邏隊伍就在附近了。」我告訴他們：「讓他們殺了我吧，我要去找阿布杜勒—阿濟茲。」他那時正待在鄰居家。我站在街上叫著他的名字，告訴他：「如果你現在不跟我回家，我就要走到巡邏士兵面前，讓他們開槍殺了我。」我會這麼說就是因為如果村裡的人在晚上外出被以色列士兵撞見的話，他們很有可能會開槍射擊，不論男女都是如此。

阿布杜勒—阿濟茲喊著：「我來了，我來了。」接著他就跟著我折返，最終我們還是安全地抵達家門。只不過，雖然他稍早還跟著我一起返家，可是當我睡著之後，他又不見人影，溜出去了。

你覺得為什麼每個人都想得到巴勒斯坦呢？

在第二次巴勒斯坦大起義期間，我們在巴勒斯坦的日子過得實在非常艱困。我很擔心我的孩子，但是我還是沒有想要離開這裡的衝動。

二〇〇二年的夏天，我去美國拜訪我的哥哥。他們一九八〇年代初期就搬到美國，在芝加哥定居。我很喜愛美國，也很喜歡住在那裡的人們。我喜歡城市裡被安排妥當的一切。大部分的人都很歡迎我，我哥哥的鄰居也非常友善。那裡的人過著自由的生活，當然也不會有士兵在半夜兩點到你家，命令你出門並站在街上。

但是，巴勒斯坦實在很美——你認為為什麼大家都想要巴勒斯坦這片土地呢？我在芝加哥的時候，還記得我是這樣告訴我哥哥的：「我雖然喜歡美國，但是跟那些坐在自家門前台階吹著微風，或是去院子裡採新鮮葡萄跟無花果的日子相比，我在美國還沒有找到同樣令我如此喜愛的事物。」一聽到這些，我哥哥就出門買了葡萄跟無花果給我，更買了每一件我在談話中提到的東西。但是，這些水果嚐起來的味道跟我記憶中的味道不一樣，我一點也不喜歡這裡的葡萄！這裡的每件東西都是進口的，一點也不新鮮。我本來打算在芝加哥待四個月，但是最後只待了一個半月，因為我實在太想家了。而且美國那時候的天氣實在很熱啊！

幾年之後，我丈夫在二〇〇六年時去了美國，某位家族親戚在邁阿密開了一間店，所以我丈夫就到那去，跟家族親戚還有鄰居一起工作。每次我丈夫打電話回家，他都問了很多關於阿布杜勒—阿濟茲的事情，至於其他兒子，他就沒問那麼多了。我丈夫很擔心阿布杜勒—阿濟茲，每次他倆通電話時，我丈夫都會試圖說服他：「你要冷靜下來，別再朝他們丟石頭了。」

其實，要我一個人獨自應付這麼多孩子實在是困難重重，但是那個時候，我的兒子們幾乎已經在工作了。只剩下最小的阿布杜勒—阿濟茲跟穆罕默德還在學校讀書。我的三個女兒也都出嫁了。阿布杜勒—阿濟茲在二〇〇七年從高中畢業，他參加了陶吉希（Tawjihi）測驗[11]，目標是申請聖城開放大學[12]。他其實不是那麼喜歡上學，但是所有的課外活動他都喜歡，像是足球或是達布卡舞[13]等等。考完陶吉希測驗之後，他先是休學了一年，其實，他最終想主修的科系是商業——因為我有個表親擁有一家超級市場，而阿布杜勒—阿濟茲經常在下午的時候過去幫忙，並學習如何經營一門小生意。

我覺得自己總有一天會失去他

阿布杜勒—阿濟茲曾經是位足球員，在拉馬拉比雷赫省足球隊擔任守門員。他也在馬利克村擔任男孩子們的足球教練。二〇〇八年的十月初，二十歲出頭的他準備了護照，因為他的球隊終於有機會到歐洲去比賽了。

那段時間，阿布杜勒—阿濟茲每個晚上都跟朋友出去。十月十六號那天晚上，我十一點半就上床睡覺了。阿布杜勒—阿濟茲在半夜一點打電話回家。每次我接起電話時，他總是習慣問我一句：「媽，妳好嗎？」這次也不例外。

我跟他說：「我準備要去睡覺了。你要做什麼嗎？」他回答：「我現在要帶朋友回我們家，可以請妳幫我們弄點吃的當晚餐嗎？」我回他：「我已經因為你睡不好了。你現在還叫我幫你準備晚餐？」於是，他叫我把電話轉給穆罕默德，要他弟弟幫他準備晚餐，還得是他最喜歡吃的東西。我的房間就在廚房隔壁，每當阿布杜勒—阿濟茲跟朋友一起回到家時，他通常會把門關上以免打擾到我，而他們一群人則坐在外頭吃晚餐。

不過那天晚上，我還是聽見了阿布杜勒—阿濟茲跟他朋友進門的聲音，我起身套上衣服，從門後看著他跟朋友在外頭吃晚飯。我看了看錶，當時已經是凌晨三點鐘了。我心想，時間已經晚了，阿布杜勒—阿濟茲應該不會再出門了，他的朋友也許等等就會離開，他也會回房裡睡覺。看見他在家讓我感到很安心，於是我又回去睡了。

11 陶吉希測驗是高中生畢業前都應參加的資格考。更多相關資料請見附錄〈名詞解釋〉。

12 聖城開放大學（Al-Quds Open University）的教學除了一般課程之外，還提供線上遠距教學課程。在約旦河西岸、加薩地區、沙烏地阿拉伯、與阿拉伯聯合酋長國等地都有校區。另外，在約旦河西岸地區，還有另一個獨立的大學體系也被稱作聖城大學，但並不隸屬前述的聖城開放大學。

13 達布卡（dabka）舞是巴勒斯坦的傳統舞蹈。

沒過多久，我又醒了，還把窗戶打開，那時雖然已經十月了，可是還是很熱。我打開窗戶時，看到我的小兒子穆罕默德在屋外，一邊哭一邊試著叫車。他告訴我，剛剛發生槍擊事件了。我跑到阿布杜勒—阿濟茲的房間，發現他不在房裡。我穿上衣服，尖叫著說阿布杜勒—阿濟茲死了。當我一聽到發生意外，我立刻感覺到他已經離我而去。我的心沉了下來。

我跑到鄰居家，告訴我們的鄰居阿布—阿迪勒（Abu Adel），說阿布杜勒—阿濟茲死了。他回說不可能，但我很堅持阿布杜勒—阿濟茲就是剛剛被槍殺的那個年輕人。那位鄰居的兒子有一輛車，我請他載我去醫院，他試著說服我，受傷的不是阿布杜勒—阿濟茲。我仍舊堅持自己的看法，而且我想要陪在我兒子的身邊。那個年輕人就是他沒錯。後來，我的另一個兒子法迪也到了鄰居家。他跟穆罕默德兩人試圖安撫我，告訴我那不是阿布杜勒—阿濟茲。我告訴他們：「不，那就是你們的兄弟。那是阿布杜勒—阿濟茲。」他們跟我說，阿布杜勒—阿濟茲跟他的朋友在一起。我跟他們說，如果是這樣，把他帶來見我。之後阿布杜勒—阿濟茲的朋友們來了，他們告訴我，阿布杜勒—阿濟茲跟一些人一起逃走了。我問他的朋友，村子裡有沒有以色列士兵。他們告訴我，附近有個巡邏隊伍。我問他們：「為什麼阿布杜勒—阿濟茲要逃跑？如果有個以色列士兵在村子裡，他是不會逃走的。所以我才不相信你們。」

當我的三個女兒聽說有人被殺的消息之後，她們馬上跟丈夫一起趕回家，一回家就問：「他在哪？」她們也覺得被槍殺的那個人就是阿布杜勒—阿濟茲。不久，附近的婦女都來了，她們在我家待了一個小時，試圖讓我冷靜下來，大家一直告訴我，死去的人不是阿布杜勒—阿濟茲，或者說阿布杜勒—阿濟茲只是受傷而已。我說：「不，那就是阿布杜勒—阿濟茲，我知道他死了。」最後，村子裡的另一位村民出現在我家，對我說：「妳的懷疑是正確的。」而她剛剛目睹了事情的經過。沒過多久，一大群人出現在我家，大家都在哭泣，因為每個人都很喜歡阿布杜勒—阿濟茲，可是他已經不在人世了。沒有人願意帶我到醫院看他，因為他們覺得這對我而言打擊實在太大了。最後，早上十點左右，一輛紅新月會[14]的救護車載著他的遺體回來了。

我從當天晚上跟阿布杜勒—阿濟茲在一起的朋友的口中得知事情發生的經過。他們說，那天我睡著之後，他接到某位朋友的電話，那位朋友告訴他，巡邏隊伍要到了。通常他會站在特定的屋頂上，朝士兵投擲石塊，所以那天他們就一起去老地方等士兵經過。但是那天晚上，士兵竟然躲在那戶人家的花園裡，藏身在樹叢間，等著阿布杜勒—阿濟茲。一如往常，他跟朋友一同爬上屋頂，他們投下第一個石頭之後，士兵就朝著他們開火。他的朋友肩膀中槍，而阿布杜勒—阿濟茲則是傷在腳上。

阿布杜勒—阿濟茲的朋友對他說：「我們中埋伏了！我們投降吧。」但是他回答：「我

---

14 更多關於紅十字會與紅新月會（Red Crescent）的資料請見附錄〈名詞解釋〉，頁三八八。

寧願死，也不願意把自己交出去。」因為阿布杜勒—阿濟茲的腿上受了傷，根本沒辦法逃跑，不過，他的朋友逃走了。儘管他很想幫阿布杜勒—阿濟茲，但是他實在無能為力。我兒子的朋友說，那些士兵爬上屋頂，發現受傷的人是阿布杜勒—阿濟茲之後，他們就不願再放他走了。

那顆子彈射穿了阿布杜勒—阿濟茲的左腿。那些士兵讓他在那裡流血，也不讓醫生來救他。他們把那個區域包圍起來，一直到他斷氣為止，那些士兵才讓新月會的救護車駛入，並把他的屍體載走。很多鄰居都圍在阿布杜勒—阿濟茲中槍的地點外頭，試著想要觀察他的情況，看能否可以幫上他的忙，但那些士兵威脅他們斥喝著：「如果你們再靠近的話，我們也會對你們開槍。」

因此，阿布杜勒—阿濟茲去世時，沒有任何一個朋友或家人在他身邊，這讓我心痛極了，這實在是世上最痛苦的事。而且以色列士兵把他送上救護車時，他的手上還戴著手銬。

阿布杜勒—阿濟茲去世那天，我的丈夫正在美國邁阿密的餐廳打牌。我們的親戚在那找到了他，打算告訴他這個消息。但是沒等那位親戚開口，我丈夫就看見他的眼神，他說：「別說了，我知道阿布杜勒—阿濟茲死了。」於是他想辦法盡快趕回巴勒斯坦，在兩個禮拜之內他就到家了。他回家後的那兩天，我根本沒有辦法跟他交談，都是他一個人在講話。最後，他決定待在馬利克村，不回美國了。

當晚跟阿布杜勒—阿濟茲待在一起的那位男孩活了下來。他已經結婚，妻子也懷孕了。

那天晚上他逃跑後，簡單地醫治了傷口，但後來也被以色列士兵逮捕，關了兩年的監牢。我兒子的許多朋友也被逮捕，以色列士兵用一些莫須有的罪名將他們送進監獄，最後每個人都被判了五年半的刑期。事實上，我真希望當初他們只是把阿布杜勒—阿濟茲逮捕，而不是殺了他。

我覺得一切都是上天注定的。我總是勸告我的兒子不要拿自己的生命去冒險，老老實實地待在家就好。我告訴他，我覺得自己某天一定會失去他。他過世的前兩週，跟幾位朋友一起開著車時，他把身體探出車外。那天是開齋節[15]的第一天，那些人跟他說：「趕快回到車內吧，你不會想要在這個神聖的夜晚喪命的。」但他回答：「不會的，我不會就這樣死去，我要死得像個烈士。」他當初就已經知道自己的結局了。

我決定活下去

如果你隨口問問村裡的人，他們都可以跟你說起阿布杜勒—阿濟茲的故事。他過世的那天，有七家衛星頻道來到村子裡記錄事發經過。當他們把他送上靈車時，有幾百輛車跟在靈

15 開齋節（Eid Al-Fitr）是慶祝齋月結束的重要日子。

車後頭。他的喪禮十分盛大，我一開始其實沒有料到會有那麼多人來參加。

通常只要有人過世，村子裡會預留三天的時間讓人們來弔念，並獻上尊敬之意，然而想要跟阿布杜勒—阿濟茲告別的人實在太多了，前前後後總共花了三週的時間。他的朋友全都來家裡拜訪，請我到屋外見他們。在我們村裡有一項傳統，如果你想要表達敬意的話，就是親吻某個人的手，再將那人的手放到你的額頭上。阿布杜勒—阿濟茲的朋友一個接著一個過來親吻我的手，再把我的手拉著，放到他們的前額上頭。他們告訴我，雖然阿布杜勒—阿濟茲走了，但從現在開始，他們都是我的兒子。直到現在，那些孩子還是常常來探望我，我也會去拜訪他們。另外，在喪禮期間，有輛巴士載了一群女孩過來，她們都是阿布杜勒—阿濟茲達布卡舞團的朋友，她們一邊流淚，一邊尋找阿布杜勒—阿濟茲的母親。

村民們甚至還在村子中心的附近搭建一座帳棚，以便大家悼念，而數以千計的人都來探望阿布杜勒—阿濟茲。比爾澤特大學[16]的學生議會也因為他的死而停課。通常他們不會因為任何人的死亡而延課，也不會因為是學校裡的學生就這麼做。即便阿布杜勒—阿濟茲根本不是那所學校的學生，但是每個人都認識他，包括學校的老師。他們還把他的照片做成海報貼在校園裡。

阿布杜勒—阿濟茲去世後的一年，他的某位朋友要發表畢業論文，他邀請我到場聆聽。我走進學校，每個人都在竊竊私語：「那是阿布杜勒—阿濟茲的媽媽，那是阿布杜勒—阿濟茲的媽媽。」聽到這些，我都不知道自己是該哭泣、該感到驕傲，還是該面帶微笑。

你覺得，對一個失去兒子的人，你要期待些甚麼呢？我扶養他二十一年，我常常看著他外出，自己思考著：「這是我的兒子嗎？」後來我在一夜之間失去了他，他以前是這麼地美好，我的兒子啊。現在，他跟他的神一起待在天堂了。每次我外出，都會看到那張印著他照片的布條，那幅布條就掛在他死去的那個地方。每次看到那幅布條，我都有深深的罪惡感，因為他去世的最後幾分鐘，我沒能把他緊抱在懷裡，他竟沒能在我懷中咽下最後一口氣。

阿布杜勒－阿濟茲去世之後，生活變得複雜多了。整整一年，我在夜裡都無法闔上眼睡覺。他死去之後，我大概快把每個人給逼瘋了，特別是在凌晨兩點或三點時，因為那是阿布杜勒－阿濟茲死亡的時間，我總是在那段時間清醒著。我常常會在這個時間點醒來，覺得自己很需要離開房子到外頭透透氣。我要不是跑到我女兒的家，就是跑到親戚家。我把自己弄得很疲憊，我的女兒們也都很擔心我。

後來我去看醫生，醫生發現我的血壓已經高到非常危險的地步了。他跟我說：「如果再這樣下去，妳會得心臟病的。」這實在很嚇人。整整三年，他們必須常常替我施打鎮定劑，有時候每天，有時候一週兩次。

自從阿布杜勒－阿濟茲過世之後，我就不再刺繡了。我以前會做傳統服飾，但是現在已

16 比爾澤特大學是一所在巴勒斯坦名聲極佳的大學，就在拉馬拉城附近，距離馬利克村並不遠。

經不再縫製。我現在沒辦法看得非常清楚，而刺繡需要良好的視力。因為我們的經濟狀況十分惡劣，過去我都賣洋裝幫我的丈夫賺錢。我的小兒子穆罕默德在比爾澤特大學唸書，主修新聞學。他希望能繼續唸下去，拿到碩士學位，但比爾澤特大學的學費相較起來昂貴了些。我的丈夫只是個計程車司機，而且他開的計程車還不是自己的財產，他賺的錢只夠付穆罕默德的日常生活開銷跟學費。再者，我也不能要求另一個兒子幫忙，因為他有自己的未來要打拚。我的大兒子是一名教師。現在他應該要開始建造一棟新房，可是好的工作實在太難找了。他也很想娶妻，不過這全取決於金錢。

有一次，我的二女兒來探望我時告訴我，阿布杜勒—阿濟茲還活著。在我們信仰的伊斯蘭教，我們認為烈士死後會上天堂，在天上繼續活下去。她告訴我：「妳每天替阿布杜勒—阿濟茲哭泣，可是他只有一個人啊，而且還跟神在一塊。」我女兒還說，家裡面還有十五個人，包括我們的表親跟孫兒們。她質問我：「妳難道想要這樣死去，拋下我們所有人嗎？」從那一刻開始，我決定為了其他兒女活下去。現在我只把悲傷放在心裡。

有時候，我的女兒來探望我，看到我眼睛紅紅的，就會問我是不是又哭了。我總是否認：「我為什麼要哭呢？」我這麼做，只是要讓他們更堅強，因為他們也深受阿布杜勒—阿濟茲的死所影響。到現在為止，阿布杜勒—阿濟茲去世已經四年了。但一切都像是昨天發生一樣。直到現在我都認為自己還能看見他，他也永遠活在我心中。

在巴勒斯坦，我們總是說，再困難的問題都會隨著時間流逝而迎刃而解。即便如此，那些問題所造成的負擔還是無法從我們的心頭抹去，也不會漸漸消逝。我的兒子是位保衛土地的英雄，我十分以他為榮。他為自己的國家跟村子而戰。可是，我實在不希望我其他的兒子也因此喪命，失去一個阿布杜勒—阿濟茲已經夠了。

加桑・安東尼於拜特薩霍，約旦河西岸

加桑・安東尼

物理學教授，現年五十八歲。出生於約旦河西岸的拜特薩霍（Beit Sahour）。此篇訪問亦於拜特薩霍完成。

儘管身形瘦削，但是加桑・安東尼（Ghassan Andoni）卻極具存在感，一開口總能抓住全場的目光。他是一位物理學教授兼社會運動者，居於拜特薩霍[1]，而拜特薩霍這個位於伯利恆東邊的小鎮，不只被群山環繞，同時也是少數在巴勒斯坦，居民以基督徒為主的社區之一。根據統計，在約旦河西岸地區，基督徒的人數大約占總人口的百分之二。相傳，拜特薩霍的居民就是在耶穌出生的晚上，前去探訪耶穌的牧羊人後代。當地人開玩笑地說，耶穌的故事之所以廣為人知，都得歸功於祖先們驚人的八卦本事。在二〇一四年的春夏，我們經常造訪加桑那間簡樸但充滿歡樂

1 拜特薩霍（Beit Sahour）座落於伯利恆以東大約一・五公里處，大約百分之八十的居民為基督徒。

的公寓，屋裡白色與紫色的混搭裝飾替公寓添色不少。而為了將雜貨從一樓運到三樓，善於金工的加桑也運用他的技能，建了一架小型運輸電梯。

加桑的人生以約旦的難民營做為起點，成年之後，他遠赴伊拉克與英國的大學，並參與黎巴嫩的戰爭。不過，即使在家鄉拜特薩霍，加桑仍然積極參與社會運動。第一次巴勒斯坦大起義期間，他在公民不服從的抗議活動中，有舉足輕重的地位。同時，他協助國際團結運動組織（International Solidarity Movement）的成立，而該組織於巴勒斯坦第二次起義期間，成功號召數千名世界各地的志願者來到巴勒斯坦。加桑的貢獻也讓他於二〇〇六年榮獲諾貝爾和平獎的提名。不過這些年來，他過著相對平靜的生活，每天往返於比爾澤特大學授課。然而他也毫不猶豫地表示，當時機來臨時，自己依舊會義無反顧地挺身而出。

我屬於這裡？還是那裡？

就我們所知，我們家族定居於拜特薩霍已有好幾代了。我出生於一九五六年，共有五個兄弟姊妹，而我是兄弟中最年長的。我的父親是一位老師，我的母親則待在家中工作。一九五〇年初期，父親親手建造了一棟房子，這棟房子承載了我的童年，我就是在這裡長大的。從我家向外眺望就是綿延的山丘，眼中所見盡是樹林與田野。從小觀察發現，我們社區居民的感情極佳，關係十分緊密。這個社區也小到不可思議，舉例來說，如果你在街上巧遇某個人，他或她很有可能是你的某個堂兄弟姊妹、某個阿姨或叔叔。從某方面看來，如此友善的小世界，在我成長的過程中給我很大的安全感。另一方面，我的時間總是耗費在各種婚喪喜慶上。每個禮拜都有好幾場婚禮、受洗儀式以及畢業典禮。因為我們家人脈極廣，所以一旦有重大場合，親朋好友們都期望我們能參與他們的悲喜，不過，長久下來也是頗累人的。

一九六二年，也就是我六歲那年，我離開拜特薩霍。我父親在約旦的首都安曼找到一份會計師的工作，也同時在那裡購屋，因此我們跟隨父親舉家遷移安曼。我們的房子恰巧座落於兩個世界的邊界，房子的一邊是中產階級的社區，另一邊則是生活艱困的胡賽因難民營[2]，這實在有點尷尬。我則感到有些困惑，自己究竟屬於哪裡？是這邊，還是那邊？

當年，難民營區的情況十分惡劣。營中的房子由薄鐵片搭建而成，牆壁外再鋪上石棉，街上處處都是污水，而所謂的街道，其實也就只是一條髒兮兮的道路。我大部分的朋友都來自難民營，這也表示我其實在貧民窟裡度過大半時光，即使我的家人不太喜歡貧民窟。此外，當年在拜特薩霍時，我並不記得自己跟任何人起過爭執，但在約旦的日子則不是如此。住在約旦那段期間，只要我一踏進商店，某些企圖挑釁的人馬上纏了上來，這種司空見慣的

2 賈巴勒胡賽因難民營（Jabal Al-Hussein camp）位於安曼西北部。一九四八年為了收容八千位難民而建立，現今人數則接近三萬。

騷擾，逼得我每次踏進店家之前，都得先做好萬全的準備。事實上，我並不喜歡動手動腳，但適時反擊仍是必要之惡。此外，我也了解到，致勝的關鍵並不在於身材的壯碩，或肌肉的大小，而是一顆無所畏懼的心，要贏得勝利，就必須不計後果地跳入戰鬥中。不過，這些實戰經驗也讓我身上總是帶了些新的傷痕回家。

我們有三、四戶基督徒鄰居，這也是我的父親選擇落腳於此的原因。不過，同為基督徒，我父親較其他人更為入世，所以他並沒有安排我到私立基督教學校就讀，我也因此成為公立學校裡唯一的基督徒學生。儘管校方並沒有替我安排專授基督教知識的授課老師，但宗教課堂上，我有權選擇不上課，到外頭去玩耍。不過，自己一個人遊戲實在無趣，後來我還是選擇待在教室跟同學一同上課。

我的求知慾十分旺盛，遂開始自行閱讀《古蘭經》並且背誦它。我們的老師總是引用《古蘭經》裡的章節來證明自己的論述，並試著讓我們相信、依循他的論點。而我則開始引用我所背誦的《古蘭經》與他辯論。後來，他開始在課堂上忽視我，並叫我到外頭自己去玩。我是班上年紀最小的學生。因為當年在約旦時，六歲的我獲准跳級就讀二年級。我在學校的表現不錯，四年級時，我還是個小孩子，我身旁的同學卻是些留級的十四歲青少年。其中一位貝都因[3]同學已經結婚了，我記得他當時十五歲。因為身邊淨是「老」同學，年紀小的我也因此必須學習如何替自己發聲，保護自己。

我在拜特薩霍度過好幾個暑假。難民營裡的生活宛如一場場硬戰，但在拜特薩霍就能享受那種平靜又自在的生活。我與堂兄弟姊妹一同歡笑。現在回想起來，那段日子就像暴風雨來臨前，那種難得的寧靜時光。

一九七六年，我十一歲，那年我前往拜特薩霍拜訪祖母和阿姨。當年，檢查哨還沒出現，要去拜特薩霍十分容易，父親只要把我送上公車就行了。有一天，我上街去買些咖啡給我的阿姨，回程中，村莊竟遭受以色列人的轟炸，那天就是六日戰爭[4]的序幕。還記得當時，我身處的環境並沒有任何建築物可以提供掩護，我只好跳進田裡，並在危機解除之前設法把自己藏好。我當時可能嚇得哭出來了吧，我還記得大約有十二、十五顆炸彈在我附近爆炸。當我好不容易回到親戚家時，才知道有一戶鄰居已在剛剛的轟炸事件中喪命了。

空襲結束後，以色列士兵帶著武器進入拜特薩霍。每個人都被嚇壞了。有人說，以色列人會殺了大家，所以我們應該離開，也有人說我們應該留下。不過，攻擊行動在一個星期內就畫下句點了。我還記得，轟炸結束後，我救起一隻被困在親戚房頂上的傷鳥，並在等待回家的那段期間悉心照料牠。過了幾個星期，紅十字會安排巴士讓我和其他人返回約旦。我將那隻小鳥小心翼翼地捧在手中，想帶牠一起回家，但牠在途中就死了。

3 更多有關貝都因人（Bedouin）的資料，請見附錄〈名詞解釋〉，頁三八四。
4 六日戰爭的資料請見附錄〈名詞解釋〉，頁三九五。

內戰不該是你人生的一段過往

在童年記憶裡，戰爭已是稀鬆平常的事，我從未過上平靜的日子。然而，我開始喜歡這種動盪的生活，這種生活模式激起我的鬥志，就好像有人把扔你進大海，而你必須自行找到方法回到岸邊，所以你得拚命奮力求生。當我回到約旦後的幾年，我仍舊繼續與老朋友出遊。不過從一九七〇年開始，難民營的情況漸漸出現變化。十四歲時，我開始在營內的街道上看到武器以及巴勒斯坦解放組織的旗幟。我見證了巴勒斯坦革命的誕生，在短短的時間內，營區就發生了巨大的變化。人們笑著談論這一切，我可以感覺到，人們十分以自己的身分為榮。而在槍枝出現後，大家也知道自己該做什麼，孩子們也不再相互爭鬧。雖然一開始，大夥玩的只是玩具槍，不過持槍的現象漸漸普遍，我開始看到頭戴傳統阿拉伯頭巾[5]的人攜帶真槍。

我開始抓住學習的機會，去不同組織的辦事處，坐在那裡，聽著人們談論難民和難民營的由來，以及巴勒斯坦解放組織和約旦哈希米國王[6]軍隊之間的紛爭，這些紛爭導致約旦人和巴勒斯坦人的裂痕加深，更造成許多巴勒斯坦人被解雇，包括我的父親。接著，街頭開始傳出槍響。每一天都有好幾場槍戰與炸彈爆炸。早上我依舊去上學，但只要戰事開打，學校就會疏散學生回家，有時，我們在路上必須找地方掩護，或是匍匐前進以避開戰火。

很快地，戰爭所造成的破壞隨處可見。似乎沒有任何一戶人家可以倖免於炸彈或是戰火的蹂躪。難民營的情況更糟，有顆炸彈砸中了四間棚子。我們家也遭受五、六次空襲，房子破了好幾個洞，不過幸好沒倒。不過，我們的家用水塔壞了，逼得我們不得不冒險外出找水。最後，我記得伊拉克軍隊開著卡車，載來一箱箱的水。他們發水的地點離我們家非常遠，我們得帶著容器到定點取水，再設法把水運回家。

一九七〇年九月的月底，我們遭遇強烈的轟炸攻擊。我們全家躲在地下室，但炸彈的威力卻讓我們頭上的天花板開始坍塌。在不得已的情況下，我們只好跑到鄰居的地窖裡避難。事實上，那個地窖是一個安全的小岩洞，大約有十個或十二個住在附近的家庭擠在裡面。那時正值夏天，地窖裡又熱又黑。我們在那裡待了兩個晚上，不過沒有一個人睡著。當約旦軍隊來到我們那區，大家都躲在地窖裡。我認為，內戰不應該出現在一個人的人生當中。我的意思是，或許我們難以避免戰爭的發生，但是，沒有一個人應該經歷內戰的摧殘。

接著，在約旦軍隊擊敗巴勒斯坦解放組織，收回安曼的控制權後，我們所有人被集中到

5 阿拉伯頭巾（keffiyeh）是傳統阿拉伯男性配戴的頭巾。在一九六〇年代末期成為巴勒斯坦民族主義的象徵。

6 約旦哈希米王國（The Hashemite Kingdom of Jordan）自一九四八年起獲得了西岸的控制權，並在該年第一次中東戰爭中，接收超過四十萬名難民。一九七〇年前，在約旦控制的領土裡，大約有百分之六十的人口是巴勒斯坦裔。一九七〇年，約旦政府與巴勒斯坦裔領導者（例如巴勒斯坦解放組織）的衝突日漸升高，進而導致內戰的發生。更多資料請見附錄〈名詞解釋〉，頁三八七。

一個廣場上。約旦軍隊帶走每一個人，年紀最大的八十歲，最小的只有十三歲。士兵把我們帶到約旦，關在某個位於沙漠的拘留中心，我在那裡待了十四天。他們用非常糟糕的方式對待我們，沒有食物吃是常態，除此之外，每天都有許多毆打與折磨的情景在我的面前上演。那是我第一次被拘留，我當時還只是個十四歲的孩子啊。而且我還記得，士兵檢查我們的肩膀，看看上面是否有因持來福槍所留下的痕跡。

他們帶走每一個肩膀上有印記的人，而這些人再也沒有回來過。十四天後，約旦士兵才開始釋放民眾，老人最先被釋放，接下來是孩子，再來，我與父親才同時重獲自由。當我們一起回到家時，眼前的景象讓我的淚水止不住地滑落。我們在約旦擁有的一切都被摧毀了。房子幾乎全毀，車子也沒了。我們不再是過去那完整美好的家庭，在約旦的前途也是一片茫然。這一切讓我記起了一九六七年，那年是我們家第二次受戰火波及，而現在也有人跟我承受相同的痛苦。

後來，拜特薩霍市政府設法安排一組人馬到約旦，幫助安曼的拜特薩霍家庭。我的叔叔是援助小組的一員。能夠見到他並得到一些幫助，是這段日子以來的第一件好事。我父親請他設法替我們拿到前往拜特薩霍的許可證明，我的叔叔果然也不復請託。在我們被釋放後的三個月左右，我們一家又回到拜特薩霍。幸運的是，我們名下登記拜特薩霍家族的財產，我們因此獲得居住證，能留在約旦河西岸生活，否則，我們可能得回到約旦過苦日子了。

「就是個小恐怖份子啊。」

我在一九七〇年回到拜特薩霍，當時我才念十年級。自從一九六七年拜特薩霍被占領以來，這裡似乎沒有什麼很大的改變。事實上，占領反而讓整個社區更加團結強大。當你必須在不屬於你的規則下生存時，就會把傳統當成護身符。如果你遭遇困難，可能會自行解決，而不是選擇上法院，當你不再相信那些行政機關，上法院不再是你的選項之一了。從某方面來說，占領事實上強化了我們社會的部落特性，這樣的情況不僅發生在拜特薩霍，整個巴勒斯坦都是如此。

父親買了一台紡織機放在家中自己做衣服，再與母親一起把衣服運到特拉維夫城銷售。過了一段時間，父親自己開起了服飾店。我總覺得父母親工作一定很辛苦，因為他們總得到特拉維夫購買布料跟銷售衣服，根本沒有週休假期。另一方面，我開始在村子裡的學校唸書。那段時間，即使我在學校讀書，還是積極參與了許多政治活動，像是跟朋友舉辦示威活動，抗議以色列占領行動，並參加集會談論政治等等，相當活躍。我的血液中流著暴力因子，常常在學校闖禍。我想，這得歸因於當初在難民營的那段歲月所帶來的影響，而且它們一直沒有褪去的跡象。老師們一方面因為我的聰明才智與優異的成績，對我青睞有加；另一方面，他們又因為我對待他們的態度感到惱火。我跟朋友常常惡作劇捉弄老師。有幾次，我把校長鎖在他的辦公室，如此一來，他就沒辦法干涉我們的示威行動了。

一九七二年，也是我原本打算參加陶吉希測驗（高中生畢業前的資格考）的那年，我被逮捕了。以色列士兵在半夜衝進我家，要把我帶走。我母親打開我的房門，站在門口的士兵跟我四目交接。我那時身型瘦小，雖然我實際年齡是十六歲，但看起來只有十四歲。因此，那些負責逮捕我的士兵根本不相信，眼前身型瘦小的少年就是他們要找的人。其中一個人說：「這是誰？看起來是個小恐怖份子。」

我被士兵帶走接受訊問，在牢裡關了四個月的時間。當年被捕入獄時，我還只是個孩子，那段坐牢的時間對我而言十分難熬。他們把未成年的我跟一群成年人關在同一間牢房內。審問者則是一直毆打我，直到我昏厥才肯罷休。然而，那次的牢獄之災卻讓我的世界變得寬廣。在牢裡我認識來自不同村莊、難民營，以及城市的人。大家操著不同的口音說話，各自擁有獨特的文化，我也就這樣認識了形形色色的人。當初，在牢裡的受刑人都非常照顧我。我是大家口中的小基督徒。我很喜歡每個在牢裡遇到的受刑人，我總覺得，離開監獄之後，自己應該要為他們做些什麼事。

當我重獲自由，離陶吉希測驗的日期只剩不到一個月了，我根本什麼書都還沒開始讀，於是，我決定隔年再參加考試。但是，其中一個親戚略帶挑釁的語氣對我說：「你不行啦，你永遠不可能準備好。」我很討厭有人說我做不到某些事情。為了爭一口氣，我在出獄當年就參加了考試，也得到比同儕更好的成績。

戰爭時期，你不能保持沉默

通過陶吉希測驗之後，我前往巴格達修習物理。物理是最具有挑戰性的學科，而我的個性喜歡接受挑戰。此外，我很早就開始接觸宗教，但宗教始終不能在我遇到問題時，給我滿意的答案，因此我開始尋求科學方法，去解釋發生在我周遭的一切事物。當時的伊拉克真是個天堂，我在那裡度過我這一生最美好的時光。最後，在一九七六年，我自願在內戰期間前往黎巴嫩[7]，那時我已經讀了幾年大學。當年的我才二十歲，但我已經是一個忠誠的民族主義者了，我堅信只有透過武力才能解放巴勒斯坦。我認為，面對發生在黎巴嫩的一切，包括難民營的情況還有大屠殺等，我都不該繼續保持沉默，因此才自願前往黎巴嫩。我跟在巴格達最要好的朋友一同前往，我的家人對此一無所知。事實上，我在出發之前寫了幾封信，把這些信交給別人，請他們每隔一至兩週寄給我的家人，信中寫道我要到伊拉克的工廠接受訓練，今年沒辦法回家。如果母親知道我在黎巴嫩，她大概會心臟病發吧。既然如此，為什麼

7 黎巴嫩於一九七五年，因派系之爭爆發內戰。一邊是巴勒斯坦解放組織、巴勒斯坦難民營民兵、黎巴嫩穆斯林民兵，與左派民兵，另一邊則是獲得以色列與敘利亞支持的基督教馬龍派（Maronite Christian）。一九七五年，巴勒斯坦解放組織滲透了位於黎巴嫩南部的巴勒斯坦難民營，混入超過四十萬名巴勒斯坦難民中，基督教馬龍派民兵想要將巴解組織成員趕出難民營，最後卻造成巴勒斯坦難民營大屠殺，導致戰爭爆發。

要讓她陷入這種處境裡呢？

到了黎巴嫩後，我們加入軍隊也接受武器使用訓練，幸虧如此，否則我們可能一上戰場就立刻死於非命了。首先，你得充分了解這裡的環境。你要知道，當我們踏進貝魯特市[8]的那一刻，就等於置身於戰場了。巴勒斯坦難民營幾公尺外就是基督教長槍黨的社區[9]。換句話說，這裡的每一處都在戰火波及的範圍，沒有一處能夠倖免於難。我的小組負責保護巴勒斯坦難民營，讓它免受戰火攻擊，除此之外，我們也提供醫療協助跟食物，並與當地平民合作。有時，我們會外出搜尋狙擊手的蹤跡。事實上，上級並沒有指派長期的任務計畫給我們，但無時無刻都有需要我們去處理的狀況。每一分鐘都可能有槍擊發生，每一分鐘都有人受傷或是被困在某處，得要我們去營救才行。

有一次，基督教馬龍派軍隊試圖占領一個名叫泰勒・札塔爾的難民營[10]，那是我在這場戰爭中見過最悲慘的景象之一。難民營中的許多男人都被殺害了。在女人跟小孩被圍困了八天之後，我們終於見到了他們。他們個個飢餓、疲憊不堪，活像鬼魂一樣。那副景象深深震撼了我。看到難民營的景象後，朋友拉著我到位於中立地區的哈姆拉街，所有的夜店都集中在那條街上。坐在你旁邊喝酒的人，可能就是早上與你持槍對峙的人。

根據我的判斷，我從來沒有殺過人。更精確一點來說，我從來沒有用槍指著一個人，並開槍結束他的生命。當敵人來襲時，我們只是跳進槍林彈雨之中，試著不讓自己中槍。只是這樣一來，我跟我的朋友在戰場上就顯得無用至極。即使我們所受的訓練還不足以讓我們保護任何人，我總覺得，幫助別人多少彌補了我們能力上的不足，況且我沒辦法眼睜睜看著同胞遭到攻擊或被殺害。如果在事情發生時，我不採取些行動，我就沒辦法保持內心的平靜。

在黎巴嫩待了幾個月後，我開始思考，我們究竟在這裡做什麼？在黎巴嫩的戰事中顯然沒有人可以獲得任何一種形式的勝利，既然如此，那我們何必戰鬥？我眼看著幾位與我非常親密的朋友在戰場上丟了性命。我也有隨時犧牲生命的打算，但是目睹朋友的死亡實在令人難以承受。

除此之外，我在坐牢期間，想像一位為自由而戰的鬥士該有的樣子，而我覺得現在這個形象也開始出現崩塌的跡象。

身為一名士兵，你得有既定的生活模式。假使你手上有一把槍，你就非得戰鬥不可，殺敵是你唯一的選擇，當然你也有可能因此喪失性命，每個月底士兵也會領到當月的薪水。身

---

8 貝魯特（Beirut）是黎巴嫩的首都，在黎巴嫩內戰中是最主要的戰場。現今，貝魯特的人口約有三十六萬一千人。

9 黎巴嫩長槍黨（Lebahese Phalanges Party）成立於一九三六年，是黎巴嫩的政黨之一，也是基督教派輔助軍事部隊（黎巴嫩長槍黨組成的青年隊，靈感來自歐洲法西斯青年隊）黎巴嫩長槍黨是黎巴嫩內戰的主要戰力之一。

10 泰勒・札塔爾（Tel Al-Zataar）是聯合國救濟工作署所成立的難民營。位於貝魯特城的東北方，收容約五萬名巴勒斯坦難民。一九七六年八月，馬龍派基督教軍隊圍攻並毀了泰勒・札塔爾難民營。

為一個軍人，你的任務就是把自己份內的工作做好，但像我這樣自願投入戰場的人，有時腦海中就會浮現一籮筐的問題想詢問。然而到了戰場，每個人都得閉上嘴巴，即便腦袋時常轉來轉去的人也不例外。我不認為這是正確的反應，我認為在戰場上大家才應該開口表達意見，至少我自己是這麼相信的。天下太平的時候，你當然可以保持沉默，但在戰爭時期，你就不該把嘴巴閉得緊緊的。在黎巴嫩待了三個月後，我決定回去完成我的學業。由於我實在不喜歡別人忽視我的提問，也不喜歡被那些不接受提問的人指使，最終我選擇返回巴格達。

一九九七年，二十一歲的我終於拿到學士學位，但畢業之後，我並不想待在巴格達或是黎巴嫩。我對巴勒斯坦懷有特殊的執著，而我也了解只有親自前往被以色列占領的巴勒斯坦土地與約旦地區，才能改善巴勒斯坦被占領的情況。即便我心裡有底，自己在黎巴嫩的所作所為，導致我可能因此遭到以色列政府或約旦當局逮捕，我仍舊義無反顧選擇回去。

由於我就讀的那所大學有許多約旦籍學生，有些學生可能是約旦特工人員也說不定，對此我們都心知肚明。因此，約旦當局對於我們一行人曾去過黎巴嫩一事恐怕早已知悉。事實上，每次我回約旦河西岸時，我總是在安曼被約旦的情報局人員攔下盤問，這次的情況大概只會更糟。果不其然，他們在安曼機場拿走我的護照，並對我進行審問。別無選擇的我只好撒謊，雖然我認為隱瞞自己在黎巴嫩的經歷實在不甚光彩，但在當時那種情況下，說謊卻是我唯一可走的路，而我差一點就可以全身而退了。然而，出乎我的意料之外，我的朋友比我預期中還要早到達約旦，約旦情報局就把我倆的故事串起來了。情報局官員對我說：「現在我還不會逮捕你，相反的，我先讓你好好睡上一覺。明天你到我的辦公室，請求我聽你把事情說完。如果把一切事情告訴我，或許我會允許你回到拜特薩霍。否則我可能會下令逮捕你。」但是我重獲自由後，就立刻搭上飛機溜了。隔天，幸虧有我叔叔的幫助，我才能成功賄賂某位官員，通過跨越約旦河的那座橋，重新回到約旦河西岸。

何時才會停止呢？

在一九七七年的夏天，也就是我回到拜特薩霍的十天後，我又被逮捕了。以色列士兵在半夜三更衝進我家把我帶走。我被他們帶到耶路撒冷的穆斯庫比亞監獄，整整三個月的時間我都在審問中度過。我在夜間被他們帶到昔日的舊馬廄，現在那裡被警方當成監獄使用。他們就這樣一面鞭打我，一面進行審問。儘管他們手上握有我們這群人前往黎巴嫩的消息，但他們仍不確定這消息是否百分之百正確。在我被審問的過程中，他們說出一些根本無法編造出來的人名，而其中有兩個人當初跟我一起前往黎巴嫩，只不過他們並不是我的朋友。話說回來，以色列手中掌握的情報尚不足以證明我曾到過黎巴嫩，他們所能做的，也只是臆測而已。經歷初期的審問後，我被單獨監禁了四十五天。後來他們沒有繼續審問我，就將我釋放了，至今我也猜不透原因為何。我猜想，或許他們自己內部犯了錯誤，忘了我的身分，或者這是對我的某種懲罰或報復？總而言之，對於我自己當初如何重獲自由一事，到現在我還是一頭霧水。

出獄後，我回到拜特薩霍，卻發現與當地十分格格不入。我花了幾年時間試圖找出自己的下一個目標。二十四歲時，我又再度被捕入獄。不過，我的家人都不知道我曾去過黎巴嫩，這是我的秘密。

這次被捕之後，我重回穆斯庫比亞監獄。只不過這次他們沒有把我帶進小牢房，反而把我帶到院子裡，並將我的手高綁在水管上。由於我的手被高高地綁住，導致我根本無法坐下，只能在那罰站。此外，他們還在我頭上罩了麻布袋。他們就這樣把我留在外頭，整整五天五夜我都無法睡覺，也沒有跟任何人說話。我的腳因血液無法順暢流通而疼痛不堪，神智也在經過五天五夜的折磨之後漸漸模糊。每隔一段時間，疲勞不堪的我就暈厥過去，而我那被高高綁著的手腕，當我的身體在我失去意識之後，只能癱軟地晃來晃去。每每在我失去意識之後，他們就會立刻把我帶進審問室。我心裡害怕極了。他們每次都在毫無預警的情況下，毆打我的頭部，整個審問過程我都處於緊繃的狀態，在心中不停地吶喊：「這一切到底何時才會停止？」這是我唯一記得的事。

他們在訊問中心，絲毫沒有浪費一分一秒。審問者告訴我，有位當初跟我一起在黎巴嫩的人已經招認了，他說：「聽著，我根本不需要你招供什麼。」那時，以色列已經頒布軍事法庭之修正條款，也就是塔米兒法（Tamir Law）。該法允許法官不需依據被告的自白，決定被告的刑責，只要有他人的供詞即可當作判刑的根據。假如法官認為手邊的資訊已足以證明，他也不需要被告那方的說詞了。因此，審問者告訴我：「你給我聽著，不管你到底要不要講，你都得上法庭了。我們手上握有的證據已經足以讓你吃牢飯吃上好一段日子。現在就看你要怎麼決定吧。」

於是，我向他們坦承自己曾經參與黎巴嫩內戰，在黎巴嫩難民營從事人道救援工作。包含在黎巴嫩待了三個月之後，我決定回家繼續完成學業的事情也一五一十地說了。聽完我的回答後，他說：「我們知道你真正的所作所為絕對遠比你現在說的還要多，不過，我們還是接受你的說法。」我在自白書上簽名後，那份自白書就被送到法院。最後我被判處兩年有期徒刑，可緩刑三年。判決宣布後，我的家人也知道我之前在黎巴嫩的事蹟了。母親告訴我，其實她當初就曾感覺到事情似乎不太對勁，而且她從來不相信我那些信件的內容，但她終究很高興我平安無事。至少，她看到的不是刻有我名字的墓碑，而是好好一個人站在她面前。

公民不服從

大約一九八〇年左右，我再次重獲自由。擺脫牢獄之災的我在拜特薩霍的路德學校[11]擔

11 設於拜特薩霍的路德福音學校（The Evangelical Lutheran School of Beit Sahour）於一九〇一年成立，是所男女混合的小學。

任教職，而同一時間，我認識了一位正於伯利恆大學[12]唸書，名叫莎瓦（Selwa）的女孩，她是拜特薩霍最漂亮的女孩之一，我們倆很快墜入情網，沒過多久，我們倆就決定攜手共度下半輩子。

後來，我於一九八三年獲得英國領事館的獎學金，前往英國雷丁大學（University of Reading）[13]攻讀物理碩士學位。不過，我實在不怎麼喜愛雷丁大學，先不談雷丁大學所在的保守小鎮與十分興盛的飲酒文化，最重要的是我對英國茶實在一丁點好感也沒有。追根究柢，就是我太習慣伊拉克茶的味道了，除了習慣那跟瀝青一樣黑的茶色之外，我也喜愛只加一點水配上十湯匙糖的甜味。總而言之，我對伊拉克茶有著無法自拔的熱愛，相較之下，英國茶就顯得淡然無味了。話雖如此，我還是在英國完成我的碩士學業。雖然我的太太並沒有跟我一起去英國，但她在我唸書期間也曾兩度到英國探望我。

我在完成碩士學業之後回到約旦河西岸。某次因緣際會，我恰巧有機會跟某所位於阿姆斯特丹的大學交流，他們還邀請我去荷蘭攻讀博士學位，與他們一同做研究。但是，正當我申請出國之際，我卻收到他們的拒絕信。原來，那間位於阿姆斯特丹的大學直接跟以色列外交部聯繫過，以色列寄給他們一封絲毫不留任何情面的信，信上寫著：「如果安東尼先生離開，他將會對以色列的安全構成威脅。」所以我被迫留了下來，在我的家鄉過著平凡無奇又挫敗感十足的生活，我感覺自己身體裡面彷彿有東西正在沸騰。

沒過多久，巴勒斯坦第一次大起義就於一九八七年爆發了[14]，而我身邊的一切突然起了變化。大起義爆發的幾個月前，拜特薩霍的人們都還沉醉於各式派對，忙於上街購物。忽然之間，大家口中談論著各種關於占領或與政治相關的話題，每個人彷彿都成了民族主義者的擁護人和巴勒斯坦的愛國者。那些昨天還在塔皮奧特瘋狂購物，以及前天還在埃拉特讓以色列賺錢的人們，現在都站上街頭，成為幾千個抗議份子中的一員[15]。我個人曾經見證了好幾場小型抗爭的起落，但是跟一九八七年大起義一樣，整個國家上上下下蓄勢待發，我還是第一次見到，深受啟發。

接著大起義就開始了——示威、遊行與士兵與屯墾者之間的零星衝突一一出現。以色列的士兵也開始現身，使用暴力欺壓人民，而我們這邊也開始行動。我常常跟朋友或社區領導者開會。在這片土地上，人們用丟擲石塊的方式表達不滿，而士兵也會以其人之道還治其人之身，報復朝他們丟石塊的人們，我認為在這樣的地方，我們不該採取平凡無奇的策略。表面上，我們透過起義的方式試圖說服以色列接受：占領巴勒斯坦並不是長久之計。不過，在

---

12 伯利恆大學（Bethlehem University）是一所天主教男女混校，創辦於一九七三年。

13 雷丁大學（University of Reading）位於英國南部，學生人數超過兩萬名。

14 巴勒斯坦第一次大起義於一九八七年十二月爆發，是場巴勒斯坦人反抗以色列軍事占領的示威行動，一直到一九九三年才落幕。

15 塔皮奧特（Tal Piyot）位於耶路撒冷的購物中心。埃拉特市（Eilat）人口約有五萬人，位於以色列的南端，為紅海的重要港口城市，也是一個著名的度假與旅遊勝地。

我們許多人的內心深處，都認為我們應該有計畫地將這場起義，導向全國性的公民不服從運動。但我必須說，我對公民不服從的研究並不深入。我知道甘地和美國民權運動，但從未深入探究。對我來說，既然我身邊有成千上萬的民眾，這種力量是非常強大的，這是很顯而易見的事實。為了確保整個拜特薩霍社區對巴勒斯坦大起義的參與度，我們必須相當程度在拜特薩霍實行民主。因此，我們讓每一區推選自己的委員會，另外也在鎮上設置一個擁有權力的中央委員會。我們的選舉方式跟古希臘一樣，不使用選票或選票箱的輔助，直接公開選舉。每區的居民先自行選出代表，再從各區的代表中選出四至五位中央委員會委員。而我當時就是中央委員會的一員。此外，我們拜特薩霍並沒有法院，中央委員則會有權制定法律。

另外，拜特薩霍的企業主也決定不再繳稅給以色列政府，大家也十分支持用「罷稅」來抵制以色列。鎮上的每個人幾乎都參與了。以色列軍政府則開始沒收民眾的汽車、家裡或是商店裡的物品，希望藉此構成壓力，逼迫人民繳稅。

其中一位提倡罷稅的領導者埃利亞斯・里什瑪維（Elias Rishmawi）損失價值大約十萬元的商品。當時的十萬元大約是現今的一百萬元。雖然大家見到了埃利亞斯的慘況，但並沒有任何人屈服於以色列所施加的壓力。很可能是埃利亞斯的遭遇實在太慘了，所以很多人覺得，如果自己抱怨損失了五千塊，是件頗羞恥的事。他替大家立下榜樣。此外，在反抗期間，拜特薩霍的人們聚集在市政廳前，丟掉他們的身分證。我們的意思很明顯：我們不承認以色列政府，如果這些身分證代表他們對我們有控制權，我們當然不想要這些證件。

罷稅運動導致以色列於拜特薩霍實施禁令，所以學校跟大專院校都不再運作了，甚至連幼稚園也關門大吉。人們開始意識到，這樣的情況可能不僅僅維持兩週或三週而已，大概會持續好一段時日。於是，我們自己創立了所謂的地下學校。我們沒花什麼功夫就讓各個鄰區開始組織教師與學生，並在自家、公寓以及各種閒置空間，重新開辦學校。於是，學生們又可以上學了。我們了解我們社區所付出的努力必須被報導出來，如此一來才可以把這種辦學方式傳遞到其他社區中。這也是為什麼我們開始用心爭取媒體、訪問團以及人權組織的注意，當然還包含了對拜特薩霍有興趣的人。我可以說自己在這一連串的行動中扮演非常重要的角色。除了因為我懂英文，我的溝通技巧也很好，所以這角色非我莫屬。我們成立了名叫巴勒斯坦人民和解中心的組織（Palestinian Center for Rapproachment between Peoples），目的在於促進巴勒斯坦人和其他國家之間的對話，國際媒體也開始關注我們的成就。

結果，以色列軍隊開始圍攻我們的小鎮，整個拜特薩霍都被包圍，如此一來根本沒有物資能夠進出，所以大家有了仿效「勝利花園」（victory gardens）的想法（編注：人們可以在戰爭期間於私人住宅院落開闢土地、種蔬菜，以緩解食品供給壓力），就跟第二次世界大戰時所實行的「勝利花園」一模一樣。突然之間，每家每戶建造屬於自己的花園。因此，雖然拜特薩霍被軍隊包圍，但小鎮裡的每個人都悠閒地坐在陽台上烤肉。看到這樣的情景，士兵們氣到快瘋了。繼「勝利花園」之後，我們又把腦筋動到了乳牛身上。

十八隻被通緝的乳牛

我得先告訴你，這個故事我已經講過很多次，每次說的時候都會自己加點料，好讓故事更有趣。不過，這是屬於我們整個社區的故事，每個人講的時候難免會加油添醋，但是故事的主軸實際上並沒有改變。

還記得，巴勒斯坦第一次大起義期間，我們面臨許多困境，其中之一就是缺乏牛奶。這是因為大多數的牛奶都是由以色列出產，而我們當時正在抵制以色列產品。有些帶領拜特薩霍抗爭的領導人決定開闢一座牧場，自己飼養乳牛，自己擠奶，免費提供社區牛奶。為了讓我們的「牛奶計畫」更有意義，我們打算在凌晨三點配送牛奶，把牛奶送到每戶人家的門前，而且派送員還得由一頭戴阿拉伯頭巾（keffiyeh）的年輕人進行，以上是我們的想法。但我們需要乳牛，要去哪裡才可以找到牛隻來飼養呢？因為只有以色列基布茲那有飼養乳牛[16]，所以我們得從基布茲購買，再把他們載到拜特薩霍。最後，我們一群人自願集資，一共買下十八頭乳牛，並把牠們裝在卡車裡，在午夜時分運到拜特薩霍。

集資買牛的人有醫生、工程師、商業人士和大學教授。好笑的是，沒有一個人的職業是酪農，所以運乳牛的卡車到達拜特薩霍時，有人說：「大夥兒，讓我們一起趕牛下車吧。」但那些牛並沒有想要離開卡車的意思。於是，某個人異想天開，建議大家弄出巨大的聲響，這樣牛群就會嚇得跑出車外，我們的目的就達成了。這個計畫的效果實在好得出乎意料。牛群確實被嚇了一跳，但他們跳出卡車之後卻整群跑進山裡。你可以想像老師、學者、醫生，還有西裝筆挺的商業人士，大半夜在山區追著牛群跑的樣子。其中有一位身形矮小的老師在追牛的時候，牛竟然突然轉身反過來追他！情況簡直是一團混亂，鄰居們都被喧鬧聲給吵醒了，大家都走出戶外看看發生了什麼事。恰巧有些鄰居是貝都因農民，他們對家畜十分了解。他們設法控制住橫衝直撞的牛群，十八頭牛最後也乖乖被趕進了牧場。

牛群來到拜特薩霍的幾天後，我們那區的軍隊統領帶著一大隊士兵來到鎮上。每頭來自基布茲的牛隻都掛有名牌。有個士兵把每一頭牛的名牌都拍了下來，像是做肖像畫似的，把每個牛隻的照片配上編號。這樣一來，這群牛簡直跟通緝犯沒兩樣。軍隊統領表示，這些牛隻已經對以色列的安全造成威脅，如果這些牛隻二十四小時內沒有離開，他就會逮捕這裡的每一個人。我實在很想問他，他怎麼可以這麼惹人厭。我們根本沒有做出任何違法的事情。大概是因為我們挑戰權威，才會惹惱他吧。最後，我們決定繼續執行原訂計畫，再看看他要拿我們怎麼辦。雖然那位軍事統領沒有帶走任何一隻牛，他還是逮捕了一些人以示懲戒，威脅供水給動物喝的村民。如此一來，他的確給村民們一個下馬威，所以我們決定把原本牛群居住的地方清空，另外找了一個可以容納十八隻牛的隱藏式洞穴，並把牛群移過去。

16 基布茲是集中式農場。

恰巧那個洞穴的主人是個屠夫，如果牛群被發現的話，他就可以說那些牛是他買來宰殺的，這樣就沒有違法的問題了。這簡直是個天衣無縫的掩飾啊。我們也繼續供應村民牛奶。

然而，那位軍事統領還是沒有放棄那些牛隻。他知道我們一定沒有照著他的話去做，再者他非常想知道牛群到底去哪了。於是他包圍小鎮，搜遍整個拜特薩霍，挨家挨戶地找遍每座山丘，連一個洞穴都不放過，就為了尋找牛隻。他甚至還派直升機在鎮上的山丘上徘徊，試圖找出任何可疑的蛛絲馬跡。而士兵們則在鎮上帶著牛隻的照片，攔下街上的路人詢問：「你有看到這隻牛嗎？」被他們攔下的人們開玩笑地說：「噢，這張牛臉很面熟，可是我不太確定耶。我記得，那隻牛鼻子比較小一點。」

搜查牛隻行動持續了幾日之後，士兵們終於查到了屠夫那裡。不過洞穴隱藏得很好，所以很難輕易被別人發現。士兵們仔細地看了看，都沒有發現什麼可疑之處，正當他們準備離開的時候，好巧不巧，其中一頭牛竟然發出了聲音。聽到聲音的士兵因此折返回洞穴，他左看看右瞧瞧，卻什麼都沒有發現。後來，士兵好不容易發現了那個洞穴。他拿著手電筒向內一照，赫然發現那十八隻被稱為恐怖份子的牛就在裡面。他開始大喊：「我找到啦，我找到啦！」那位長官抵達後就開始詢問那位屠夫，看他是否有足夠的錢買下十八頭牛，如果有錢為什麼不繳稅呢?當時，罷稅運動還在進行中，而法律允許軍隊可以合法逮捕逃稅的人，並監禁四十八小時。雖然四十八小時一過，軍隊就得把人放出來，他們還是可以再把人犯抓回去關。那位將領就採用這種方式對待那位屠夫，先關他四十八小時，釋放一天之後再關四十

他們拘留我的天數是十八天，這是被正式控告之前法律所允許的居留天數。不過，即使我十八天後被釋放，過兩天後他們又會再來逮捕我，再關我十八天。

最後，那位軍隊長官的助理給我一張「當日拘禁」的傳票，這代表我從早上八點到晚上八點，都必須待在那棟民事行政大樓內，要等到拜特薩霍晚上的宵禁開始後，我才能重獲自由。我得一個人從伯利恆設法回到家，但如果被任何士兵發現我在宵禁時仍在街上行走，我可能會有被槍斃的危險。這樣的情況持續了十天左右，我的兄弟在同一時間也都被拘留。總之，在這四年期間，我總共坐了九次牢。

我猜以色列人視我為眼中釘的原因在於我成功引起大眾對巴勒斯坦大起義的關注。事實上，當時以色列對於拜特薩霍受到的關注十分不滿，因為任何拜特薩霍的風吹草動，對外頭來說就像一顆震撼彈。我們一面拒絕繳稅給以色列政府，一面設法營造類似波士頓茶黨（Boston Tea Party）的形象，這在《紐約時報》中皆有報導。此外，我們還試圖讓聯合國安全理事會通過決議案，要求以色列停止圍困拜特薩霍，並將之前因民眾拒絕繳稅而被沒收的商品返還。我們在聯合國逼迫美方對此決議案表態，這大概是我後來在監禁過程中遭遇到各種嚴酷折磨的主因之一吧。以色列試圖破壞我們的努力，對他們來說，這實在是一塊燙手山芋。

話雖如此，我還是設法和以色列民間打好關係，如此一來，拜特薩霍某種程度上還可以受到保護。此外，拜特薩霍的傷亡人數跟其他鎮相比確實不高，因為只要沒有看到很多來自國外或是以色列的記者，以及社運份子出現在拜特薩霍的話，以色列軍隊就不得進來這裡。

除此之外，我也和對外關係極好的以色列和平組織建立友誼。接著，我開始與生活在美國和英國的巴勒斯坦人一同工作。當媒體對我的關注越多，就有更多人有興趣和我聯絡。突然之間，每個想要到巴勒斯坦挖掘事實的任務團隊，或是想造訪巴勒斯坦的代表，都想和我見上一面，我就這樣建立起廣大的人際網絡。

環顧四周，發現我身旁有槍手、民兵、坦克車和自殺炸彈客

在巴勒斯坦第一次大起義結束後的那幾年，我的日子相當忙碌。我的兒子在一九九〇年出生，開心之餘，我也覺得肩上的責任更重大了。另外，我開始在比爾澤特大學[18]擔任物理教授。我也試圖將巴勒斯坦第一次大起義期間，我們於拜特薩霍發起的抵制活動延續下去。此外，我還協助一些國際組織的成立，讓民眾可以獲得更多的幫助，像是替代觀光組織（Alternative Tourism Group）（負責巴勒斯坦全境旅遊的非營利性機構）與巴勒斯坦的經濟發展組織。我的一天都比其他人的一天來得長。我通常在清晨三點離家，如此一來我才有時間回覆有關我參與的社運的信件，接著我要教一整天的書，下課之後又有更多的社運工作等著

18 比爾澤特大學是所名聲極佳的巴勒斯坦大學，就在拉馬拉城附近。學校大約有八千五百名大學生。

我，一直要忙到半夜才能回家。然而，在一九九〇年代末期，我內心常常充滿絕望。我們的情勢並沒有好轉，我認為巴勒斯坦人前進的方向錯了。而我在政治上的活躍與忙碌，也導致我很難跟原來期望的一樣，分配足夠的時間給我的社區。沒過多久，巴勒斯坦第二次大起義於西元二〇〇〇年爆發，而且情況比第一次更糟糕。這次每個人都持槍相對，朝著對方開槍。這迫使我重新思考，我們於第一次大起義期間所建立的準則，是否仍適用於較為暴力的第二次巴勒斯坦大起義。我環顧四周，看到我身邊有槍手、民兵、坦克車與自殺炸彈客。我們在這種情勢下到底能做什麼？但我接著又想，為什麼不試試看呢？我得找到可以著手的方式。我覺得在整場衝突中最艱難的部分，就是當你覺得自己被夾在兩股勢力中間，只能坐以待斃。一九七〇年在約旦時，我也曾經歷過一場衝突，但是當時我年紀太小，所以無法參與。這一次我可不想再重蹈覆轍。第二次巴勒斯坦大起義期間，我與巴勒斯坦、以色列還有美國社運份子一同合作，邀請大眾加入「國際團結活動」[19]。

這其實是一個實驗。我們先發起非常大型的行動，引來許多關注的目光——我們掌控了駐紮在拜特薩霍的以色列軍營。那個軍營過去轟炸許多巴勒斯坦人的家園。首先，我們先號召百餘人一起向營地進攻，裡頭有巴勒斯坦人、義大利人、以色列反錫安主義團體、德國代表，以及一些加拿大人。我們踏入營區時，以色列士兵完全措手不及，特別是當他們看到這些人之中有些是以色列人時，他們完全不知道該如何應對，只好退到營區的後方，躲開我們。在軍營裡的士兵撤退之後，有個加拿大人上前拔掉以色列的國旗，換上巴勒斯坦的旗幟，宣布從那時開始，這個地方已經脫離以色列的掌控了。三小時後，我們風光地離開那座軍營。最後，我們的示威行動獲得熱烈的迴響，也開始接到其他人們參與類似抗議活動的請求。

我們決定擴大示威活動的規模，每兩週發起一次示威。我們曾拆除路障，躺在以色列坦克前面，用身軀阻擋他們前進。我們試圖在充滿暴力的氛圍之下，推動和平抗爭活動。而我開始跟一位名叫妮塔・戈蘭（Neta Golan）的社運者工作。一個月後，胡維達・亞拉夫（Huwaida Arraf）和亞當・夏皮羅（Adam Shapiro）也加入我們的行列，一同策畫大規模示威活動。後來，有人建議將活動名稱命名為「國際團結運動」（International Solidarity Movement），我們心想，這樣稱呼也沒什麼不好吧？我每天都會收到四十至五十份想要加入國際團結運動的申請書。國際團結運動並沒有固定收入，每個人都必須承擔自己的支出。整理完申請書之後，我們開始篩選志工，選出我們心目中合適的人選，再對他們加以訓練。我們計畫找大約七千名來自世界各地的人參與巴勒斯坦抗爭。而實際情況也令我們十分滿意，我們找到的人有大學教授、律師，不只有年輕人跟社運份子，各個年齡層的人都有。在巴勒斯坦第一次大起義期間，我在牢裡待了很長一段時間，但是第二次大起義期間，我卻沒有進出過一次監獄。這都是因為我跟以色列內部打好關係的緣故。只要關係一好，我所受到的保

---

19 國際團結運動（International Solidarity Campaigns）由加薩・安東尼與其他巴勒斯坦、以色列與美國的社運份子於二〇〇一年創立，該組織鼓勵採非暴力抗爭的方式反抗以色列對巴勒斯坦的軍事占領。

護也就增加了。事實上，以色列政府非常希望能夠將國際團結運動判定為非法組織，並逮捕我們所有人。不過我跟以色列工黨的黨員會面，並設法說服他們，讓他們接受「國際團結運動可能造成他們的困擾，但成員都是好人」的觀點。另一方面，即使我不再那麼容易遭到逮捕，但是我們卻全都受到暴力的威脅。其實直到二〇〇三年為止，以色列軍隊一直對我們睜一隻眼，閉一隻眼。當時，大約二十名國際團結運動的志工向我們報告，他們被捲入槍戰之中，事故地點離他們非常接近。從那時開始，士兵開始對我們發動攻擊，想方設法要讓我們感到害怕。瑞秋・柯瑞和湯姆・漢德爾不幸喪生。而布萊恩・艾弗里雖然臉部中彈，但是他最後活下來了[20]。

在國際團結運動工作不僅困難度強，面臨的風險也相當高。我們時常面對死亡的威脅，我自己也不例外。另外，我完全沒有時間與家人相處，因為我們這種工作不分白天黑夜，得二十四小時待命。再加上社運者之間有許多問題也需要我出面處理，假如有夥伴喪命時，我也覺得自己對他們有責任。我在拜特薩霍訓練過瑞秋・柯瑞，而我人生中最艱難的一刻，就是在瑞秋過世後去面對她的家人，去面對她的母親和父親。他們某天來我家拜訪，並在我家吃了午飯。他們都是偉大的人，也一直跟我說瑞秋的死並不是我的錯，我並沒有做錯什麼。面對湯姆・漢德爾的父母，一開始也讓我痛苦萬分，但我們最後卻成了非常好的朋友。湯姆的母親現在是比爾澤特大學之友會的發展執行長，她同時也寫了一本充滿能量的書《我的兒子湯姆》（*My Son Tom*）。

我很榮幸能夠跟國際團結運動以及其他組織合作。但是，二〇〇五年還是二〇〇六年的時候，我突然覺得自己不該一直跟外國人和以色列人合作，而是應該把焦點重新拉回巴勒斯坦社區。一九八七年起，我一直試圖拓展我的世界，與世界接軌，也常常去旅行，但是我卻沒由來地感到空虛。因此，我在二〇〇六年告訴國際團結運動的共同創辦人，我不再接任何行政管理工作，但我的心仍與他們同在。我回到大學校園，與學生和整個社區建立更緊密的關係，至今已經十年了。我也找到自己可以貢獻社會的方式。

我們在二〇一四年七月訪問加桑時，他對我們提及第三次巴勒斯坦大起義的可能性。據他所說：「雖然我目前沒有見到第三次大起義正在發生的跡象，可是，一旦你接收到群眾的情緒反應，你就能夠嗅到山雨欲來的氣氛。現在，我還沒感受到群眾情緒的波動。大起義發生的原因，要不是人們企圖抓住那一線希望，就是人民已經絕望到不在乎生死了。第一次大起義時，我們是懷抱著希望的，但第二次大起義，我們卻是被絕望所驅使。」

20 瑞秋・柯瑞（Rachel Corrie）是美國籍國際團結運動的志工，二〇〇三年在拉法喪命於以色列軍隊之手。當時，她企圖阻擋以色列推土機拆遷巴勒斯坦人民的房屋，不幸因此被推土機輾過而喪命。湯姆・漢德爾（Tom Hurndall）則是英國人，主修攝影。他於二〇〇三年在拉法遭到以色列狙擊手槍殺（昏迷九個月之後於隔年去世）。布萊恩・艾弗里（Brian Avery）則是某天跟朋友在約旦河西岸的傑寧市（Jenin）時，遭到以色列士兵槍擊。

賈瑪勒·巴克爾於加薩市的海港

賈瑪勒・巴克爾

漁夫，五十歲。
生於加薩走廊加薩市的巴地爾村。
於加薩市接受採訪。

二〇一三年我們來到加薩時，在漁夫泊船的碼頭兩次遇見賈瑪勒・巴克爾（Jamal Bakr）。當時，他並沒有在釣魚，而是望著其他船隻載著好幾網沙丁魚回到岸邊，這些船隻擁有昂貴的漁網，也有豐沛的人力來使用它們。賈瑪勒有著一頭灰白短髮，灰黑色的鬍子修剪整齊，骨架稍小。天天在碼頭的泥沙裡工作的他，總是穿著黑鞋和長褲。

估計大約有四千名加薩漁夫會進入地中海的開放海域捕魚，並以此維生，但他們近年來可以合法航行捕撈的範圍受到嚴格的限制。以色列在二〇〇七年對加薩施行海軍封鎖。一九九三年簽訂《奧斯陸協議》之後，加薩人民可以合法航行二十海哩，捕撈大量魚群。二〇〇〇年第二次巴勒斯坦大起義爆發，捕撈範圍因此縮限至十二海哩。到了二〇〇七年，以色列封鎖海域，合法範圍更縮小至六海哩（有時甚至只有三海哩）。

一九九九年，加薩漁夫捕撈的漁獲達四千噸，其銷售所得，占加薩與約旦河西岸全區經濟的百分之四。然而由於加薩漁夫不斷消耗有限的漁業資源，捕盡了沙丁魚以及其他魚類，現今漁業經濟已然崩解。超過百分之九十的加薩漁夫生活貧困，生存全仰賴國際救援。若為了打漁而冒險超出合法的捕撈範圍，就得冒著被逮捕或漁船充公的風險，甚至會有直接被以色列海軍射殺的危險。一些漁夫表示，他們連在合法的捕撈範圍內都會受到海軍的騷擾或攻擊。至今已幫助超過九十個國家的樂施會（Oxfam International）是一個對抗貧窮的非營利組織，根據他們的資料顯示，二〇一三年，發生了三百起邊界衝突及以色列海軍開火的事件，其中有一半的受害者都是漁民。

在與賈瑪勒談話時，他說到自己的家族過去幾代都是漁夫，如今卻得仰賴國際救援來養家糊口。自從出現捕撈限制，他捕到的魚其實並無法供應家人的三餐，更別提要多到拿到市場去賣。他也和我們提到今日加薩漁業貿易的危機，但他目前還不會轉行。

孩子是我一生中最重要的人

我在一九六四年五月出生於加薩，一直以來都靠大海所賜的一切維生。我的家人繼承了祖先的工作，整個家族從好久以前就是漁夫了。第一次上漁船是跟著姐夫，那年我才十二歲，但立刻就愛上出海的感覺，當時就知道這是我一輩子想做的事情。十三歲時父親教我打漁，十六歲時我得到一艘自己的船，我親手修理船隻讓它順利出海。到現在，我已經捕了三十五年的魚了，從來沒做過別的事。

我和其他漁夫的關係緊密，我們並肩打漁幾十年，見面的時間比各自的家人還多！不過，對我而言，孩子是這輩子最重要的人，以前最重要的是父母，現在是孩子。我和妻子瓦希菈（Waseela）結婚二十八年，我們是親戚，雙方父母替我們談成這門婚事，而我們育有八個女兒與一個兒子。由於希望兒子能夠上船幫忙的原故，所以我們覺得小孩愈多愈好。老天，我真想要更多的孩子，但得先說服我妻子！我兒子哈迪爾（Khadeer）今年十八歲，已經是個全職漁夫了，但他年紀還輕，做事不夠可靠。雖然我也很愛我的幾個女兒，然而女生當漁夫是有違傳統的。

在限制政策[1]出現以前，我們家會出海到較遠的海域，帶回大量的漁獲。大部分捕獲的都是沙丁魚，鯖魚也很多，有時候一天就能賺五百元美金。現在要在加薩市外的海域捕魚卻很困難，過去加薩走廊被占領時，反而還比較容易[2]，當時我們可以比較自由地出海。實施出海限制後，一切都變得困難許多，其實情況在吉拉德•沙利特被俘虜後就很糟糕了。在他被俘虜以前，我們有權在加薩市外圍十二海哩的範圍內開船，但在俘虜事件之後，限制就愈來愈嚴格[3]。現在的情況有可能改善一些，但三海哩和六海哩其實也沒差多少，我們在附近海域已經找不到什麼漁獲，只剩少量沙丁魚。在我們合法可出海捕撈的海域，並沒有大塊岩石讓大群的魚賴以生活，基本上都是泥巴。

我們出海的時候，通常至少要三四個人一起合作。船大概長二十呎，上頭有遮棚，中央有封閉的船艙，裡面放滿冰塊，用來保存捕到的漁獲。遮棚會掛上燈，清晨和夜晚才能看見魚群。我們會裝設全球定位系統，這樣一來，之後就可以再回到漁獲較多的地點，也能確保船隻沒有超出限制的海域範圍。等找到魚後，再用準備好的網子捕撈，可是最近要找到魚群還真的不容易。

自從捕撈範圍受限，有好幾個月我沒賺到一毛錢。不只沒賺錢，我還積欠加油站的油費，因為船的燃料很貴，沒賺錢就沒辦法還他們，所以一天工作下來，我反而賠錢，大部分的日子都是如此。如果捕到魚，我會把漁獲帶到碼頭後面的市場販賣，但大多時候都沒捕到任何東西可賣，只能和其他漁夫一起坐在碼頭。加薩港，也就是我所說的碼頭，是個一英里長的水泥地，讓漁夫把船綁在那裡。那兒還有道閘門，把碼頭區和加薩市餘下的海岸線分開，不過碼頭基本上除了長條水泥地外，什麼也沒有。最近卡達和土耳其為一個專案出資，在碼頭設置桌椅，讓許多家庭在週四、週五到那裡聚會。我們在碼頭聚集的時候，話題多半都圍繞在出海之後有沒有捕到魚的事。

雖然漁獲不夠拿到市場去賣，但有時還是可以用捕到的魚餵飽家人，特別是捕到沙丁魚。那些魚通常被我們當作晚餐吃掉，如果捕得夠多，也會拿來當作午餐。我們把魚拿去烤或炸，配飯一起吃。我捕過最好的魚叫做Denee[4]，非常美味。

---

1 二〇〇七年，以色列開始了對加薩各港口的出海限制，一部分的原因是哈瑪斯占領了加薩走廊，另外，埃及也正式對加薩設立邊界限制。詳細資料請見附錄〈名詞解釋〉。

2 自一九六七年戰爭結束到一九九三年簽訂《奧斯陸協議》的期間，加薩完全被以色列所統治，以色列的開拓者與軍隊持續占領加薩某些地區，直到二〇〇五年九月才結束，並從加薩走廊撤離所有居民與軍隊。參見附錄〈名詞解釋〉。

3 以色列士兵吉拉德・沙利特於二〇〇六年遭到俘虜，二〇一一年雙方達成換俘協議，沙利特才被釋放。更多資料請見附錄〈名詞解釋〉。

4 這種魚在美國市場上就叫作鯛魚（dorade）。

每天都做好心理準備，面對死亡

出海的時候，我很怕會被人射殺，這種不幸在海上天天都會發生。一年前，我有個表親，他只不過開船出海兜風，就被射殺身亡，他當時才十九歲，而且剛訂婚。那天是禮拜五，他跟叔叔一起出海，那時捕撈的區域被限制到只有三海哩，船隻可能超出了範圍，但他並沒有犯任何錯，只不過應該是超過了限制區域。可是他被射殺真的沒什麼道理。

我每天出門都會看到約莫三艘以色列砲船，通常這些船都離岸邊很遙遠，但偶爾也會很靠近，每艘船的船身大約四十呎長，上面大概有十二名船員。有時他們會開到加薩漁民的船隻附近，用擴音器罵幾句髒話，我就曾親自遇過。當我遇上此事，我會假裝旁邊根本沒有人，其實就算回什麼話，他們也聽不見。他們的船上有水砲可以射擊，也有火箭彈和槍械。

每天都聽說有人被射殺，我也幾乎每天都會做好心理準備。早上離開家的時候，根本無法確定自己能不能活著回家。在加薩當漁夫就是如此，不知道如何確保自己的安全，一旦砲船開火，我們根本沒時間思考如何保護自己。如果軍隊開始攻擊，漁夫連套上救生衣的時間都沒有。

軍隊時常沒理由就開火，不一定是因為有人闖入限制區，像我的表親那樣，也有可能因為其他發生在巴勒斯坦的事情而開火，也有可能端看他們心情而已。有時候，只是因為軍人被女朋友甩了，似乎一生氣就會對漁民開火。他們實在讓人想不通。我不覺得軍隊一定有理由才開火，真的，他們誰都不怕，可以為所欲為。

二〇一二年十一月中[5]，炮火襲擊的那個禮拜，我根本無法工作。十一月達成停火協議之後，我才又開始出海，我的兒子哈迪爾也一樣。因為停火協議，我們這些漁夫可以捕撈的範圍照理說是六海哩，所以我們很期待在較大的海域裡可以捕到些什麼。當時我有兩艘船，一艘是十六歲時得到的舊船，另一艘更新更好的船有全新的馬達，是我用積蓄買下的。開始捕魚的三天後，十一月二十八日清晨，哈迪爾跟三個堂兄弟一起開著我的新船出海。過了一會兒，他的幾個堂兄弟出現在家門口。一看到他們，我立刻想到自己的兒子可能被殺了。

姪子告訴我，他們當時在距離碼頭約兩英里的地方打漁。附近大概有二十艘其他的漁船也在捕魚。突然有一艘以色列的砲船，出現在幾百呎以外的距離。那艘船連一聲警告也沒給，就瞄準我船上的馬達發射導彈，徹底把馬達毀了。馬達著了火，沒有人受傷，只有馬達毀壞，但那還只是開始。一名以色列海軍用擴音器對哈迪爾和他的堂兄弟大喊，叫他們脫掉外衣跳進海裡，因為他們要炸掉那艘船。我兒子跳進海裡，他們又射了一枚導彈把船炸掉。船被擊沉之後，海軍士兵開始對海裡開槍掃射，我兒子和堂兄弟就在海中，他們都感到非常害怕。接著，以色列船隻停下來，士兵把哈迪爾從海裡抓起來，堂兄弟看見他被銬在桅杆

5 二〇一二年十一月十四日，以色列瞄準加薩進行轟炸，開始為期八天的「雲柱行動」。更多資料請見附錄〈名詞解釋〉。

上，只穿著內褲。那天是一年裡最冷的日子之一，海上的風非常大。哈迪爾的幾個兄弟游到其他漁船附近，回到岸邊後就來找我。

那天早上我待在家等待兒子的消息。我想，警察可能會打來宣布他已經被以色列逮捕了。沒多久，幾個朋友打來說他們和當時留在現場的漁夫談過了，那些漁夫說我兒子目前沒什麼事，還在以色列人的船上。但我其實沒有專心聽他們打來說了什麼，當時，心臟簡直要停了一般。

後來，幾個小時過去，大概下午三點，哈迪爾回來了。一看到他，我感覺自己好像回魂一樣。他說的第一句話是：「船沒有了。」我說：「不用擔心錢和船的事，那沒什麼，沒有失去你就好了。」許多朋友、家人都聚集在我家，每個人都在哭泣。

哈迪爾告訴我，他被銬在以色列砲船的桅杆上三個小時，那些軍人拒絕把他送回岸上，因為他們不希望自己所做的事被長官知道，也因為他們找不到任何理由或藉口這麼做。我兒子還被銬著的時候，軍隊又對另一艘船開火。最後，他們把他丟進海裡，叫他上最近的漁船回到岸邊。設想一下，很多可怕的事可能就這樣降臨在他身上——你們根本沒檢查看看他是不是快凍死了，怎麼可以又把他丟回海裡呢？我想，就算他發生什麼事，那些人根本也不在乎。他們搞不好會說：「那是個意外。」

我覺得很幸運，當我丟了一萬美金（那艘船的價錢），我覺得自己好像丟了錢，但又得到好幾百萬美金的補償，因為兒子回來了。我告訴哈迪爾：「不用去想那些，別擔心，反正就是這樣。」希望他不要太擔心害怕。這件事發生以後一個禮拜，他又開始出海捕魚。現在，我的家人已經習慣了這個工作的型態。每次我們乘船出海，家人心裡很清楚，我和兒子要不是晚上平安回家，就是被殺了。我們已經接受這個生活的現實。

我的心裡真的很絕望，因為我這輩子都活在危險之中，而且現在面對的危險根本沒有道理，也不會因此在一天的尾聲有所收穫。在出海受到限制以前，我也曾面對許多困難，但都是為了自己的好處奮鬥，因為過去總是收穫頗豐富。但現在，這些犧牲根本不能換來任何東西。我的心像死了一樣，被槍擊或什麼的都不在乎了。如果有人還重視自己的性命，絕對不要乘船出海。

目前最重要的是哈迪爾又回到我身邊，那次的攻擊事件對我的生活造成很大的影響，因為被毀的船是新的那艘，上面裝了很好的馬達。現在我只剩舊的船可用，裝著向朋友借來的馬達，而我已經沒錢買自己的船了。

其實就連舊的那艘船都有危險。因為漁夫還得擔心船會不會被扣押。以色列人有各式各樣的理由可以扣押船隻，再跟漁夫說會歸還他們的船，但此後就失去音訊。有時候我會覺得，以色列根本想在加薩地區與巴勒斯坦人進行經濟對抗，因為他們扣押船隻根本不是為了國土安全，而是要剝奪人們的收入來源。我想，如果他們看到一名漁夫正在收網，要將許多魚捕上船，他們可能會持續開火，逼他丟下一切，趕緊逃跑保命。他們主要想控制的目標，是人們可能從大海得到的經濟好處。

現在要靠捕魚養家活口真的很難，情況非常糟糕。以前我會捐錢給慈善機構，但現在卻靠國際援助過活，這是我們家能存活下來的唯一方式。我們得到合作住宅機構[6]的援助，但不是金錢方面，而是麵粉和油。過去一天可以賺五百美金，但現在，我一整個月一塊錢也沒賺到。要是哪一天賺得到三十塊，那天就是不可思議的日子了。不過，我一點也不喪志，我想我還是心存希望。

而今我欠好多人一大筆錢，也跟家人朋友借了很多錢。雖然大家不會逼我還錢，但看到他們的時候總是壓力很大。在船被炸毀的那件事以後，我輾轉難眠，一天大概只能睡兩個小時而已。我昨晚根本沒睡，想到每個人都要我還錢，怎麼可能還睡得著？還不止這樣，我每天早上醒來都不知道能不能餵飽孩子們。情況真的愈來愈棘手，這一切愈來愈嚴重地影響自己的心理狀態，真的感覺很糟。儘管如此，我還是沒想過換別的工作，我就像一隻魚，離開大海肯定活不了的。

6 合作住宅機構（Cooperative Housing Foundation, CHF）是一個國際救援非營利組織，今日更名為「地球村」（Global Communities）。二〇一二年發生空襲後，地球村與聯合國共同發送糧食，幫助四萬七千五百名加薩居民。

修剪橄欖樹的男人

法迪・希哈布

電腦技術員，現年三十四歲。
出生於科威特的科威特市。
於加薩走廊的加薩市受訪。

二〇一二年，法迪・希哈布（Fadi Shihab）做出一個異於常人的決定。當年，以色列與哈瑪斯正處於劍拔弩張的情況，但是法迪卻在那時決定帶著他的家人，舉家從美國田納西州的諾克斯維爾（Knoxville）遷移到加薩市。而且，在做出這個決定之前，他只拜訪過加薩一次。

法迪的雙親皆來自加薩市，但在他十三歲的時候，他的父母帶著他移民到美國。他的父母於一九六〇年代結婚之後，就一起搬到敘利亞去了，他的父親也在那裡找到一份教職。他們倆在敘利亞的那段期間，正逢以色列開始對加薩走廊實施軍事占領，也就是大眾所知的六日戰爭。除此之外，法迪的雙親在以色列最初針對加薩地區進行人口調查時，並沒有登記為加薩走廊的居民，導致之後他們不得其門而入，也無法主張他們在加薩走廊的居住權。換句話說，法迪的雙親成了無國籍的人民，自然也無法取得去探望親戚的許可。希哈布家的流亡因此持續了幾十年，曾居住過埃及、敘利亞、科威特與美國等國家。但是，家族與文化的牽絆並沒有隨著時間而消逝，法迪的父母於近二〇一〇年時，終於等到回加薩走廊的機會，而這些羈絆也足以推著他們回到家鄉。

我們在二〇一三年見過法迪好幾次。會面地點通常是在他自己位於加薩市澤圖恩區（Zeitoun）的私人土地上，那片土地是他父親留給他的遺產。法迪的個子很高，講起英文來帶著逗趣的口音，那是阿拉伯音調混著田納西州特有的拉長音。法迪擁有棟四層樓高的房子，附帶一個兩英畝大的花園，裡頭種滿橄欖樹和檸檬樹。訪問時，我們總是坐在花園的樹蔭下，聽著法迪講述他當初為何辭去美國的好工作，離開位於田納西州舒適的家，帶著全家人搬到一個電力一天只能供應幾個小時，還受到戰爭陰影籠罩的城市。

我們沒有國籍

我的雙親皆來自加薩。我父親出生於一九四一年，我雙親的家族世世代代都住在加薩走廊。一九四八戰爭爆發之後，散居於各地的巴勒斯坦人一窩蜂地湧進當時仍在埃及的統治之下的加薩走廊[1]。一九六〇年代初期，要在加薩找到一份工作已經十分不易。所以我父母在結婚後先是搬到埃及，之後又再搬到敘利亞。而我父親的工作是一位數學老師。

一九六七年的戰爭中，巴勒斯坦遭到以色列占領。以色列占領巴勒斯坦沒多久後就針對約旦河西岸與加薩地區進行人口調查，並且禁止當時在巴勒斯坦無居住事實的巴勒斯坦人回鄉。我的雙親沒有取得以色列在戰後所發的身分證，因此就不被以色列認為是加薩地區的合法居民。他們就這樣失去了自己的國籍。他們使用簽證遷移至一個又一個國家，從敘利亞、沙烏地阿拉伯到科威特等等。只不過，雖然遷移的次數不少，我父親還是沒有放棄教書，而孩子們也一個接著一個來到這個世界報到。我是家裡的老么。我大哥於一九六五年出生，我則是在一九七九年出生於科威特市[2]。除了大哥之外，我上面還有四個姊姊跟一個哥哥。

我出生後幾年，我大哥阿里姆（Alim）拿到美國的學生簽證。當時我的父親在科威特市的學校教書。我的童年就在歡樂中度過，每天跟兄弟姐妹玩在一塊，也交了很多好朋友，快樂地去上學。

1 一九四七年至一九四九年期間，大約有七十五萬名巴勒斯坦人流離失所。許多人最後輾轉遷移至加薩地區，根據一九四九年的停戰協議，當時的加薩由埃及統治。難民的移入大大改變了加薩走廊的人口結構。現今，居住於加薩地區的一百七十萬人中，大約有百分之七十五的人口，也就是一百二十萬人是難民或是難民的後代。更多資料請參考附錄〈名詞解釋〉。

2 科威特市（Kuwait City）是個大都市，也是科威特的首都，人口超過兩百四十萬人，是科威特最大的城市兼國際金融中心。

一九九〇年，薩達姆・海珊（Saddam Hussein）入侵科威特[3]，那年我十歲。一年之後，美國派兵把海珊趕出科威特。我印象中，那場戰爭不僅相當激烈也十分恐怖。我們當時住在一棟四層樓的公寓中，每層共有四戶。我跟我朋友們時常一起爬上屋頂看著遠方飛彈所發出的亮光。我們認為這一切真是酷炫極了。除此之外，我們覺得美國士兵看起來實在是很酷，那些士兵甚至還戴著太陽眼鏡呢！相較於那些穿著破布當制服的伊拉克士兵，美軍看起來特別帥氣。我們在屋頂上看著遠方邊界上的戰火。戰爭期間，我們十分尊敬美國，並稱美國為「哈基姆」（Al-Hakim），也就是統治者的意思。整個社區的居民晚上都會待在避難所過夜，不過對小孩子而言，反倒是十分有趣。

那段時間大家都過著提心吊膽的日子。我的父親都得外出尋找食物，有些時候他還必須開車出城才能找到食物。有一天，他一如往常外出尋找食物，卻沒有在預定的時間回家。我們全家人擔心他是不是被抓走或是遇害了。幸好他在失蹤的三週後平安回到家了。我們這才知道，原來那天他被伊拉克軍隊攔下，他們強迫他把一位伊拉克士兵的遺體送還給士兵的家人。至於他到底是怎麼回到科威特市的，那又是另外一段故事了。

我們一家人都認為，戰爭過後，我們在科威特的生活愈來愈艱辛。由於巴勒斯坦領導人亞西爾・阿拉法特（Yasser Arafat）[4]是海珊的支持者，因此科威特人在某種程度上視巴勒斯坦人為恐怖份子。事實上，戰爭爆發後，很多住在科威特的巴勒斯坦人都逃到伊拉克。我們試圖留在這片土地上，但是我們周遭的人都對巴勒斯坦人抱有強烈的敵意，導致我父親沒辦法順利取得新的簽證。在這之前，我們在科威特度過十五年平靜的日子，但是現在我們得設法另覓住所。這也是我們為什麼要移民到美國的原因。

六個月後，我覺得自己適應良好

我在一九九二年七月十一號首次踏上美國的國土。我父母帶著我與哥哥，還有一個比我年長一歲的姊姊一起來到美國。我另外三個姊姊要不是已經結婚，就是還在唸書。她們分別住在伊拉克、蘇丹與利比亞。我們到了美國之後，先搬到田納西州的諾克斯維爾。雖然我哥哥阿里姆的大學在堪薩斯州，但他也在諾克斯維爾就讀研究所。一開始我們先跟阿里姆住在一起，在找到房子之後，我們就搬出去了。剛到美國時，我父親的積蓄大約有五萬美元左右，他用這筆積蓄買了一間房子，完全以現金付款，因為他壓根不相信貸款，也不確定自己

---

3 伊拉克於一九九〇年八月入侵科威特。一九九一年二月，以美國為首的聯軍向伊拉克軍隊發動攻擊，此次行動的代號為「沙漠風暴」（Operation Desert Storm）。

4 亞西爾・阿拉法特是巴勒斯坦解放組織的領導者。在《奧斯陸協議》簽訂後，民兵聯盟跟政黨建立巴勒斯坦自治政府。雖然其他阿拉伯國家，如埃及和沙烏地阿拉伯並不贊成，而且巴解組織內部也有反對聲浪，但是亞西爾・阿拉法特依舊支持伊拉克入侵科威特。

是否能在美國找到一份工作。後來，他到溫蒂漢堡店打工，負責演出翻炒漢堡肉片娛樂顧客的角色。說真的，我有點不適應父親的改變，因為一直以來，我都覺得他是位受到大家尊敬愛戴的數學老師，但父親說：「只要有工作就好，這沒什麼好丟臉的。」而我十九歲的二哥陶菲克（Tawfiq）後來也到溫蒂漢堡店工作，最後還成了我父親的主管，這樣的情況實在有點詭異。只不過，我父親並不想待在美國，況且他也沒有把英文學好。

我對於我們一家人在美國頭幾個月的生活已經沒什麼印象了，記得的事反而都是不太好的部分。首先，光是語言隔閡就讓我吃了不少苦頭。我到美國之前連一句英語都不會說，再加上我周遭的人跟過去不同，當然大家講的笑話也不一樣了。剛到美國的第一個秋天，我進入美國的中學就讀。因為語言不通，學校決定讓我留級一年，所以本來該就讀八年級的我，就這樣到七年級的班上去了。剛開始上學的我遭遇到不少困難，我記得其中一位老師，大家都喊他瓊斯先生（Mr. Jones），對我說：「你的數學很不錯。」可惜的是，當時我的英文不足以讓我聽懂他的話，我不知道他是否在誇獎我，或其實他講的是另一個意思。不過，數學是一種全世界通用的語言，對吧？那是我唯一擅長的科目。

我得說，我跟我的兄弟姐妹花了三到六個月才漸漸熟悉新的語言。很棒的是，美國有開設給非母語人士的英語課程，也讓我們對英文慢慢有了基本概念，接下來就愈來愈上手了。六個月之後，我們也都交了新朋友。除此之外，我的老師看到我在第一年就有如此大的進步之後，就把我升到跟我年齡相符的八年級班。

我跟姊姊阿蒂芭（Adiba）的英文比其他兄弟姐妹們來得好。阿蒂芭只比我大一歲，我們兩個的英文幾乎沒什麼腔調。在我們一家人搬到美國時，我二哥陶菲克十九歲，但是因為他沒有在美國唸高中的緣故，他的英文依舊有濃濃的阿拉伯口音。因此我可以非常肯定地說，年紀愈小，學起新語言來愈輕鬆。

六個月之後，我覺得自己慢慢融入美國社會，也交了一些朋友。我有位伊朗朋友，名叫漢迪（Hamdi）。漢迪也是在十歲還是十一歲時來到美國，所以跟我有一樣的經歷。他的母語是波斯語，當然，我對波斯語一竅不通，我們倆都用英語溝通。後來我又認識一些來自俄羅斯跟羅馬尼亞的朋友。因為移民身分，我們幾個一拍即合。我們幾個身上的衣服都不是非常合身，看起來就像是才剛下船的移民一樣。除此之外，雖然我們講著一口破破的英語，但是這樣反而讓我們更容易了解對方。不過，除了這些同為移民的朋友之外，我在社區裡也交了一些美國朋友。我猜想，那些美國朋友都覺得我是個怪人，因為他們身旁從來沒有一個人擁有跟我相同的背景，畢竟諾克斯維爾不像那些從十九、二十世紀就有阿拉伯人移入的大城市（如芝加哥、紐約或舊金山等等）。

阿拉伯人出現在諾克斯維爾的時間並不長，但是我還是認識一些諾克斯維爾當地的孩子。我有些朋友跟美國孩子玩在一塊，有時還調皮搗蛋做些壞事，我也跟著有樣學樣。後來，我跟我朋友一起進入諾克斯維爾當地的河木高中（Riverwood High School）就讀。高中畢業之後，我成為美國田納西大學的學生。

同一時間，我父母親正設法取得美國公民的身分。他們最想要的，莫過於回到加薩探望已三十年未見的親人。我父親率先通過了美國公民身分測驗，一旦他拿到美國護照，他終於可以回到加薩了。所以我父親在一九九七年搬回加薩定居，也在從祖父那繼承過來的土地上蓋了一間房子。那塊地的面積大約幾英畝，種有橄欖樹、檸檬樹與無花果。我父親把一切都安頓好之後，就等著我母親搬回加薩。對我們這些孩子而言，父親這樣的舉動實在有點奇怪。儘管我們都希望父親可以留在美國，但是他的畢生心願就是回到加薩走廊。他嚮往坐在橄欖樹下吹著微風，或是跟兄弟圍著火堆坐成一圈，一邊喝著咖啡，天南地北，大聊特聊。這些話，他經常掛在嘴邊。他還說過，自己不想客死異鄉，要死也要死在加薩。話雖如此，因我母親一直考不過美國公民的測驗，所以她還是留在美國。那幾年，我父親大約每三、四個月會來美國探望我母親一次。

我一直沒有跨過心裡的那條界線

我在田納西大學修讀商業資訊系統。我對電腦很有興趣，而且我高二和高三時就已經在一家名叫康卡斯特（Comcast）的網路供應商工作了，解決網路問題對我而言根本不是難事。我的兩個哥哥分別唸電腦科學跟電腦語言，他們告訴我：「你還是選個跟我們不同的科目主修吧。」因此，我雖然修了幾門電腦語言課，但是我也修習跟硬體相關的課程。

那時候我總是跟漢迪玩在一塊，當然我們也會跟一些美國朋友出去，不過有時就只有我們兩個人，我們也會跟美國人一樣去酒吧喝酒。夜深之後，我們大夥兒會聚在一塊兒聊天，聽聽阿拉伯或波斯音樂。

有時我們也跟來自其他國家的朋友出遊，像是來自羅馬尼亞的艾力克斯（Alex）。我們倆上同一所高中，我們經常問對方：「你覺得自己像美國人嗎？你覺得自己是美國人嗎？」漢迪的回答總是：「基本上，我們是美國人呀，不過我們又有自己獨特的文化，所以我們有自己的優勢，這表示我們身處於這個文化裡，可以感到很自在，但也能在另一個文化中處之泰然。」這實在難以解釋，但是同時為巴勒斯坦與美國人的雙重身分，似乎也是個優勢。如果從政治的角度切入，我是美國人，然而，我繼承的是巴勒斯坦文化，當然，我也是個巴勒斯坦人。

我在二十一歲時唸完大學，在二〇〇一年五月十二日畢業。畢業後，我跟三五好友一同去慶祝，當時的我們考慮著：「想去哪呢？找個特別的地方好了！」最後，我們一行人驅車前肯塔基州，找到某個位於帕迪尤卡（Paducah）的賭場，那兒離諾克斯維爾的車程約有四小時。那次我們每個人都玩得很盡興，我們接下來的三個月幾乎每兩個禮拜就去帕迪尤卡一次。不過，在我成長的過程中，我一直沒有跨越自己心裡設下的那條界線。事實上，我也會做一些不好的事——我會喝酒，也會去賭場賭博，做了這個又做了那個。可是有些東西我就是不會去碰，像是毒品。我不知道自己為什麼會如此認定，也不知道我是如何界定自己心中的那條線。由於我的童年有部分時間在科威特，而不是在美國度過，所以我一直認為自己必須守住那條界線。

我正在尋找她內心的那份美好

從二〇〇一年七月開始，我接了一些臨時工作，接著在十一月時，我錄取進入了ＩＢＭ公司工作。從那時候起，我也試圖取得美國公民身分，最後我在二十三歲時成為美國公民。要成為美國公民就得參加筆試才行，只不過考試並不難。他們問的大概都是：「美國有幾個州？」這類的問題。我想他們大概希望我可以列出十三個殖民地、我這個州的首長與兩位參議員吧。

後來我順利拿到美國護照，這實在太棒了。二〇〇四年的時候，我終於可以離開美國，放自己一個長假。這時，我們兄弟姊妹都已經長大離家，而我母親也拿到了美國公民身分，她已經準備好要搬回加薩回到我父親身邊了。事實上，我也在考慮是否要搬回加薩定居。在我成長的過程中，我聽過許多關於加薩的故事，導致我對加薩實在有太多的好奇，很想好好了解那個地方。

我跟我父母一起在加薩地區旅遊，我們先去拜訪當時住在沙烏地阿拉伯的姊姊，後來又去了科威特拜訪老鄰居。我發現自己對加薩有著特殊的情感。那趟旅程中，我見到了一些老朋友，只是那裡的情況糟到無以復加。大學畢業生找不到工作，只能無所事事。當下，我真的非常慶幸自己小時候就去了美國，況且身為一位美國公民還有許多好處。或許，土生土長的美國人沒想過利用美國護照旅行，但對我來說，手持一本美國護照就跟拿到世界的通行證沒兩樣，只要有了這本護照，我要去任何地方都不成問題。身為一個美國人，假如你要去加薩、沙烏地阿拉伯或是任何地方，都只需要告知美國大使館就可以了。反之，如果你是科威特人，情況也就大不相同，這表示你可能會在跨過某些邊界時遇上某些麻煩事。因此單就旅行的自由度而言，擁有美國護照真的不錯。

我在加薩總共待了六個星期，這段期間我住在我父親家，並與我父親的家族親戚見面，互相了解大家的情況。在某次因緣際會下，我跟父親的某位朋友見了面，他是我父親以前在科威特的同事，也是位老師。後來，他搬到了葉門，但是幾年後又搬回科威特居住。很巧的是，我父親某天竟然跟他在街上巧遇。當時我們全家正好都在加薩，所以他的朋友就邀請我們到他家坐坐。

我就是在拜訪他們家時邂逅了胡妲（Houda）。事實上，以前我在科威特時就認識她了，只不過已經許久未見，我們對彼此的印象都已模糊。胡妲的年紀比我小幾歲。我們離開父親朋友家後，我父親轉頭問我：「你對胡妲有什麼感覺呢？」我只輕描淡寫地說：「不確定耶。」但是當時，找個女孩子一起共度一生的想法已經在我心中萌芽了。當年我雖然只有二十三歲，但是在美國已經有一間自己的房子，再加上我已經把之前的就學貸款還清，經濟上也夠穩定。然而，我仍不確定自己結婚的對象是否該是位加薩女孩，畢竟，她們對人生的想法或許跟我不同，聽的音樂也不一樣，思考也會依循不同的價值觀。這樣一來，每件小事我們的想法都可能大不相同，這可能不是件好事。我雖然認為我是個巴勒斯坦人，但是或許我這點還比較像是個美國人。

一個星期過後，我說：「還是打個電話給他們吧！」我之所以決定再見胡妲一面的原因，就是因為她有三個兄弟在美國，而她自己住在科威特，所以不至於對加薩以外的世界一無所知。另外，我認為她所過的阿拉伯式生活，對我們未來的孩子有益處，受阿拉伯教育的她也可以帶領孩子認識阿拉伯文化。而我自己在西方世界度過大半時間，這個角色我一定無法勝任。

我父親在電話中向他朋友說我希望能再見胡妲一面，於是我們一個禮拜後再度前往拜訪。這次，我們倆單獨到一個比較隱密的小房間聊天，當然，房門是敞開的。不過，這一切實在非常詭異，因為我從來沒有……應該是說，胡妲跟我所認識的美國女孩完全不同。我跟很多男生或女生聊過天，這絕對沒有問題。但是跟胡妲這樣的女孩待在同一個房間的感覺實在是怪透了。我不知道該聊什麼話題，後來胡妲就問了我一些問題，我也回問了一些，算是小聊了一下。我們兩人走出房門時都是面帶笑容的。

沒過多久，我就邀請胡妲一起到海邊玩，同時我也邀了她的兄弟一起加入。因為身旁還有其他人的關係，我跟胡妲兩人之間的對話不多，不過我們都覺得彼此的距離稍稍拉近了一些。後來，我們幾乎每天都一起到海邊玩耍，甚至下水游泳。我們這樣的舉動逼得胡妲的母親快要抓狂了。因為對她母親而言，這樣公然出雙入對是非常丟臉的事情，她覺得我們倆這樣的舉動相當不恰當。雖然如此，胡妲跟我的相處與互動卻愈來愈自在。

在我們都還是試圖取悅彼此的時期，我就嘗試了解胡妲的想法，希望能夠發現她最真實的一面。我個人非常想知道，她是不是跟其他滿腦子只想著要離開加薩的女孩一樣。因為那些女孩腦中所想的不外乎就是：「嘿，他是個美國人耶！」我試圖挖掘出胡妲內心的那份美好，像是發自內心的甜笑，因為這是無法假裝的。最終，我成功地捕捉到她最美麗的笑容，也透視她內心深處的想法。除此之外，胡妲非常聰明，主修電腦科學的她當時已經快要拿到學位了，所以我們兩人也有共通點。

我在離開加薩之前就向胡妲求婚，而她也點頭答應了。另一方面，我也取得她父母的同意。只不過，當時胡妲大學尚未畢業，所以她的父母親希望她能夠先完成學業，再來討論結婚的事。我們在我離開加薩之前於辦了一個海灘訂婚派對，雙方的親朋好友全數到齊。我們開心地吃吃喝喝，唱歌跳舞。在那之後的一年又三個月，胡妲來到美國，我們倆在諾克斯維爾完婚，我還記得那時是二〇〇五年的九月。

除非你待在母親身邊，否則死後無法上天堂

我覺得胡妲要融入美國社會，跟許多人相比起來，容易多了。這主要是因為她身邊有個人可以扮演協助的角色，她也就不用經歷我小時候第一次來到美國時的那種感受。當時我一直覺得，自己是個格格不入的外邦人，跟其他人相比，我就是個怪胎。而胡妲不同，因為沒有適應問題，她立刻就愛上美國的一切。她喜歡路人友善的招呼。在這裡，連陌生人都會微笑著互道：「早安！」胡妲說，加薩完全無法與之相比，加薩的人們都非常不快樂，街上的路人也都十分粗魯無禮。所以在她的心目中，美國就是個夢幻的快樂島，也像是個包覆住人們的大泡泡，只要身處於美國，就可以完全不理會外頭世界所發生的壞事，當然也不用擔心自己受到波及。況且，我們在諾克斯維爾還有一間非常棒的房子，我又回到ＩＢＭ工作，領著不錯的薪水，所以衣食無虞的我們，可以算是十分無憂無慮。

我們結婚之後四處旅行，我們的大兒子艾茲哈爾（Azhar）在二〇〇七年一月來到這個世界報到。大兒子出生的同一年，胡妲再度懷孕，這表示，沒過多久我們家的第二個男孩就要來到人世了。在二兒子出生之前，我撥了通電話給我父親，我在電話中告訴他，自己要以他的名字為我的二兒子命名。我的二兒子伊亞德（Iyad）在二〇〇八年一月出生，可是在此之前我父親就去世了。

父親過世後，我沒辦法回去參加葬禮。當時得知父親逝世消息的我，先搭機到了以色

列，但十分不巧，當時以色列與哈瑪斯之間的衝突導致艾雷茲檢查哨因戰事而關閉，我就這樣被擋在檢查哨外頭[5]。我很慶幸我至少曾經跟父親提過關於他孫子的事，後來，我們在二〇〇九年時又生了一個孩子，也是我的第一個女兒，我們幫她命名為娜達（Nada）。

胡妲最後在田納西大學取得碩士學位與教學證照，我們的生活非常忙碌，忙碌到我們在父親過世之後，都沒有時間回加薩探望母親，雖然我真的希望能夠回家幫父親處理身後事。另一方面，雖然諾克斯維爾的巴勒斯坦社區很小，但是我們這個小家庭也愈來愈融入這個社區了。不管如何，你最後都會認識其他家庭，而我們這二十八個巴勒斯坦家庭會不定期聚會。每次聚會，除了吃喝談天之外，我們也談論加薩走廊跟約旦河西岸地區的情勢。我覺得自己已變成一位更好的穆斯林。婚後，我不僅把酒戒了，還開始閱讀《古蘭經》，除此之外，也希望我的孩子能夠跟阿拉伯社會能有更緊密的連結。我希望他們能夠講阿拉伯語，繼承阿拉伯文化。坦白說，我很擔心孩子們在美國社會長大，最後會變得跟我見過的美國青少年一樣，參加幫派或吸毒。我認為，多接觸阿拉伯文化有助於遠離那些誘惑。雖然我也曾經跟那些青少年一樣荒唐，喝酒、胡鬧樣樣都來，但是我在科威特的度過的歲月讓我保有理智，知道界線在哪。

5 二〇〇八年十二月，以色列對加薩走廊的巴勒斯坦民眾發動名為「鑄鉛行動」的軍事行動，一直到二〇〇九年一月才宣告結束。更多細節請見附錄〈名詞解釋〉。

二〇一〇年，我終於能回到加薩待上一個多禮拜。我驚訝無比地發現，母親獨自在加薩過著孤單寂寞的生活。她雖然在加薩也有一些堂或表兄弟姐妹，但沒有人真正關心她的日常生活。她當時已經高齡七十二歲了。我心想：「天啊，她這樣獨居這麼多年，實在不是件好事。」但是母親又不想回美國，她說：「我在那沒什麼事可以做，況且我希望能夠死在加薩，就跟你父親一樣。」她希望我能夠留在加薩陪她，希望看到她的家人全都環繞在身邊。這樣的願望讓我相當苦惱。其實，伊斯蘭有一句話：「如果你沒有陪伴在母親身邊，死後是上不了天堂的。」這句俚語其實有點奇怪，但是意思就是，綵衣娛親是你的責任，你讓母親過得開心才行。而且她去世時，你得讓她滿意，如此一來你過世時才能上天堂。幾經思考後，我決定回家鄉了。

我告訴我太太胡妲：「妳知道我在ＩＢＭ工作也將近十年了。其實我也不想放棄，正常人應該不會做出這種選擇，但是我打從心底認為，回到加薩待上一陣子才是正確的，我得為我母親設想。如果改天媽媽去世時我不在她的身邊陪她，我絕對沒辦法原諒我自己，我無法帶著這種愧疚活下去。」胡妲說：「你有兩個哥哥，讓他們去照顧吧。」話雖如此，但是我有一個哥哥人在休士頓，孩子正要唸大學，所以他沒辦法就這樣丟下他的工作。而另一個哥哥在佛羅里達州，雖然他已經拿到美國公民身分證，但是他的太太不是美國公民，他正在幫他太太申請證件，換句話說，他也沒辦法就這樣丟下一切走人。

胡妲說：「好吧，好吧，我不確定你這個決定到底正不正確，但是我可以理解。」我說：「這或許不是個正確的決定！我不知道自己能不能在加薩找到工作。我不了解那裡人民的想法，我不確定他們會用什麼態度對待我們。」不過，想到阿拉伯的另一句俗諺：「你要把命運交給上天，一切船到橋頭自然直。」所以無論回到加薩將會面臨什麼情況，我都不希望自己活到五十或是六十歲的時候還在後悔，或懊惱著當初沒有回到加薩照顧母親。

況且我也認為，回到加薩對孩子們的發展比較有益。生活在此，如此一來，我的孩子就得學阿拉伯文，未來也有能力讀《古蘭經》。而如果我選擇繼續待在美國，二十年後我可能會是個富有的人，房子的貸款或許也都還清了，事事都十分順利，可是如果我的孩子不會說阿拉伯語，過這樣的舒適生活也沒什麼意義。最後，考慮到孩子的成長，我還是決定回加薩去。我心想：管他的！我希望能在加薩待上個兩、三年，畢竟事情能有多糟糕呢？

加薩人把轟炸當成日常生活的一部分

我們在二〇一二年四月的時候回到加薩，我兒子艾茲哈爾跟伊亞德分別是六歲跟五歲，女兒娜達才三歲。搬回加薩對我們家而言是個很大的改變。針對搬回加薩居住這件事，胡妲所受到的衝擊遠比我的衝擊大很多。這你得理解，她們一家原本是住在加薩地區的巴勒斯坦難民。一九四八年之前，她們住在亞希基倫[6]，她們一家從未把加薩視為她們的家鄉，因此她對加薩沒有像我一樣特殊的執著，再加上我倆好不容易在美國辛辛苦苦建立起一個家，她對於回到加薩定居的反應當然會比較大。回到加薩後，我們搬回父親在加薩購買的房子，那棟房子位於加薩城南端的澤圖恩區[7]，現在只有我母親一個人住在那裡。我母親自己住在一樓，二樓跟四樓都租出去給其他家庭了，所以我們一家就住在三樓。

我們搬回加薩的時間點很有趣。我們剛回到加薩時，雖然覺得四周危機四伏，不過當地氣氛還算平靜。第二個月時，我有某個受傷的堂哥必須到埃及才能動手術。然而，那次手術最終失敗了，他回來時已變成一具冰冷的屍體。我們發現，放眼整個加薩地區，竟然找不到一家好醫院，導致我堂兄弟必須千里迢迢地奔波找醫院。在加薩城有一家醫院，名叫「希法」（shifa），在阿拉伯語中是「康復」的意思。但是，我們都戲稱那家醫院為「毛特」（Maut），意指死亡，情況糟透了。假如醫院內部可以任由野貓自由逛來逛去，這家醫院有多糟糕也就不言而喻了，而希法醫院的情況正是如此。

當年的十一月，負責控管卡桑火箭砲（巴勒斯坦自製飛彈）的阿赫瑪德・賈巴里[8]遭到暗殺。從那時開始，我聽到一些傳言，例如：「哈瑪斯要展開報復行動了。」之類的傳言。每個人都嗅到山雨欲來的氣氛，感覺有什麼事情即將發生。當時以色列連續轟炸了八天之久[9]，一開始，戰事離我們還有一段距離，但沒過多久，澤圖恩開始受到戰火的波及，離我住的地方沒有多遠。我們那區的東邊正是民兵的基地，也是火箭砲的發射點。雖然你平常不會看到民兵，但其實他們就在你身旁，甚至就在你的住家旁邊而已。他們在我家附近的基地架設火箭，也是火箭發射的地點。我想，如果改天我們土地上的橄欖樹下被埋下子彈，我也不會感到訝異。實際情況真是如此，因為民兵當時正積極找尋任何可以發射火箭的空地。

那是非常恐怖的一段時期。每次聽到炸彈落下的聲音，我女兒娜達總是害怕地在屋裡跑來跑去，小小年紀的她還不懂究竟發生了什麼事。我看著她的身影，心想：「天哪，我真希望這不會影響她的身心發展。」我們聽過太多駭人的例子，有些孩子因戰爭而失去聽覺，有些孩子必須得面臨截肢的命運，而有些孩子則是受到嚴重的心靈創傷。

6 亞希基倫（Ashkelon）是以色列的濱海城市，人口大約有十二萬，位於加薩北方大約十二英里處。

7 澤圖恩區是加薩城的市郊，於一九三〇年建立。成千上萬的難民在一九四八年的以阿戰爭後，逃到了澤圖恩區，澤圖恩區也因此變成人口密集的都會區。澤圖恩區是哈瑪斯的創立者阿赫瑪德・亞辛（Ahmed Yassin）的故居。艾哈邁德・亞辛於二〇〇四年死於某次空襲。亞辛的死亡相當程度助長了哈瑪斯於加薩地區的聲勢，也促成哈瑪斯在二〇〇六年的選舉得勝。

8 阿赫瑪德・賈巴里（Ahmed Al-Jabari）是哈瑪斯武裝派別的領導者，屬於阿克薩烈士旅。在哈瑪斯於二〇〇七年掌控加薩期間，阿赫瑪德・賈巴里數次領導軍事行動，並且協助訂計綁架以色列士兵吉拉德・沙利特。他研發出卡桑火箭（Qassam Rocket），在西元二〇〇〇年初期，哈瑪斯皆使用卡桑火箭攻擊以色列。最後，阿赫瑪德・賈巴里於二〇一二年十一月十四號死於以色列的空襲。

9 二〇一二年十一月，以色列發動一連串的空襲，被稱作「雲柱行動」。更多相關資料請見附錄的〈名詞解釋〉。

戰事進行到第七天還是第八天的時候，F-16戰機摧毀了附近一棟建築，那棟建築物就在離我們四百公尺遠的地方。除了飛彈之外，他們也用機關槍瘋狂掃射。我們跟其他附近建築物的住戶都感受到這股衝擊力所帶來的強烈震撼。那天，以色列的飛彈在我們家附近不遠處的地方炸出一個大坑洞，許多人都嚇壞了。在那七、八天的時間裡，我腦海中常想著：「老天，我做的決定是正確的嗎？」而我那住在樓下的母親也是嚇得半死。後來我們聽到消息，假如你是美國公民的話，要離開加薩地區只要撥打電話給一個特定的號碼就行了。然而我當時並沒有這麼做，因為即使情勢艱困，我仍想留在這裡。

儘管我自己在空襲期間也是害怕不已。在空襲結束的一兩個小時之後，我有時會到外頭透透氣，探望我的堂兄弟們。你知道的，其實沒有什麼特殊的目的，只是想找人聊聊天：「嘿，你們在這裡做什麼？」我問他們。「喔，空襲也沒什麼啦，你不要走到太東邊的地方就好，不會有事的。」對他們而言，空襲不是什麼大不了的事，但我認為，他們只是外表看起來不害怕而已，這是一種態度。其實在我們內心深處，當聽到這些炸彈落下，所居住的大樓開始搖晃，你根本無法不為之恐懼。這裡所發生的一切跟好萊塢電影院的場景一模一樣——實在是太瘋狂了。

不過，許多加薩人都把戰火視為日常生活的一部分，這裡的人們擔負著必須學習堅強的壓力。舉例來說，假如某天你在街上開車，按喇叭要街上的孩子讓開，他們可能會反嗆一句：「不要！你才該讓路吧！」在此，小小的孩子卻有成年人的心態，這樣實在不太健康。

我感受到父親的存在

我得承認，將我整個家族遷移到加薩的決定不太符合常理，每次我跟這裡受到良好教育的朋友講起我的故事，他們總是說：「老兄，你到底在這裡幹嘛？我說真的，你想在這裡幹嘛？」

我在加薩根本找不到工作，只要我能找到任何一個朝九晚五的工作，無論薪水如何我都會欣然接受，這樣至少我還會認為自己有點生產力，只不過事情沒有那麼順利。我不想說謊，其實在經歷這麼多年擁有穩定工作的生活之後，如今面臨失業的情況，只會讓我的情緒愈發低落。有時，我實在快承受不住壓力了，常常一個晚上就抽掉一整包菸。

可是我對胡妲還有孩子有責任，假如有任何不幸降臨在他們身上，那絕對是我的錯。我承受的壓力巨大到頭髮都轉灰了。我哥哥們看到照片都問我：「你到底發生了什麼事？」我回答：「老兄，在加薩住一年，就好像在美國度過五年一樣！」剛回到加薩時，我的灰頭髮為數不多，但是在這裡的生活太艱困了，導致去年我的頭髮全都變成灰色。

不過，我覺得孩子們倒是過得挺自在。在孩子年紀還小的時候，把他們帶回加薩是最好的選擇。我對自己四、五歲時的生活沒有記憶，七、八歲時的可能還記得一些。這就是為何我選擇在此時帶他們回加薩的原因。因為這樣他們適應上會比較容易些，也不用經歷我當初適應困難的經驗。假如我在他們長到八、九歲時才帶他們回加薩，他們會想要過美式的生活，想吃的早餐大概就是麥片了吧。

回到加薩讓我覺得自己與巴勒斯坦的距離被拉近了。我時常找堂兄弟聊天，也因此知道許多關於祖父，以及我父親生前的往事。我們還聊到哈瑪斯與法塔，所有發生在這個城市裡的瘋狂事物都是我們聊天的主題。

當年我父親去世時，我沒有陪在他的身邊。回到加薩之後，我找時間整頓好那些橄欖樹和花園，我好像可以感覺到父親的存在，自己與父親的距離也因此更近了。我坐在橄欖樹下，鼻中吸著清涼的空氣，享受著從海上吹過來的微風。這種感覺真的很棒，我想我可以了解父親想要回到加薩的原因了。

我的妻子想要永遠離開加薩

雖然有如此美景，但我們在生活上的困苦依舊沒有減少。近幾日，因為電力供應時間表的改變，我們每天過著六小時有電，十二個小時斷電的生活，這樣的情況持續了大約一個半月。接著，丙烷的取得變得愈來愈困難，我們需要丙烷來做飯或取暖。因為自埃及到加薩的汽油運輸被切斷了，導致許多人必須用丙烷來取代汽油。所以，我們那幾個月的日子非常不好過，但你又能做什麼呢？接著，我們又遭受豪雨跟洪水的侵襲，我們家因為建在高地上，情況還算好，可是我們認識一些住在市鎮中心的人就沒這麼好運了，許多人都成為水災的受災戶，房屋完全被洪水淹沒，污水衝進他們家中。在加薩的生活，實在可以說是處處充滿「驚奇」。

如果從胡妲的角度出發，加薩完全沒有可以吸引她留下的人事物。她的父親住在美國，病得也不輕，正於俄亥俄州的克里夫蘭市（Cleveland）接受治療。我岳父之前曾經中風過，目前也七十五歲了，我的妻子迫切地希望能夠回美國探望她的父親，但由於邊境的情況很糟糕，我們無法讓她獨自離開加薩。我們曾聯絡過美國大使館，請他們能夠幫助我們通過艾雷茲檢查哨，他們表示無法幫助我們。警告美國公民不要到加薩地區旅遊是他們的職責，但面對被困在加薩的人民，美國大使館認為完全是我們咎由自取。

能通過艾雷茲檢查哨的人非常少，再加上加薩與埃及連接的拉法過境點正關閉中，過去幾個月以來，它都是這樣開開關關。況且，要通過拉法過境點得先經過申請。首先，你得先到某個辦公室報到，基本上就跟車輛管理局的流程一樣。但不同的是，你得在凌晨四點前抵達，加入數百人所組成的長長人龍。等了五個小時之後，你終於可以申請在特定的某一天離開加薩。不過，當你在那天抵達拉法邊境時，換得的可能就是一句：「不好意思，今天邊境關閉，改天再來吧！」然後所有的申請流程就必須重來一次。

除此之外，你在拉法過境點看到的一切也十分驚人。通常有數百人正排隊等待邊境重新開啟，當中許多人拖著病體，需要離開加薩求醫。有些人在排隊等待的過程中就去世了。我們都十分擔心胡妲的安危，就算她已經成功跨過邊界也一樣，因為埃及的情勢並不穩定。從拉法到開羅的車程大約四至五小時，途中也是危機重重。我們已經聽說許多人在途中遭到劫持或綁架。

然而，我的太太很希望能夠離開加薩，而且是永遠離開這裡。她的兄弟在幾個月前紛紛離開，她在加薩已經舉目無親了。我總是對她說：「我能體會妳的感受，請妳有耐心一點。只要再多幾年就好，讓孩子們能多學點阿拉伯文。」但我有時覺得，她的無力感已經緊緊抓住了她。她某天對我說：「你每天都見得到你的堂表兄弟們，每一天，你們都可以一同歡笑，而我呢？我就只能待在家裡，什麼事也不能做，什麼也沒有。」我說：「我知道妳受委屈了，這樣的犧牲實在很大，但看看我們的成果。孩子們會講阿拉伯語，還能夠閱讀與書寫，老天一定會回報妳的。」我是說，我雖然不認為自己十分保守，但我終究是個篤信《古蘭經》的穆斯林，相信穆罕默德在《古蘭經》裡留下的訊息。胡姮回答：「話是這麼說沒錯，不過孩子們在加薩學到的東西也不完全是好的。」說真的，我其實也有想過這點。

我還記得幾天前發生的事情剛好可以拿來當作例子，於是我回答：「你知道嗎？前幾天是我父親忌日的週年，我也跟艾茲哈爾說了這件事，他說：『噢，神會赦免所有死去的人。』他用阿拉伯語這樣回答我，我當下感動到都要哭了。」我想，假如他在美國長大，一定會說著一口流利的英文，我實在無法想像他能用英語講出這句話。我跟胡姮說：「我們再多待一段時間吧，再待上一段時間我們就可以離開了。不過，至少也要待到阿拉伯文化能夠深植於孩子的心中才行。」

其實我不知道未來會發生什麼事，也不曉得我們之後會搬到哪。我曾經去過奧斯丁（Austin），我個人頗喜歡那座小小的城市，麻雀雖小，五臟俱全。我們未來也有可能搬到奧斯丁去。而我哥哥住在休士頓，如此一來，我們兩地只隔三個半小時的車程而已，這樣近多了。另一方面，我也可能去杜拜看看，試試在那找不找得到工作。我認為，孩子待在杜拜比待在美國來得好。畢竟在杜拜，人們也是說阿拉伯語，況且如果我們搬到杜拜，離我母親的距離也不算太遠。

二〇一四年的春天，法迪跟他的家人嘗試離開加薩，然而，先是邊境被以色列與埃及關閉，再加上美國政府不願意伸出援手，導致他們一家最後並無法成功離開。接著在七月八日，以色列對加薩發動轟炸與地面攻擊，以色列軍方將其稱之為「保護邊境行動」（Operation Protective Edge）。七月十日，美國駐耶路撒冷領事館針對仍滯留於加薩的美國公民，發布了緊急消息，並且表示願意協助他們離開。法迪很快就提供領事館所有必要的資料，而其中一位官員代表則要他們一家準備好隨時離開加薩。

法迪的妻子胡妲當時已快要臨盆了。七月十一日凌晨她開始陣痛，凌晨兩點過後，法迪將他的妻子抱上車，前往位於加薩市的聖城醫院（Al-Quds Hospital）。

法迪寫給我們的電子信件裡提到：「我的車燈是街上唯一的光源，」這是因為加薩晚間沒有電力供應，「這樣的行為就跟請以色列朝我們開槍沒有兩樣。我們聽到炸彈在我們的左右兩邊落下。可是，我害怕到根本不敢加速，因為我不想讓自己看起來像在逃跑。」胡妲在那天生產，但是私立聖城醫院的設備已不敷使用，導致法迪必須獨自駕車再度穿過黑夜前往希法醫院，才能取得他太太需要的葡萄糖。當天稍晚，他們倆終於可以帶著女嬰平安回家。「那是我人生中最驚悚的一晚。」法迪事後如此說道。

七月十三日的早晨，美國領事館打電話給法迪，表示持有外國護照的加薩居民，在那天可通過艾雷茲檢查哨。法迪得先把他的家人帶到加薩市的會合地點，有人會護送他的家人通過艾雷茲檢查哨，經由以色列到約旦。法迪帶著他的妻小到了會合地點，但是他決定自己留在加薩。他表示自己至少要等到以色列侵略行動結束，並確認自己的母親平安無事。另外，他還希望能等到加薩政府部門重新開始辦公，如此一來，他才可以替剛出生沒多久的女兒申請出生證明，此外還要替他的兒子申請加薩的就學記錄。

後來，他的妻小先到約旦首都安曼等待，兩個星期之後，新生兒終於被醫生核准能夠登機。七月的最後一周，法迪的家人飛到美國。他們最終選擇在俄亥俄州落腳，胡妲的父親也正在那接受治療。

法迪目前仍舊住在他母親的公寓裡。「這裡每天上演著悲慘的故事，」他告訴我們：「我覺得自己像一個偽君子，我打從心底希望自己能離開這裡，但我必須和我的家人待在一塊。感謝真主，我的妻兒已經離開了。還記得我們的花園嗎？那個花園已經被炸彈摧殘到不成樣子了，現在看起來像沙漠一樣。許多人失去他們寶貴的生命，有些家庭不得不拋下他們家中的年長者，逃往安全的地方。這裡也沒有水可以使用。情況糟到不能再糟了。這裡的人們覺得自己彷彿是被世界遺棄了，沒有人在乎他們到底過得怎麼樣。神啊，請幫助在加薩的我們吧。」

正從地道把牲口運入加薩的男人

瓦法・烏黛妮

非政府組織成員，二十六歲。
出生於加薩走廊的迪爾巴拉。
於加薩的加薩市接受訪問。

我們第一次見面時，瓦法（Wafa Al-Udaini）告訴我們，她的目標是導正西方媒體對加薩的刻板印象，雖然那些刻板印象已長時間滲透至西方媒體。然而，當她站在她那間位於加薩市某棟灰暗建築物中的小辦公室，面對這項似乎十分艱鉅的任務，她仍明顯對此事充滿熱情。瓦法身材瘦小，是個頭罩白面紗的優雅女性。雖然面紗遮住了她的頭與臉，她還是充滿無限活力。她跟一群年輕人合作，搜集影片，然後將影片寄送至世界各地的大學，影片內容大多是加薩民眾講述他們的希望與夢想。瓦法不只建立臉書粉絲頁，也定期與媒體訪談，而且她交友廣泛，朋友遍布世界各地。瓦法的英文簡潔明瞭，表達起來又十分有力。當我們的話題談到水質，瓦法大笑出聲，還問我們要不要用這裡的水來洗頭。即便加薩被剝奪了許多東西，瓦法仍試圖保有幽默感。

巴勒斯坦第一次大起義爆發後，以色列與加薩之間的人口和貨物移動便開始受到限制。即便如此，加薩於一九九〇年代期間，仍舊跟以色列與約旦河西岸維持密切的經濟與政治連結。每天都有數千名勞工通過加薩北部的埃雷茲檢查哨進入以色列。在加薩與約旦河西岸地區往返的大多是巴勒斯坦人，他們途中難免會遭遇一些官方阻攔。到了西元二〇〇〇年，第二次巴勒斯坦大起義爆發時，一切全改變了。以色列開始關閉與加薩相鄰的邊界，這是以色列針對加薩地區的火箭攻擊與自殺式炸彈客的回應。加薩唯一一個機場也被毀了。二〇〇一年，以色列開始沿著加薩走廊的邊界大興土木，建造巨大的隔離牆，並沿著邊界設置一個軍事緩衝區。該軍事緩衝區占了加薩地區百分之十四的土地面積。（以色列於二〇一四年入侵加薩時，軍事屯墾區也因此擴張，占了大約百分之四十四的加薩土地面積。）以色列還大舉限制大多數巴勒斯坦人於加薩走廊與約旦河西岸的移動。以色列關閉邊境的舉動也對加薩的經濟造成了傷害。

二〇〇五年，第二次巴勒斯坦大起義即將邁入尾聲時，以色列單方面從加薩撤軍並且自加薩走廊的所有以色列屯墾區撤離。除此之外，以色列政府十分有效率地將行政與安全控制權移交到巴勒斯坦自治政府的手上，同時也開放一些之前被關閉的邊境。然而，在哈瑪斯政黨於二〇〇七年全面控制加薩之後，以色列又再度關閉邊境，並從海陸空三方封鎖加薩，任何要進入加薩的貨物均不得其門而入。

對許多加薩人而言，邊境被關閉後，如果不倚賴從埃及運送商品到加薩的走私地道，生活幾乎無法正常運作，瓦法．烏黛妮也是如此認為。雖然這些走私地道被以色列視為重大軍事威脅的源頭（因走私地道為哈瑪斯取得武器的手段之一），但是由一千二百多條地道所構成的網絡，替加薩人運來了食物、建材、藥品以及偶爾出現的奢侈品。如果沒有這些通道，加薩人根本無法取得這些物品。

許多孩子蹺課去抗議或丟石頭

一九八八年，我出生於加薩市的某家醫院。我來自一個大家庭，排行老么的我上面還有五個哥哥跟六個姊姊。我在一個名叫迪爾巴拉（Deir Al-Balah）[1]的城市長大，這座城市正巧位於加薩走廊的中間地帶，離加薩市約有一個半小時的車程。

隨著年紀漸長，我愈來愈習慣在街上玩耍時見到以色列士兵的身影。他們總是追趕那些朝他們丟擲石頭的人跑。特別是在巴勒斯坦第二次大起義爆發前夕，到處都可以看到以色列

1　迪爾巴拉城位於加薩市南方九英里處。該城市約有五萬五千人，大多數居民為一九四八年戰爭之後移入的難民。迪爾巴拉城的椰棗享有盛名，此外，十四世紀時，埃及法老曾將這座城市當作防禦要塞。

士兵[2]，那年是西元二〇〇〇年。我記得有一次以色列士兵衝進我們家，逮捕了我的兩個哥哥，他們一個當時十七歲，一個十三歲。以色列士兵當時大力拍打我們的大門，我母親開門之後，士兵們就衝進了家中抓人，還順勢打了我母親，令我害怕極了。士兵說，逮捕我哥哥是因為他們朝士兵丟擲石塊，但也許以色列士兵只是覺得逮捕他們是一件有趣的事。這種事情發生的次數非常多。他們被抓走之後，我還是無法停止地哭泣。這實在是太可怕了。

我的大哥被捕之前，原本正在準備陶吉希測驗[3]。經過幾個月的拘留之後，他重獲自由回家。但是回家後的他深深被挫折感折磨，已無心繼續升學。而我的二哥則是在被捕之後立即被釋放，但他也不再去學校上學了。第二次巴勒斯坦大起義期間，許多孩子蹺課參與街頭抗爭，並朝士兵丟擲石塊。儘管如此，我還是待在學校，在第二次大起義期間，我仍舊繼續念高中。接著，以色列忽然在二〇〇五年決定撤離加薩走廊[4]。

那是有史以來我們第一次在街上只看到加薩人，沒有任何以色列士兵的身影，不過，以色列也同時封鎖了邊界，導致加薩人去上班的路途變得困難重重。接著，哈瑪斯獲得巴勒斯坦人的愛戴贏得選舉，加薩人的許多援助因此被切斷[5]。不久之後，我通過陶吉希測驗並獲准進入阿克薩大學[6]就讀，阿克薩大學位於加薩市。從二〇〇六年起，我開始在阿克薩大學修讀教育學科，當我修完大一的課程時，以色列對加薩的封鎖行動就展開了。我記得的第一件事就是燈火管制。那時，我們一天最多只有幾個小時的電力可以用，也沒有任何瓦斯可煮食，我們只得囤積物資。人們無法買到許多基本的物資，像是嬰兒食品和尿布等，至少在封鎖行動一開始時情況是如此。但接下來許多民生必需品開始經由走私地道被運送進來。有了走私地道，要買到任何東西都不成問題——歐洲的巧克力和設計服裝也垂手可得，真的什麼都可以買到了[7]。

我眼中所見的每一處都冒著煙

二〇〇八年至二〇〇九年的空襲期間，我還是個十九歲的大學生。二〇〇八年十二月二

2 巴勒斯坦第二次起義也被稱作阿克薩起義，也是繼《奧斯陸協議》之後，以巴之間的第一次重大衝突。時間自西元二〇〇〇年起，至二〇〇五年結束。相關資料請參閱附錄〈現今巴勒斯坦的歷史年表〉。

3 陶吉希測驗為高中生必須參加的畢業考試，更多關於陶吉希測驗的資料，請見附錄〈名詞解釋〉。

4 二〇〇四年，以色列單方面決定與加薩脫離關係，而此計畫也於二〇〇五年的夏季尾聲實行。在以色列的計畫中，當時在加薩的二十一個屯墾區都應全數撤離，而原本居住在加薩的屯墾者則會得到補償。以色列軍隊計畫完全撤離加薩地區，並把整個加薩走廊的行政權與安全控制權移交至當時巴勒斯坦自治政府的手上。

5 在以色列退出加薩之後，國會選舉於二〇〇六年舉行。哈瑪斯贏得國會大多數席次。更多相關資料，請見附錄〈現今巴勒斯坦歷史年表〉。

6 加薩地區的大學約有十幾所，阿克薩大學是其中之一，約有六千名大學生。

7 哈瑪斯勝選之後，以色列於二〇〇六年對加薩走廊實行經濟制裁。二〇〇七年六月，哈瑪斯與法塔之間爆發一場血腥衝突，最終法塔被逐出加薩，而以色列才正式開始實行對加薩的封鎖行動。

十七日是空襲的第一天，至今，我都無法把那天的景象從腦海中抹去。因為那天我只有一堂課，早早就離開了學校。當我快回到家時，我聽到了好幾次爆炸聲：「天哪，發生了什麼事？」爆炸聲過後，四周煙霧彌漫，我根本什麼都看不見。我跑回家奔向樓梯，打算上屋頂看看到底發生了什麼事，結果我看到的每一處都冒著煙。

我不知道到底發生了什麼事——家裡的電又被切斷了，我沒辦法打開電視瞭解情況。哥哥姊姊們當時都不在家，我試著打電話給他們，卻沒有人接聽電話，我擔心極了。鄰居們都在議論紛紛，有人說以色列的戰機瞄準的目標是漢尤尼斯（Khan Younis），但有些人說是加薩市內的某個地方，又有其他人說不是，以色列的目標是在南邊[8]。大家各持己見，而我則心想：「噢，老天啊！我該相信誰？」我抬起頭，看見天上滿是飛機與直昇機。

第一天，戰鬥機轟炸了數百個地方，連清真寺也無法倖免於難。以色列鎖定了加薩走廊的每一座清真寺轟炸。我們家離清真寺不遠，由於以色列可能在任何時間攻擊清真寺，我們的房屋也可能在過程中遭到破壞，有些鄰居十分害怕。因此，我們的鄰居想要搬到比較安全的地方居住。但我們對他們說：「加薩走廊根本沒有一個安全的地方。無論你到哪裡去，都會發現那裡其實也危機四伏。」最後，我們家附近的清真寺也成了攻擊目標，在轟炸期間，我們家搖晃得非常劇烈，幸好只是窗戶破了，沒有人受傷。

其實，現在回想起這個故事還蠻有趣的。好吧，其實不有趣。我們的親戚原本住在以色列與加薩的邊境，他們決定過來跟我們一起住在海岸邊，因為當時我們這裡比較安全。但很不幸的，他們抵達的那天晚上，以色列決定轟炸我們家附近的清真寺。他們簡直嚇壞了！我們的親戚離開前還說：「我的老天啊！沒有一個地方是安全的！既然你們這裡也不安全，我們還寧願死在自己家裡！」

我記得自己曾見到無人機出沒在天際，它們嗡嗡地飛過天空，發出的聲響彷彿就是在你耳邊威脅的耳語：「我要攻擊你。你的房子、家人、朋友都是我攻擊的目標。」但現在，我們已經很習慣聽到無人機的聲音了。

二〇一二年的最後一場戰役，我們打得十分艱辛。事實上，二〇〇八年那次攻擊行動，以色列軍隊還多少會派兵到加薩。但二〇一二年這次，以色列派遣飛機攻擊加薩，不只警察局和清真寺，許多地方都是他們會攻擊的目標，包括平民的房屋，加薩的每樣事物，都不被放過。

二〇一二年，我已經從學校畢業並成為一位代課老師，哪裡有教職就往哪去。我當老師的那段期間，教過一位很聰明的學生，我也非常喜歡她。她是個優秀的孩子。我教她的時候，她才一年級。但空襲開始的五個月後，某次我在街上遇到她，我很震驚。她像失了魂似地走在街上，彷彿不認識任何人。我走向她問：「你記得我嗎？我之前在你的學校教書，記

8 漢尤尼斯是加薩的主要城市之一。位於加薩市南方二十英里處，約有二十五萬名居民。

得嗎？」但女孩只看著我大笑。她什麼都不記得了。我找到女孩的母親，問了事情的經過，原來女孩親眼目睹叔叔在自己眼前喪命。那天，以色列的炸彈不偏不倚地砸中她叔叔坐的地方。她叔叔只是一位平民，跟抗爭一點關係也沒有。他只是坐在自己的家門口就遭遇不幸。這起悲劇造成了女孩的心理創傷。我看到她時，內心除了震驚，還有滿滿的不捨。

沒有電力可使用時，我就昏昏欲睡

從二〇〇七年開始，我們常常苦於無電可用。情況好的時候，我們可能會有六至八小時的電力。有時晚上有電，有時白天有電。每個星期我們會拿到新的電力供應時間表，新的時間表會公佈在報紙上，或透過電視和廣播讓民眾知道。在這裡生活，每件事都會被供電影響，所以我們沒有辦法安排固定的生活行程。

我們家一直沒有購買一台發電機，由於家裡有許多姪子跟姪女，我們很擔心孩子某天不小心碰到發電機被燙傷。想必你也聽過很多因發電機起火燃燒，不幸害死一家人的故事。因此，我們寧願忍受沒有電的生活，也不願看到家人受傷。我們也不使用蠟燭，因為那太危險了。不過我們有可以用電池驅動的燈，在電力來時可以充電，這種電燈就安全多了。

直到去年，我一直住在我父母家。家裡人口差不多有二十五或二十六人。大多是我哥哥們長大後組成的家庭。我的姊姊們都出嫁且搬出去了。那段時間，每當沒有電的時候，我們就會上樓，坐在一起，聊天打發時間，或找點樂子。

有時當大部分的人都出門，我會看書或寫作。但每次沒有電的時候，我總是昏昏欲睡！這是最讓我困擾的問題。我沒辦法專心閱讀或唸書準備考試。當我還是學生，我得交作業給大學教授，但因為電力總是斷斷續續的，我沒辦法好好使用網路，導致作業可能無法準時繳交。再加上很多時候，電力的供應不超過兩個小時，我只得依靠著這扇小窗戶做完大部分的事情，壓力很大。至於家事方面，我沒辦法常常使用洗碗機，想泡茶時也無法使用電熱水壺。不能燙衣服更讓我心煩意亂。畢業後，我開始教書，我也常常無法準時上班，因為我得等電力來時才能燙衣服。有時，如果朋友居住的城市當天有供電，我就會特地去朋友家燙衣服[9]。而且封鎖行動又開始了，瓦斯短缺：沒有瓦斯，我也無法做甜點或烤蛋糕。

因為供水受到電力影響，我們在用水方面也遭遇困難[10]。城裡有一個抽水幫浦，一旦電力被切斷，就無水可用了。除此之外，我們的用水也受到污染，我們取得的水含有鹽分，能利用的部分有限。我們總是得去購買瓶裝水當作飲用水或煮飯，連動物都無法使用那些水。我們只能用那些水來洗碗、打掃房子和洗衣服等。因為含有鹽分的水會傷害我們的頭髮，也

9 加薩全區輪流停電，不同城市在每天不同時段會被斷電。

10 在加薩，有高達百分之九十五的水都不乾淨。那裡的水除了含有鹽，大部分也遭有機或非有機的毒物污染。居民大多得到超市買罐裝的飲用水來使用，含鹽的水大多被用於沖澡或清掃。

不能用於淋浴。我們大多用淡水洗頭，不過也不是每一次都有水可用，也不是每次洗澡都用淡水。而且，水不是免費使用，所以可能只有參加婚禮前，我們才會好好地洗頭。在這裡的每個東西都需要錢，但在加薩的許多人並沒有工作，他們也付不出電費，瓦斯和水的費用。

我們仰賴走私地道取得日常生活必需品，包含食物、衣物、藥品等。每當走私地道開放，我們就會去商店購買各式各樣的日常用品。可是現在埃及和以色列已經毀了那些地道，商店裡幾乎什麼商品也沒有。

我的結婚禮服可能也要從走私地道帶進來

我在今年結婚了，計畫婚禮也充滿挑戰！其中一件令人印象深刻的事，就是上市場買禮服。我向商家詢問店裡的禮服是不是都在加薩縫製，老闆回答大多數的禮服都是在土耳其或埃及縫製，再經由走私地道運送至加薩販賣。一想到這些漂亮的禮服當初都是被藏在地底五十呎處，經由黑漆漆滿是泥巴的地道運送進來，真是令人相當訝異[11]。

我和我先生於二〇一四年三月二十四日結婚。我們的婚禮因為種種限制，不得不在克難的環境下完成。通常家裡有喜事的家庭會自行準備食物，但因為瓦斯的取得實在太困難了，我們不得不找一家餐廳承辦喜事。畢竟在餐廳，要找到炊用燃料比較容易些，不過價錢當然也不便宜。此外，我們還租了結婚禮堂，但因為汽油實在太貴了，沒有人能負擔搭計程車去禮堂的費用。最後，我們決定讓大家在公車站集合，再一起出發。儘管如此，我們的婚禮還是很令人滿意，即便我的禮服可能經由走私地道來到加薩，我的心情還是非常愉快。

現在由於地道關閉，從埃及輸入貨物已成過去。加薩人民的生活也變得愈來愈艱難。大家手邊都沒什麼錢，最基本的生活必需品像是食物，都比以往來得貴。加薩需要改變的地方太多了。如果我可以改變一件事，我希望能改善貧窮的情況，許多加薩人因為貧窮生活過得十分艱辛。

以色列於七月八日起對加薩展開轟炸攻擊行動，瓦法與家人的生活遭到重創。連續好幾天，不但無水可用，連電力供應也持續減少。瓦法無法使用網路或替手機充電，所以我們無法跟她聯繫取得最新情況。好不容易有一點電力可以使用的時候，瓦法上傳了一些簡短的訊息至臉書與推特，讓她的追蹤者們知道她平安無事。七月八號，她發文表示，以色列空軍寄發警告訊息給她的二十五位親戚，要求住在她公公房子裡的那些親戚全部離開，其中有十七名兒童。他們在房子被摧毀之前平安離開。七月二十五日，瓦法寫道：「今天以色列的戰機轟炸了我們的家，摧毀了我們唯一的避風港。他們這麼做根本毫無理由，也沒有任何憑證，他們只是要迫使我們投降，但我們永遠不會因他們的威脅離開家園。請為我們祈禱。」

---

11 更多關於加薩的地道經濟，請見附錄〈加薩地區的地道經濟〉。

東耶路撒冷的西爾萬

阿赫瑪德・克拉因

店主，四十三歲。
生於東耶路撒冷的西爾萬（Silwan）。
於西爾萬接受訪問。

一九四八年中東戰爭爆發後，以色列占領了耶路撒冷屬猶太的西半部，屬阿拉伯的東半部由約旦接管，許多重要宗教地標都位於東半部，如耶路撒冷舊城、聖殿山（猶太教最重要的宗教聖地，第二聖殿所在之地）以及阿克薩清真寺（伊斯蘭教最重要的宗教聖地之一，根據《古蘭經》記載，先知穆罕默德曾展現神蹟遊歷此地並傳遞阿拉的話語）。一九六七年六日戰爭爆發，以色列占領了東耶路撒冷以及約旦河西岸全區。一九八〇年，以色列宣稱耶路撒冷是以色列無法分割的首都，然而由阿拉法特領導的巴基斯坦解放組織亦堅持此城是巴勒斯坦的首都。

西爾萬是東耶路撒冷內的一區，居民超過三萬人，位在聖殿山的山陰處，座落於阿克薩清真寺南方。十九、二十世紀時，許多考古探勘發現證據，西爾萬早在青銅器時代就存在，是今日耶路撒冷的前身。

雖然西爾萬的居民大多為阿拉伯人，但自一九八〇年以來，上百個猶太移民家庭舉家遷移至此，而移民與阿拉伯人之間的對峙時常演變成暴力衝突。二〇一二年，我們第一次到西爾萬參訪，得知一座遊樂場及社區中心剛被耶路撒冷警方與以色列國家公園管理處拆除，十幾個孩子只能失望地來到遊樂場舊地，在碎石瓦礫中玩耍。他們拿洋蔥互丟，剝落的洋蔥皮飄在空中，好像下雪一般。拆除社區中心是為了興建大衛城國家公園（City of David National Park）全新的訪客中心，此公園是一座很大的考古博物館，同時也是考古挖掘的地點，由隸屬東耶路撒冷的移民組織「艾拉德」（Elad）所管理。

我們接著參觀附近的瓦迪希勒維信息中心（Wadi Hilweh Information Center），並訪問一些願意分享自己故事的人。在那兒，我們見到了阿赫瑪德（Ahmad Al-Qaraeen），當時他正在展示有關西爾萬遭遇的影片給觀光客看。

阿赫瑪德擁有一張英俊但歷經風霜的臉龐，雙眼炯炯有神，聲音低沉粗啞。他說起為何自己要拄著枴杖走路，我們聽他說了好幾個鐘頭，最後定下再次拜訪的日期。在六、七次的會面中，阿赫瑪德談到了社區中人與人之間的關係，也說起二〇〇九年他在屋外被一名屯墾者開了兩槍，在那之後有許多問題需要努力克服。

所有夢想都在此萌芽

我在一九七一年生於西爾萬，所有家人也都在這裡出生，從我父親到祖父的祖父，就我所知都是如此。西爾萬是我生命的一部分，我也是這兒的一部分，所有夢想都在這裡萌芽。我此生只離開過西爾萬一兩次，我的社區、許多朋友，這裡的一切對我而言，都是再適合不過的熟悉地了。

我六、七歲就開始在街上工作，我今天所知的一切都是在街上學到的。我還小的時候，整個社區基本上是由觀光事業所撐起來。我父母和附近鄰居在咖啡店和餐廳工作，或者當導遊。我小時候就會向觀光客兜售紀念品、冷飲、冰淇淋，還沒開始上學就會說英文。我時常待在西爾萬池（Silwan Pool）[1]，在停車場賣東西給觀光客，到了大概十二歲時，我就能進行簡短的導覽，帶人們四處走走看看，說一點西爾萬的歷史。我對這裡瞭若指掌，可以在夜裡摸黑從一邊走到另一頭，連手電筒也不必拿。

一九八七年發生巴勒斯坦第一次大起義，對當時十七歲的我來說，從那時開始一切就不

1　西爾萬池（Silwan Pool）是個景點，猶太教和基督教觀光客遊聖地時會來參觀，據說這裡曾有水泉滋養所羅門的花園，也是聖經中記載基督行神蹟的地點。幾千年以來，這裡也為耶路撒冷城提供了乾淨的水源。

同了[2]。在動亂中學校關閉超過一年，我從此沒有再回去讀書，而是選擇開始工作。我在工廠找到打鐵的工作，做了兩年。有一天我問老闆：「這份訂單製作的金屬要用來做什麼啊？」他說：「用來做以色列的坦克車和飛機。」我根本不知道我們是在做這些工作，後來就辭職了。

到了大概一九九一年，全世界開始關注維護和平，第一次起義也結束了，我的社區起了很大的變化。猶太移民開始搬進來，到處都有警察，也出現私人保全，都是為了保護這些新屯墾者[3]。

有一天，一群屯墾者來找我父親，要他賣掉我們的房子，他們說：「在支票上寫下你要的數字，我們會照這個數目來付錢。」但我父親並沒有把房子賣掉，這房子是他在一九四〇年代親手幫忙蓋起來的。這些屯墾者也對社區裡其他家庭做一樣的事，得到了幾間房子，他們還會偽造文件，企圖證明這些房子早在一九三〇年代就賣出去了，也就是好幾個世代以前。搬進來的屯墾者愈多，這裡的變化就愈大。西爾萬池附近突然出現持槍的私人保全，他們會向觀光客收錢，我和鄰居想要進去，他們卻說：「巴勒斯坦人禁止進入。」

那時我的工作是替人鋪設地毯，後來到一間家具工廠上班，組裝家具，後來又成為卡車司機。到了一九九八年，我在二十七歲時結婚，岳父是我父親的表親，所以妻子是我的遠方親戚。當時她十七歲，中學畢業後我替她付了六年的大學學費。我們有兩個相差一歲的兒子，阿里（Ali）和瓦迪（Wadee），分別生於一九九八和一九九九年。當時我還買下一台卡車，開始了自己的搬家公司，做小生意，我替巴勒斯坦人工作，也替猶太人工作，服務各種客戶。我一個月可以賺七千到八千謝克爾[4]，也足夠家中開銷，那幾年，我們的生活其實過得很不錯。

你發覺身體裡頭在冒煙

我的故事和其他成千上百個故事並沒有太大的不同，我不是很喜歡提起這些事，但必須在此非提不可的原因，只是希望大家能知道我的遭遇。

二〇〇九年九月十一日，大概是下午五點半到六點之間，再一會兒天就要黑了。那天是齋戒月，我在家打瞌睡，想著等太陽下山，就能結束當天的禁食，和家人一起用餐[5]。突然，我聽到許多人在外頭大喊大叫，於是出去看看情況。街上有好幾十個人衝著幾個以色列

2 巴勒斯坦第一次起義發生在約旦河西岸與加薩地區，目標是對抗以色列的軍事占領，一九八七年十二月爆發，持續到一九九三年才結束。

3 一九八〇年代中期，約有七萬五千名移民住在東耶路撒冷。但到了第一次起義結束時，移民人口成長為兩倍，超過十五萬人，並且持續增加，至今已超過二十萬人。

4 當時八千謝克爾約等於美金二千八百元。

5 齋戒月期間，守戒的穆斯林每天日出到日落之間禁食。

保全和移民大吼，我問路人：「你們在做什麼呢？」他說：「這兩個以色列屯墾者在街上毆打孩童，我們要保全把他們帶走。」我相信當時沒有任何人想找麻煩，因為時值齋戒月，不該爭吵鬧事。

當時我的兩個孩子也還在街上，他們才不過九歲、十歲，我非常擔心。我開始尋找孩子的身影，要帶他們回家，同時也盯著這幾個屯墾者。他們很年輕，可能才二十出頭，穿著隨興的街頭服裝。他們對街上幾個孩童大吼，還動手推他們。這時，我看到其中一個人把M-16步槍舉在空中，接著拿槍指著別人，他瞄準的是一名孩子，那時我才意識到那是我兒子阿里，同時注意到我另一個兒子瓦迪正在被其他屯墾者毆打。我驚慌失措，才了解到鄰居們大喊的原因是我兒子被屯墾者襲擊。

我走向拿槍的那名屯墾者，氣憤地問：「你為什麼這麼做？」他轉過頭來說，其實他想怎樣都可以。就在他要離開現場時，我說：「等一下，我想跟你談談。我知道你可以這樣做，但為什麼要這樣呢？」他說：「不，你別想碰我。」「我只是想跟你談談，如果我們對你做了什麼不對的事，你可以叫保全，也可以報警尋求協助，但不准你動我兒子。」他在我說話時慢慢向後退，還一邊打量我和兒子，突然，他絆了一跤，向後跌倒在地。其他幾個屯墾者大喊：「你不開槍不行了！」他隨即站起身來，開了一槍。人群開始鼓譟，這時，我已經倒在地上。

當時的我覺得好像被人用刀捅了一下。當你被人開槍，你會感覺身體裡頭冒著煙。我感覺到了，也聞到我體內正在冒煙。我嚐到血液裡子彈的味道，看見右腿鮮血湧出，那隻腳在我身下變得扭曲。子彈就這樣卡在我的大腿裡。

群眾裡有人問我傷到哪裡，我說：「我不太確定，不要動我。」兩個兒子跑到我身旁，問說怎麼會這樣。我坐在地上，右腿失去知覺，便請人替我叫救護車。

我又聽見人們喊叫起來，接著出現另一聲槍響。對我開槍的那人射傷了人群中一名騎腳踏車的男孩，大約十五歲。這時那人走回來，對我開了第二槍，瞄準左邊的膝蓋。我不知道到底為什麼，就連以色列保全也問他：「你幹嘛開槍？」接著，開槍的男人和他朋友就立刻逃離現場。

旁邊有人打電話叫救護車，還幫忙急救。我在街上流了五分鐘的血，一位住附近的婦女拿來幾條毛巾，包住我的腿，另一名男子用皮帶緊緊綁住毛巾，試著止血。他們告訴我：「有人開車過來，想直接載你到醫院去。」我們覺得救護車應該不會太快抵達。

他們抬我上車，我看到那名騎腳踏車的少年已經在車上了，幫忙的男人和婦女從腋下施力將我的身體抬起，我覺得那條腿好像留在街上了，我說：「等等！等一下！」我無法移動肌肉，只好拉高褲管，把腿給挪上車。那條腿還是毫無知覺，那根本不是我的腿。經過一番波折，上車後我的腿又開始淌血，血浸濕了我的汗衫和鞋，也把整台車弄得血跡斑斑。

我們終於出發，但在醫院的路上，車被以色列警察攔下來兩次，駕駛差點被逮捕，那天是禮拜五，他很可能是唯一開車上路的穆斯林，因為齋戒月的星期五禁止開車。警察知道狀況之後放我們離開，但還是一路跟著我們到了醫院。

到了醫院，醫生正在幫我檢查的時候，一名警察出現了。他向醫生表示：「我需要你暫時離開，你可以去檢查跟他一起來的男孩，但我現在要問他幾個問題。」接著他針對當天的事件開始審問我，也不管當時我還在流血。

審問結束後，我的妻子來看我，她說其他家人和表親都以為我死了，已經開始討論葬禮的事宜。

幾個醫生為我安排動手術，我在手術台上待了五個小時。後來才知道，醫生告訴妻子：「他或許有機會活下來，但也不一定。」我失血的量有八袋血那麼多，所以整個人非常虛弱。

後來，兩個兒子來到醫院探望，看起來很難過，還說：「對不起。」我問他們為何道歉，才知道他們也有被警方審問，警方表示是我兒子先挑釁那些屯墾者，挑起爭端，所以他們得為我中彈負起全責。我告訴兒子：「不，不，別這麼想，這不是你們的錯。」但一直到現在，我的兒子仍然相信，若當時他們沒有跑到街上，我就不會中彈，直到今天，他們還覺得自己有錯。

警方還想用襲擊軍人的罪名起訴我，因為對我開槍的那個屯墾者其實是以色列軍人，只是那天沒穿軍服。幸好群眾中有人把事件的整個過程拍照存證，足以證明我並沒有對那名軍人有任何肢體上的碰觸。

兒子們需要我為他們做得更多

手術後三個月我回醫院追蹤，腿傷仍然沒有復原，於是醫生又動了一次手術，將所有碎片清除，修復骨頭。中彈後我只能坐輪椅在家休養，時間長達八個月，但可以用輔助器走路。在家休養一年後，傷處開始更加疼痛，後來發現還需要動好幾次手術，最後終於可以把助行器換成拐杖。

此後我的人生整個改變了。我以前開卡車，工作內容包括搬運家具，我也會幫家人和附近鄰居的忙，還會踢足球，但這些事我再也不能做了。我至今動了五次手術，還有兩次是已經預定要做的。現在只要做任何需要勞動的事，我就痛到不行，就連簡單的事也一樣，像是幫兒子修腳踏車，連這個我也做不來了。對大兒子阿里來說，那次意外也徹底改變了他的人生，當他被屯墾者攻擊，又看見我中彈倒地，心裡似乎覺得父親沒辦法保護他，當他開始這樣想，就會想要自我防衛，保護自己。而今只要有人對他有意見，或說了什麼難聽的話，我的兒子就會跟人家爭吵、打架，因此過去兩年以來，我不得不讓他換了三間學校。不過，在槍擊發生以前，他在學校一點問題也沒有，現在兩個兒子都會在學校跟人起衝突，無論老師或同學都一樣，他們還對屯墾者非常憤怒。我的兒子其實需要我為他們做得更多，身為一個父親，我卻無法再幫助他們。

某天在家，兒子來告訴我：「爸，我們看到了那個射傷你的屯墾者。」我說：「不，不，他還在坐牢。」我說了謊，我知道那男人只關了一天就被釋放了。兒子又說：「不，我們記得他的臉，我們真的有看到他。」事實上，開槍的那人被警方帶走後，不過被問了幾個鐘頭的問題，接著關了二十四小時，晚上就被人接回家了。他對我開槍那天是星期五，星期五晚上不開庭，到了星期六，白天也不開庭，那天晚上他出庭表示自己是正當防衛。就這樣，他們就結案了。

我堅決反對暴力，只是當我對孩子說明當天發生的事情，他們問：「為什麼那個猶太男人要對你開槍？」我說那件事是那位屯墾者做的，並不是所有猶太人的錯。我向兒子解釋屯墾者和猶太人的不同，那些隨處可見的屯墾者來到這裡定居，他們並不像已在這塊土地生活一輩子的猶太人那樣了解、孰悉巴勒斯坦。我們會拜訪猶太朋友的家，我受傷的時候，他們也來探望我。

我和許多猶太人一起工作，因此也會說一點希伯來語。兩個兒子明白屯墾者和其他猶太人的不同，他們是知道的，我也一而再、再而三地告訴他們。但同時也告訴他們，這裡是我們的村子，我們必須住在這裡，而且不可以訴諸暴力，這樣比較好。若你想爭取什麼，一旦使用暴力，你就絕對會輸。

東耶路撒冷的屯墾者安置所建造計畫，造成以色列與巴勒斯坦兩方的和談破局。二〇一四年四月，以色列營建部（Israeli Housing Ministry）計畫於東耶路撒冷，為屯墾者新蓋七百戶的住屋，針對此事，巴勒斯坦自治政府以退出和談作為回應，並單方面向十五個國際條約組織申請承認國家主權，而以色列法庭則立即批准，可以繼續自行擴建西爾萬的大衛城國家公園。

站在自己畫作前的穆罕尼德・阿薩赫

穆罕尼德・阿薩赫

藝術家，三十三歲。
出生於約旦河西岸的阿薩赫難民營。
於約旦河西岸的伯利恆與拉馬拉受訪。

位於伯利恆的阿薩赫難民營充其量只比一條小巷弄大一點而已，巷弄兩旁塞滿了數十間小房子，全都緊緊地擠在一塊。如果你走過難民營的巷弄，望見屋牆上一幅幅令人印象深刻的畫作，一定會吸引你的目光。牆上這些畫皆取材自於一部名叫漢達拉的卡通（Handala cartoon），此系列作品是由已故的巴勒斯坦藝術家納吉・阿里[1]創作的。其中一幅畫的女孩，她的頭髮被緊緊纏繞在鐵絲網上，而另一棟房屋上的那幅，則描繪出一些憔悴的難民打包行囊準備逃離的情景。稍遠一點位於巷弄

1 納吉・阿里（Naji Al-Ali, 1938-1987）是一位批判巴勒斯坦政客與以色列的政治漫畫家。在他畫作中經常出現的角色是個無臉的十歲巴勒斯坦男孩，名叫漢達拉（Handala）。漢達拉的故事就是巴勒斯坦難民的生活經歷。

底的某棟房子上，則刻畫了一些胖嘟嘟的政客，帶有警告意味地對著某個衣衫襤褸的男子搖手指的畫面。

替這些壁畫操刀的藝術家是穆罕尼德・阿薩赫（Muhanned Al-Azzah）。他瘦削的臉龐上長滿鬍子，看起來就有點像是位藝術家的樣子。他講話雖然輕聲細語，但卻趣味十足。拜他所賜，整個訪問過程中的笑聲都不絕於耳。

替阿薩難民營命名的正是穆罕尼德一家人。穆罕尼德一家原本居住的村子，在一九四八年以色列建國之後，成為以色列國土的一部分。一九四八年以阿戰爭期間，阿薩赫家族帶領村民從原本居住的地方逃往伯利恆，那場戰爭也被稱作巴勒斯坦人的浩劫（Nakba）[2]。穆罕尼德與大多數難民都夢想能回到過去，即便僅存的農地與村莊不多，但是他們仍舊盼望取回在一九四八年以阿戰爭之中（與一九六七年六日戰爭期間）所失去的土地。另一方面，雖然以色列已經實現夢想，回到猶太人的應許之地建國，卻遭到巴勒斯坦人的群起反抗[3]。

穆罕尼德創作的數量十分龐大，西岸地區的建築物兩旁或是畫廊中都有他的作品。我們第一次訪問他時，他正在為倫敦某個展覽蒐集抽象畫作。穆罕尼德的畫作涵括了不同的主題，不過，重複出現在畫作裡的，卻是他在監獄裡度過的三年歲月。第一次訪談的尾聲，他帶我們參觀位於頂樓的個人工作室，裡頭擺有許多畫作，牆上則有幾個彈孔，那都是在他被捕的當晚所留下的。

自一九四八年起，我的家人就住在難民營

我在一九八一年九月出生於難民營。我不是家族裡第一個在難民營出生的孩子，連我的父母都是在難民營出生。一九四八年，我父母的雙親離開原本居住的土地，逃離了拜特吉卜林村[4]。拜特吉卜林村是個位於希伯崙西北方的小村落。我從祖父母那聽到許多關於村子的故事。雖然我從未去過拜特吉卜林，卻對村子十分了解，也覺得自己是村子裡的一分子。

我也曾聽祖父母說過，當初他們如何帶領村民逃難的故事。一九四八年八月[5]的某一天，以色列士兵荷槍實彈，開著戰機與坦克車，浩浩蕩蕩地來到村子裡。村民們都逃到附近

2 自十九世紀以來，阿薩赫家族成員就帶領整個村莊反抗鄂圖曼土耳其的統治。在他們之前居住過的村莊中，阿薩赫家族一直扮演領導者的角色。一九四八年，社區的居民大舉逃到伯利恆之後，大家便以他們的家族名替難民營命名，象徵阿薩赫一家的聲望。更多以阿戰爭與「浩劫日」的資料，請見附錄〈名詞解釋〉。

3 關於「兩國方案」（two-state solution）的資料，請見附錄〈名詞解釋〉。

4 拜特吉卜林（Beit Jibrin）是個阿拉伯村落。位於希伯崙西北方十三英里處，與耶路撒冷距離也只有二十五英里遠，而耶路撒冷則是於拜特吉卜林村的東北方。一九四八年之前，村落的人口數本就不到三千。在以色列的攻擊之下，村落的人口銳減。原本的村民遷出之後，村莊被改建成以色列屯墾區，名叫拜特古夫林（Beit Guvrin）。

5 關於一九四八年以阿戰爭的資料，請見附錄〈名詞解釋〉。

的洞穴避難，但是有幾位村民趁著夜色偷偷潛回村子，回到自己家中睡覺，順便取了一些日常生活所需的用品。以色列士兵開始挨家挨戶地清查，第一個被士兵逮到的村民，最後被士兵帶上街當眾槍斃。如此一來，村裡的男性都知道，被以色列士兵逮到可能就是死路一條。因此，村子裡的婦女帶上能帶的東西，大夥決定一起逃離被以色列占領的家園。當時，村民身上都沒什麼錢，自然也沒有什麼家當可以帶。逃難時最重要的東西，就是能夠證明房屋所有權的文件，因為證明文件可以幫助村民在某個安全的地方落腳。大夥逃出村子之後輾轉來到伯利恆，並在這裡搭建了許多帳篷，也就是現在的難民營。後來，村民決定用我們家族的名字替難民營命名，稱之為阿薩赫。

我有一個雙胞胎姊姊，兩個弟弟，還有一個妹妹。小時候在難民營的生活，日子真的只能用一成不變來形容。早上起床後，大人們就會出門去，跟左鄰右舍聊天，閒談他們覺得重要的事。他們的話題包含當天的新聞、不同家庭的狀況，或是難民營中某間房子的情況。政治更是我們每天圍繞的話題，但是我們只有傍晚才會聊政治，如果一早就談政治，腦子可是會燒壞的。

難民營裡的居民約有一千五百人，房屋則約有一百二十戶。這裡的房子全都緊緊相連，居民也互相認識。加上屋子很小的關係，所以大部分的時間大夥都待在外頭。另一方面，社區關係如此緊密互動，好處也非常多。假如某戶人家的房子需要修繕，住在附近的鄰居都願意伸出援手。如果有哪戶人家吃不飽，就會有好心鄰居送上食物。可是，你可別期待住在這裡能保有什麼隱私。假如某天你煮了什麼好東西，沒過多久，左鄰右舍都會知道你這有好吃的，而且還會出現在你家的廚房企圖分一杯羹。如果你想要保有一點私人的時間，我勸你還是放棄吧！因為就是這麼剛好，常常會有人在你身穿睡衣想偷閒或打算思考一些事情的時候，突然出現在你家的門口，說：「嘿，你想要去喝杯咖啡嗎？」說真的，這樣的社區環境給我們家的女生也帶來不少困擾。只要她們傍晚遲了一點到家，難民營的每一個人都會知道她們晚歸。不只如此，大家還會在背後指指點點，說三道四。我覺得，跟女生比起來，男生的日子好過多了。

士兵看到牆上的字跡時，氣得發狂

祖父母在我們小時候就不斷告訴我們拜特吉卜林村有多麼好，因此當時年幼的我一直覺得那是個天堂。他們還說，當初在拜特吉卜林村的花園，可是跟整個阿薩赫難民營一樣大呢。而我們全家都希望有朝一日能夠回到拜特吉卜林，住在屬於自己的房子裡。

這就是為什麼我們反對《奧斯陸協議》[6]。《奧斯陸協議》於一九九〇年代中期由以巴雙

6　《奧斯陸協議》的相關資料請見附錄〈名詞解釋〉。

方簽訂，並且正式將拜特吉卜林劃為以色列國土的一部分。對我們來說，我們總是希望以色列與巴勒斯坦能成為一個單一國家，如此一來，我們就能回到拜特吉卜林了。換句話說，《奧斯陸協議》並不符合我們的期望，有些巴勒斯坦的政黨也不希望事態發展至此，解放巴勒斯坦人民陣線[7]就是反對這項協議的政黨。此外，兩國方案（two-state solution）將巴勒斯坦的部分領土畫分給以色列，當然也包含拜特吉卜林在內。解放巴勒斯坦人民陣線也主張：巴勒斯坦人及其後裔應擁有返回家園定居的權利。

一九四八年戰爭使巴勒斯坦人遭遇前所未有的浩劫，因此設法取回在戰爭中失去的土地，應是巴勒斯坦人理所當然的權利[8]。長大後，我成為解放巴勒斯坦人民陣線的一員。不過我並不是在某個特別的時間點，或是因為某個事件而加入這個組織，純粹是因為他們很合我的脾性。更重要的是，解放巴勒斯坦人民陣線並不是個宗教性政黨。巴勒斯坦的大黨哈瑪斯是宗教性政黨，而法塔則是巴勒斯坦解放組織下的其中一個政黨[9]。這兩個政黨面對挑戰時總是選擇妥協，最糟糕的是，他們都接受「兩國方案」。相較之下，解放巴勒斯坦人民陣線似乎比較符合我的理念，加上他們在乎像我這種難民的權益。不過，我可不希望今天的面談變成解放巴勒斯坦人民陣線的宣傳會，所以我不會談很多理念的部分。

隨著年紀增長，我對藝術的熱情也跟著上升，對藝術創作也投入愈來愈多心力。我父親以前是位阿拉伯文學教授，小時候我就被父母親送去上巴勒斯坦藝術的課程並參加工作坊。從小我就知道可以藉由塗鴉表達想法，藝術可以是一種抗爭的方式。一九八七年大起義[10]期間，沒有任何媒體或是電台報導巴勒斯坦的狀況，幸好，我們還可以在牆上作畫。後來，牆上的塗鴉就成了傳遞訊息的媒介，因為實在沒有其他輕鬆又簡單的方式可以傳遞消息了。舉例來說，只要遇上某些狀況，像是隔天有罷工活動，必須得先知會大家隔天商家關門時，牆上的塗鴉就派上用場了。到了晚上，有些村民會帶著口罩上街，用噴漆在牆上寫下：「明天，八月九號，罷工一整天，學校跟商店都放假。」這樣大家隔天早上起床後，就可以看到這則最新消息了。

因此，居民每天踏出門的第一件事，就是看看牆面。牆面上會有：「下周二，我們要抗議。」之類的訊息。有時候，牆面上也會寫上某位烈士[11]的名字，這些都是在伯利恆遭遇不

---

7 解放巴勒斯坦人民陣線（Popular Front for the Liberation of Palestine）建立於一九六七年。更多相關資料請見附錄〈名詞解釋〉。

8 「返國權」（right of return）為一種政治立場，主張巴勒斯坦的難民與其後裔，應可取回於一九四八年與一九六七年戰爭之中，被敵人奪走的土地與財產。更多相關資料請見附錄〈名詞解釋〉。

9 關於哈瑪斯、法塔，與巴勒斯坦解放組織的資料，請見附錄〈名詞解釋〉。

10 巴勒斯坦第一次大起義爆發於一九八七年，是巴勒斯坦人反抗以色列軍事占領的示威行動，一直到一九九三年才落幕，被波及的地區涵括了約旦河西岸與加薩。

11 巴勒斯坦人口中的「烈士」（Martyr），不單單指於戰鬥中犧牲的人，只要喪命於以色列手中的人，都會被尊稱為烈士。這個詞原本有宗教意味，但是現在則是被廣為使用。

測的人。如果來到營區的士兵發現牆上這些字句，他們一定會抓狂，還會胡亂逮捕村民。所以我們每天都在吵到底誰要去把那些字清掉。有些人會去清理，但是也有些人拒絕淌這灘渾水。其實，晚上藝術家們到外頭塗鴉寫字的行為，也都冒著很大的危險。

雖然我當時尚未成年，但是我跟其他藝術家所做的事並沒有什麼不同，藝術是我用來抗爭的方式之一。只不過這種個人型態的抗爭不能太多，否則很容易就會演變成一場大混亂，所以我後來才會加入解放巴勒斯坦人民陣線。另外，有機會的話，我也非常希望在未來的某一天，能夠回到拜特吉卜林村居住，因此我的畫作都是從難民的視角出發，傳達渴望回到故鄉的心情。

高中畢業之後，我進入阿布迪斯市的聖城大學[12]就讀。我主修藝術，不過同時也選修了傳統藝術課程，包含摩洛哥裝飾、安達盧西亞藝術[13]、馬賽克與寫作課等等。不過我也沒有放棄巴勒斯坦藝術與文化，回家之後都有持續進修這些科目！除此之外，我也積極參與政治活動。

二〇〇四年，二十二歲的我正式成為解放巴勒斯坦人民陣線的一員，跟組織成員一起策畫許多抗議與校園活動。不過，在以色列眼中，解放巴勒斯坦人民陣線可不單單只是個違法組織而已，對他們而言，我們根本是恐怖份子。因此，我早已做好被逮捕的心理準備，我也知道，自己有天可能會因此丟了性命，可是我總覺得應該要有人站出來做點什麼，來改變巴勒斯坦被占領的現況。其實哪怕只有一丁點，只要能對巴勒斯坦有所貢獻，做什麼都好。

有時，人們就這麼失蹤了

我在公寓頂樓有間私人的藝術工作室。二〇〇四年四月十五日的深夜，我在頂樓睡得正香，當時我的家人全待在公寓的二樓，還有個恰巧來訪的朋友也在此，而我叔叔一家則是住在一樓。突然間，我聽到擴音器的聲音，整個人瞬間清醒了過來，因為我知道那是以色列軍隊，我聽到他們正在用擴音器廣播，要求這區的住戶到街上集合。

我很快地跳下床，「該怎麼逃走？」這是閃過我腦海的第一個念頭。我跑到窗邊，看到許多鄰居陸續走出家門。以色列士兵則是駕著吉普車跟廂型車，這麼看來，他們似乎把整個難民營都包圍了。在我觀望的同時，以色列士兵往我家的方向移動，把我們包圍了起來。接著，他們透過擴音器大喊我的名字，用阿拉伯語說：「穆罕尼德・阿薩赫。你別想逃走，給我把手舉高！出來！」

---

12 聖城大學位於約旦河西岸地區，共有三間分校，大學生總數約有一萬三千名。其中一個分校位於阿布迪斯市。阿布迪斯市就在耶路撒冷的東邊，人口約有一萬兩千人。聖城（Al-Quds）是耶路撒冷的阿拉伯語名。

13 穆罕尼德所說的安達盧西亞藝術（Andalusian art），是西元八、九世紀左右，西班牙因受穆斯林影響所留下的藝術與文化。西元七百一十一年，穆斯林軍隊成功在幾年之內攻占西班牙大片領土。統治者將其命名為安達盧斯亞（Al-Andalus）。

雖然他們在外頭已經放話了，在屋內的我卻忙著尋找可以躲藏的地方。無論如何，我都不要他們在搜索整間房屋時找到我。話說回來，這些東西我應該可以說吧？況且，那時候我根本還沒加入籌劃大型計畫的行列，或是有任何暴力行徑的記錄。不過，單單只是加入或是推廣解放巴勒斯坦人民陣線，就已經違反以色列的法律了。我猜，應該有人向他們告密，他們才會知道我是解放巴勒斯坦人民陣線的一員，並替陣線做事，所以才會來找我麻煩，要逮捕我。

當時占據我腦海的只有一件事情：我可能馬上就要死了，於是我向神請求，請祂讓我再多活一下。我可以感覺到自己的腎上腺素飆高，此時，堅強不堅強一點都不重要了，我只想要活下去。我花了點時間，穿上一些保暖的衣服。因為我知道，一旦我踏出家門，就沒有回來拿衣服的機會了。幾分鐘之後，士兵再度用擴音器大喊。這時候，其他家人都已經到外頭去了。接著，我開始在房間內看到來福槍的雷射光點。以色列士兵朝著房子開了幾槍，甚至還往我的窗戶射擊。他們一面開槍，還一面要求我自行踏出家門。我則是一邊試圖把自己藏好，一邊思考著下一步該怎麼走。

過了一段時間，他們帶著我的母親來到我的房門口。我母親要我把房門打開，還跟我說我出去會很安全。最後，我打開門，跟著他們走出去。一踏出門，我發現五枝來福槍全都對著我瞄準。真是太嚇人了！

那時候已經是大半夜了，我的鄰居們全都坐在街上，包括我的家人，大約有五十個人都在等我踏出家門。

以色列士兵並沒有說明逮捕我的原因。他們只跟我家人說，他們必須單獨跟我說幾句話，只要五到十分鐘就好，然後我就可以回來了。聽到這些話，我母親的眼淚掉了下來，因為以色列士兵把我們家人團團包圍，她沒有移動腳步，也無法向我道別。我的家人們雖然知道我最後應該還是會回家，但是沒有人說得準是什麼時候。可能是一個小時？一天？或是一百年？

後來，士兵們在我手上銬上手銬，我被帶上一輛吉普車。車子一直往前開，似乎開了好幾個小時，最後我們來到位於耶路撒冷的穆斯庫比亞監獄[14]。

到了監獄之後，士兵們把我帶到一個約兩坪大的小房間。牆面是白色的，燈光也是白色的，房間裡還有桌子和電腦，甚至還有冷氣。除此之外，房間的正中央釘著一張椅子。他們把我的手反綁在椅子上，再用鐵鍊把我的腳綁起來，讓我動彈不得。

我被連續審問了整整兩天。裡頭有三、四個人一直問我同樣類型的問題。每次審問的長達二十個小時，有時甚至更久。不過，他們並沒有針對某個特殊事件提問，而是不停詢問一

14 穆斯庫比亞監獄，也被稱作俄國大院，是一座落於耶路撒冷的大型建築物群。這座大院原本是為了那些於十九世紀的鄂圖曼土耳其帝國時期的大批俄羅斯朝聖者所建造的。今日有些被用來當作以色列警察的總部、審判法庭、監獄與訊問中心。

些生活細節。我甚至不知道他們拿什麼罪名指控我。這讓我十分困惑，也無所適從。數不清有幾百次，我在審問時不小心睡著了。不過，通常我睡著的時間也只有一秒而已，因為只要審問者發現我在打瞌睡，他們就會拿水潑我，把我叫醒。審問的時候，我被逼得很緊，而且我一天只有兩餐可以吃。吃飯時，士兵會鬆開我的其中一隻手。但是他們都說我只有兩分鐘的時間可以吃飯，食物都是些豆類食品而已。經過兩天的徹夜訊問，坐得直挺挺的我手腳都麻木了，這是因為我一直被綁在椅子上的緣故。

除了審問之外，他們用一些話來擊潰我的心神。他們告訴我，我家已經被拆了，家人也都死了。有一天，士兵們還在我面前擺上弟弟們的照片，說我弟弟們已經被槍斃了。其實我並沒有懷疑他們所說的話，因為我認為自己有一天也會命喪於他們手中。有些囚犯走出門後就再也沒有回來了。我覺得自己有朝一日也會面臨同樣的命運。那時候，我的精神開始變得渙散，完全無法集中注意力。

到了第三天，他們終於對我透露我之所以被拘留的原因，都是因為我與解放巴勒斯坦人民陣線間的關係。他們懷疑解放巴勒斯坦人民陣線打算對以色列發動攻擊，因此想盡辦法要從我口中套話，但我對這次可能的攻擊行動一無所知；另一方面，就算我知道我也絕不會告訴他們。雖然我知道一些成員的名字，但從頭到尾我都把嘴巴閉得很緊，因為一旦我供出成員名單，以色列士兵就會逮捕那些成員。他們一天審問我的時間，有時只有幾個小時，有時卻連續審問二十個小時以上。沒有被審問的時候，他們把我送到另一個小房間。房間的牆面漆成灰色，面積只有一坪左右吧。我記得房間十分狹小，如果我想躺下睡覺，頭和腳都只能緊緊貼著牆壁。如果我在房間裡製造麻煩的話，例如發出太多噪音，士兵就會把我的雙手銬住，五、六個小時之後才放開我。另外，他們給我的食物量都只是剛好讓我不會餓死而已。一週之後，他們給了我幾根香菸，但是他們卻沒有給我打火機。

在審問的空窗期間，士兵有時會把我送去跟其他阿拉伯人關在一塊。這些阿拉伯人會跟我分享自己的經歷，例如：他們跟我說自己來自希伯崙，除此之外我們也聊了其他的話題。他們講完之後，就會開始問我一大堆問題。很明顯的，那些阿拉伯人是以色列士兵派來的間諜啊，他們問的問題也是審問的一部分。這些阿拉伯人的任務就是要讓我在較為放鬆、沒那麼恐懼、害怕的情況下，能說出以色列軍方所要的資訊。他們告訴我：「我把事情都告訴以色列軍方了。你看，現在我不就可以睡覺了嗎？如果你把事情說出來，他們就會對你好一點。」

接受審問的那段期間，我完全看不到陽光，所以失去了時間概念。我不知道到底是白天還是晚上。有時候我會小睡幾個小時，但是我其實不知道自己到底只睡了一個小時，還是睡了一百個小時？我也不知道哪天是星期幾，什麼都不知道。我大部分的時間都是獨自一人，心裡十分煎熬。然而，我心裡有一撮小火花，它讓我能夠保持堅強，不被擊倒。

坐牢讓你重新審視人生

在獄中待了四個月後，他們把我帶到了軍事法庭開庭[15]。我身旁有二十位荷槍實彈的士兵，讓孤身一人的我覺得倍受威脅。但是我猜，這應該是他們計畫的一部分，他們總是想要用各種方法讓我害怕。可是，我很堅強，因為我並不是孤單一個人，所有巴勒斯坦人民都跟我站在一塊。我是個巴勒斯坦公民，我當然有權反抗以色列對巴勒斯坦的占領。我才不在乎他們指控我什麼罪名。那天在法庭上，我其實沒在注意聽他們到底在說什麼，真的不唬你。最後，他們對我的政治傾向作出指控，控訴我加入非法政治組織，也就是解放巴勒斯坦人民陣線，同時策畫反以色列的活動。但是，他們手中所握有的證據，還是無法明確指出我有參與任何攻擊以色列的行動，只能證明我參與解放巴勒斯坦人民陣線。最後審判結束，我被判了三年的有期徒刑。

二〇〇四年八月，我被帶到貝爾謝巴附近的監獄[16]，那是在我被以色列士兵逮捕的四個月後。前往貝爾謝巴的途中，監獄巴士所行駛的路線正巧會經過拜特吉卜林村的原址。我從未親眼見過拜特吉卜林村，巴士經過時，我瞪大眼睛，深怕錯過任何細節。只是，當村莊出現在我眼前時，我整個人都在顫抖。我祖父母總是讚美拜特吉卜林，懷念過往的美好歲月，我一直以為拜特吉卜林是個天堂。然而，我眼前所見的景象卻是一片荒蕪。除了以色列屯墾區的幾間推車式房屋之外，其他什麼也沒有。放眼望去，我只看到一間老舊的清真寺，其他地方都跟廢墟沒什麼兩樣。那裡只有年代久遠的石塊跟斷垣殘瓦，這些殘骸已經有幾千年的歷史了。

當年，我的祖父母被迫離開家園，而今我會經過這裡，也不是出於我自己的意願，所以覺得特別難受。當時的我孑然一身是可想見的，而今突然能到此地，也讓我想起，家人們不在身邊的事實。我以前常幻想著，希望有天能夠跟家人一起回到這個地方。可是最後卻是我自己一個人，孤零零地來到這裡，所以感到特別孤單寂寞。目擊此景，讓我覺得自己好像才剛從一場夢中醒來。我無法把過去的拜特吉卜林村跟現在所見的情景連結在一塊。我知道，現在的一切一定跟一九四八年前大不相同。又或者，一九四八年的拜特吉卜林村，其實只存在我的想像裡。

後來，我花了一點時間才適應在貝爾謝巴的囚犯生活。大部分的時間，我都待在牢房裡。牢房面積大約有四點二坪，每間牢房都住著七名犯人。我們睡的是上下鋪，因為空間不夠大，我們並沒辦法同個時間從床上下來。如果要打掃房間，一次最多也只能派兩個人打掃

15 此時，穆罕尼德正遭到行政拘留。行政拘留是一種行政手段，以色列得以不經司法程序，無限期限制巴勒斯坦人的人身自由。更多相關資料請見附錄〈名詞解釋〉。

16 埃莎爾監獄（Eshel Prison）座落於貝爾謝巴市附近。該監獄於一九七〇年啟用，安全性極高。貝爾謝巴市人口約有二十萬人，在耶路撒冷西南方六十英里處。

而已。

我的監獄室友都來自不同地方。有些囚犯已經年老力衰，有些囚犯則正值青春年少。有些囚犯一關就是十幾二十年，而有些才剛進來一年而已。在那裡，如果你想要有些獨處的時間，裝睡是唯一的辦法。剛進來的第一天，我就跟囚犯們打好了關係。同樣來自巴勒斯坦的牽絆，讓人與人的關係非常密切，譬如今天你在監獄遇到一名囚犯，而你可能恰巧認識他的哥哥或姊姊，你們就有共通話題了。

獄方允許我們一天離開牢房兩次，早上跟傍晚各一個小時。放風時，我們在監獄中庭散步，但是大約有一百個囚犯跟我的休息時段相同。問題是，中庭只能容納四十人左右。所以我們的辦法就是先讓四十個人去中庭散步，每四個排成一列，列隊繞著中庭走。因我們的休息時間只有一個小時，所以我們前半小時就順時針繞著庭院走，後半小時則改成逆時針走。三十分鐘到了之後，其中一個囚犯會拍手，示意大家走相反的方向。我一邊散步，一邊想著：這就是我的人生了，我們每天從同一個地方開始，一個小時之後又再次回到原點。

中庭大部分都被屋頂覆蓋著。所以即使外面的陽光很耀眼，在監獄裡還是看不到什麼陽光。大部分的受刑人因為缺乏日照，身體開始出現各種不適的症狀。雖然牢房外的門廳上有幾扇小窗戶，陽光會從那灑進來，但如果你想要曬點太陽，就得在一大早跑到窗戶下。話說回來，囚犯也有分年資，像我就是新來的菜鳥受刑人。有些囚犯被關二十幾年，上了年紀，身體狀況不太好，我覺得他們比我還需要日照，於是我就把小窗戶的權益讓出去了。我其實一整年都沒曬到什麼太陽。

坐牢期間，我的想法漸漸改變，也慢慢接受獄中生活。對每位巴勒斯坦人而言，坐牢可以讓人好好思考人生，並是藉機檢討自己的大好機會。另一方面，在此向其他受刑人學習，互相分享人生體驗，也是坐牢帶給我的難得經驗。

另外，當我們發現有某個受刑人獨自關在房間，渴望著外頭的新鮮空氣時，我們就會盡量把他的心拉回來，讓他不再感到孤單。因為這樣的事情如果發生在任何一位囚犯身上，其他人的心情也會跟著受到影響，變得低落、沮喪。因此，一開始我們會給彼此一點時間排解情緒，一旦發現有人陷入低潮的時候，通常我們會先留半小時讓他獨處，半小時過後我們大夥就會湊過去，開點玩笑，找些話題討論。其實，任何方式都是可行的，只要不要讓他在低迷的情緒中迷失自我就可以了。

我曾被關過幾次單獨禁閉——有時候幾天，有時候一週。原因大多是攜帶像手機之類的違禁品。關禁閉的期間非常難熬。那間小房間裡並沒有床鋪，只有在地上鋪一張能夠讓我睡覺的墊子。那段期間，我只有五分鐘的時間能去廁所，還必須在五分鐘之內洗完澡、清洗東西，或是做其他我想做的事情。但是不管你有沒有做完，五分鐘後你就得回到小房間裡。聽說，有些人甚至被關單獨禁閉的時間長達好幾年。

除此之外，我們跟監獄警衛也經常起衝突。有時候，我們會故意在牢房裡大叫或是拍門，接著警衛們就會趕來用胡椒子彈[17]攻擊我們。那些子彈會劃破你的皮膚，接著胡椒就會進入你的身體裡。

警衛一天都會搜索房間好幾次。每次警衛搜索的時候都有至少九名或十名士兵陪同。有時他們只是單純進行搜索，但有時候，他們會騷擾囚犯。常見的情況是，那些警衛跟士兵會在凌晨三點的時候來搜索牢房，在我們睡得正香的時候突擊。他們常常突然打開牢房大門，將近十名士兵帶著槍衝了進來，大喊著：「下床！把手舉起來！」

雖然牢房常遭到搜索，不過我們還是能夠藏點東西在牢房裡。我們有好幾項重要物品，其中一個就是手機。因為無論是看新聞或跟家人聯絡，都得透過手機才行。有段時間，我負責每晚把手機藏好。一般我們會在傍晚六點時把手機拿出去使用，一直到十點或十二點才把手機帶回牢房內藏起來。我們設了許多藏手機的地點。我們曾把磁磚切割出一小塊，然後把手機藏在地板下面。但是藏東西的時候手腳得非常迅速才行，也得十分謹慎，因為警衛來搜查時，他們會逐一檢查每一個角落，有時候連地板也不放過。有一次，他們帶了一個金屬探測器來搜查我們的牢房。結果，拜那個機器所賜，我們的手機被發現了。警衛們把手機沒收，並且罰我們兩個月不得接受親友的探視。

以色列士兵不只監禁我，也折磨我的家人

在我被困在耶路撒冷審問的期間，家人們完全不知道我的去向，也對我到底面臨什麼遭遇完全一無所知。巧合的是，我離開耶路撒冷之前，恰巧遇到先前在難民營認識的朋友。那天是某個我被送審的日子，法庭結束後，士兵們壓著我從大廳下樓。就這麼巧，我們在這短短的路程中竟然相遇了。後來，我朋友出獄後回到難民營，跟他的母親提起這件事，而我朋友的母親又跑去告訴我媽媽。一得知我的消息後，我的父母就去國際紅十字會[18]，希望能夠有機會到耶路撒冷探監。最後，在我被移送到貝爾謝巴監獄之後的兩個月，他們終於來探望我了。

我們第一次會面時，我母親的眼淚完全停不下來。她坐在玻璃窗的後方，我們只能透過電話聊天。我們兩人的內心都感到痛苦萬分，因為我們雙方都心知肚明，短短的四十五分鐘過後，就是我們分離的時刻。會面的時候，我告訴他們：「我其實沒事呀，我過得很好。房

---

17 胡椒噴霧彈通常被當作武器使用，使人們喪失行動能力，用以控制人群。發射出來的噴霧彈含有胡椒之類的化學物質，可用於製造胡椒噴霧。雖然胡椒噴霧的目的並不在於致人於死，但是仍然有關於胡椒噴霧奪人性命的報導。

18 紅十字國際委員會（ICRC）是個確保囚犯權利受到保障的國際組織，當然還有其他功能。更多關於紅十字會與紅新月會分佈的資訊，請參閱附錄的〈名詞解釋〉。

間的空間不小，還有電視。連食物也不錯，有時候還有肉吃，像是雞啊什麼的，還有果汁呢！」雖然這些都是謊言，為的是不要讓她太過擔心監獄的情況。不過，撒這些謊一點也不容易，因為只要有人出獄，我母親就會知道實際情況了。但我心想，她其實知道我當時對她撒謊，只不過她沒有戳破我的謊言罷了。

然而，我母親也想讓我打起精神來。我不停詢問外面發生了什麼事。我母親說，外頭一切都很好，像我的某個朋友要結婚，或是某某人大學畢業等等。當然一定也有很多不好的事情，只不過她沒有告訴我，我想是因為我母親希望我對外頭的世界保有美好的印象。我也知道她在撒謊。換句話說，我們都只是想讓對方開心而已。

我父母親一個月來探望我兩次，每次他們都得耗費許多心力與體力才能成功抵達監獄。他們得在清晨四點上車，但是中午才能抵達監獄，而且探視時間只有短短的四十五分鐘。每去監獄一趟，他們都得到晚上七、八點才回得了家。有時候他們遠道而來，監獄守衛竟然對我父母說：「他不在這裡喔！我們把他送到別的監獄去了。」或是：「他在法庭上喔。」但是，他說的都不是事實。有一次，某個剛跟家屬見完面的受刑人進來對我說：「穆罕尼德，你的家人在外面等。」於是，我先把衣服換好，等著跟家人見面。可是，每次我問獄卒可不可以輪到我去外頭會客，他總是說：「不行！不行！不是現在！」等到會面時間結束，獄卒竟然告訴我：「你的家人沒有來啊！」我反駁：「他們在外頭啊！」他出去外面查看。結果沒過多久，他進來跟我說：「他們剛剛還在這，但會面時間已經結束了，他們得離開了。」

你知道，我其實不希望家人大老遠跑到這來探望我。我不想見到他們為了這短短四十五分鐘的會面而花上好幾個小時，而且有時候來探監還不一定見得到人，這對他們來說無疑是種折磨，而以色列就是想讓我的家人體會這種痛苦。有一天晚上，我用那隻被我們藏起來的手機打電話跟他們說，以後不要再來探望我了。

在我父母親第一次來探監的幾個月之後，我的兩個弟弟也被逮捕了。年紀稍長的那個被叛了兩年的刑期，他當時才十九歲。另一個十六歲的弟弟則是被行政拘留[19]了幾個月。我是家裡第一個被抓去坐牢的人。後來我父母親說，以色列士兵竟然有我們家房子的內部圖，主要是因為他們實在去過我家太多次了。

我被逮捕入獄之後，我們家連帶吃了很多苦。我母親原本是從不出遠門的，自從她第一次來探我的監之後，她就開始接觸人群。後來她在監獄中也見到一些一輩子都得坐牢的人。那些人有家庭、有妻子，甚至還有從未謀面的孩子。

這些人的遭遇讓我母親開始用不同角度思考。如此一來，她至少可以安慰自己，她兒子畢竟還有重獲自由的一天。我母親對於我弟弟的處境也抱持同樣的態度。而我自己也是這麼認為的。許多囚犯的刑期都長達二十年，相較之下，短短幾年的刑期算什麼，我根本只是監

---

19 關於行政拘留的資料，請參閱附錄的〈名詞解釋〉。

獄的一名觀光客而已。

一年半之後，他們又把我移到另一座監獄，當時正是二〇〇六年的春天。這次他們把我移到內蓋夫沙漠的監獄[20]，那其實是由幾座帳棚所組成的地方。我住在帳篷中整整八個月。每座帳篷差不多容納二十名受刑人，帳篷周圍有著高聳的圍牆，高度跟隔離牆[21]一樣。因為陽光直射的關係，六、七月是一年之中最炎熱的月份，溫度大約高達攝氏四十度，而我們就像當時被困在沙漠中，完全沒有地方可以躲避。每位受刑人都盡量躲在高牆的陰影下，況且營區裡還有很多蚊子、床蝨等害蟲。環境之惡劣實在令人難以想像。唯一可以給我安慰的，就是在那邊遇見的人們。

接著，以色列在我服完刑期之前，又把我轉到拿撒勒（Nazareth）（巴勒斯坦北部的古城）的夏特監獄[22]。我在那裡坐了幾個月的牢，最後我在二〇〇七年出獄了。

我把自己的房間佈置得跟牢房一模一樣

即使當初知道他們什麼時候會還我自由，但對於確切的地點，我可是一無所知。最後，他們把地點挑在離我家非常遠的傑寧[23]。可是我身上連一毛錢也沒有。二〇〇七年的時候，傑寧的局勢也不太好。後來我跟一個計程車司機借了手機打電話給我家人，請他們來載我回伯利恆。

當我回到家時，我發現朋友、家人、鄰居全都熱烈地歡迎我返家，差不多有一百人左右吧。大家不是把我高舉起來歡呼，就是給我大大的擁抱。我已經有整整三年的時間沒有一次接觸七個人以上了，實在不習慣突然面對一次這麼多人。雖然我心裡很高興，還是覺得這樣的場面有點超出我的負荷。還記得那個時候，每個人似乎都在跟我說話，但是我完全無法專心聽。

那天晚上是我這麼久以來，第一次在我自己的房裡睡覺，但隔天早上我六點就醒了。全家只有我一個人醒來。雖然前一天晚上，我跟家人朋友慶祝到凌晨四、五點，隔天早上還是這麼早就醒了。因為以前坐牢時，我們每天早上六點都得早起做事。

20 克特西歐監獄是位於內蓋夫大沙漠的大型開放式囚犯營，在貝爾謝巴西南方四十五英里處。克特西歐監獄於一九八八年啟用，在一九九五年第一次巴勒斯坦大起義後關閉，並於二〇〇二年巴勒斯坦第二次大起義期間再度開啟。根據人權觀察組織報告，每五十五位來自約旦河西岸地區與加薩地區的十六歲以上男性，就有一位曾在一九九〇年第一次巴勒斯坦大起義期間，被拘禁於克特西歐監獄。

21 這裡是指隔開以色列與巴勒斯坦占領區的隔離牆。巴勒斯坦許多地方都建有這種圍牆，高二十至二十五英呎，由鋼筋混泥土水泥建成。

22 夏特監獄（Shate Prison）（「shate」的意思是阿拉伯語的辣椒之意）於一九五二年啟用，大約容納八百名受刑人。

23 傑寧市是個靠近約旦河西岸北部邊界的城市。伯利恆在其南邊，距離約有六十英里。

出獄後的三、四個月，我常讓自己獨處，因為我不想和任何人說話，也不想見任何人。我堆了很多箱子在房間裡，把房間的空間變小，最後佈置得跟牢房一樣。另外，我還把咖啡跟我需要的物品都放在房間裡，所以我完全不用踏出房門。

事實上，每位受刑人出獄之後，或多或少都會有適應上的困難。出獄之後，我無法同時跟兩人說話，聊天時也需要很多時間思考，才能注意到對話裡的每個細節。有時候，我還覺得很沒有安全感，我自己也不知道為什麼會這樣。如果我聽到外面有任何動靜，我就非得出去查看才行。假如有其他人來拜訪，我也得知道究竟是誰。跟朋友們一起在公共場合聊天時，我是唯一一個注意到後頭有可疑人士一直盯著我們瞧的人，其他人則是完全沒有警覺心，這都是因為他們從未在監獄裡待過的關係。

不過，我還是努力想要過得跟正常人一樣，只是我不再跟過去一樣那麼積極參與政治活動，也不再想那麼出風頭。二〇〇八年，我回阿布迪斯的大學唸書，繼續當初因為坐牢而中斷的學業。我重拾了藝術學程，這是我在二〇〇四年被捕當時，正在學校修讀的學程。我的家人都有接受教育，難民營裡，大家學歷也都不差。我們這裡的工作並不好找，而且我們也不是住在一個正常的國家。你只有拿到學歷，才有可能找到工作。我猜想，巴勒斯坦的大學生，應該跟其他國家的高中生程度差不多。我有一個叔叔在萊斯大學（Rice University）拿到博士學位，一位叔叔是教育博士，一位是工程博士，還有一位碩士畢業。另外，我的兩個阿姨也都是碩士畢業的。要在這裡找到工作，唸書是唯一的辦法。我的雙胞胎妹妹已經在我去坐牢期間修讀完碩士，現在正往博士學位邁進。因此，拿到一個學位對我而言，真的非常重要。

出獄後，回到大學唸書是我人生最大的挑戰。畢竟我脫離校園已經五年了，所以我回去唸書時，當年的老朋友們都已經畢業，同學甚至成了教授。而我自己則是完全無法跟班上那些小我五、六歲的同學相處。他們覺得自己討論的事情很重要，但是我根本不在乎那些雷朋（Ray-Ban）太陽眼鏡有多貴，或是我的手錶要多少錢，因此，我跟其他人都保持一定的距離。而且老實說，我有一大堆課根本沒去上。

我覺得自己出獄後完全變了一個人。被抓去坐牢之前，我早上總是開開心心地去學校上課，也很喜歡閱讀。出獄之後，我卻羞於見人，所以我其實不希望任何人看到我去學校上課。我覺得自己已經太老了，已經過了我覺得該上學的年紀。

然而，我在學校遇見一個名叫愛格桑（Aghsan）的女孩。雖然她比我小六歲，但我們交往沒過多久就訂婚了。只不過，在我交女朋友之後，情況並沒有帶來多少改變，我還是不太能適應出獄後的生活。對巴勒斯坦人而言，以色列占領巴勒斯坦的土地後，一切就全都改變了。你的身心與人生都將受制於人，這也對我們的愛情帶來不小的阻礙。愛格桑來自拉馬拉[24]。照理來說，從伯利恆到拉馬拉的路程只需要一個小時。一旦路途中必須經過檢查哨，巴勒斯坦人往往得在那裡浪費好幾個小時，連只是要去探望女朋友也不例外。最糟糕的是，你根本不知道自己會在檢查哨耗上多久的時間[25]。

在檢查哨通關時，我得先向以色列士兵承認自己曾坐過牢。一旦我在他們詢問時撒謊，麻煩就大了。有時候，以色列士兵會問很多問題，有時候什麼也不說，就只是叫我下車等待。如果運氣不好，盤查我的士兵剛好跟他的女朋友鬧彆扭，或是那天純粹只是心情不好，他也不會讓我有好日子過。跟愛格桑訂婚後，我常常得開很長一段時間的車去探望未婚妻幾個小時，再千里迢迢地開車回家，這就是我的生活最真實的面貌。一段時間之後，我開始覺得羅密歐與茱麗葉根本不算什麼。有時候我甚至還會質問我自己，為什麼我會愛上一個住在拉馬拉的女孩？倫敦跟拉馬拉的遙遠程度根本差不多啊。這樣的努力跟奔波真的值得嗎？有時候我甚至覺得，我們的愛情正被一點一滴地消磨。

因為我有坐牢的記錄，所以找工作時更是困難重重。最後，我終於在一個名叫阿達米爾[26]的組織找到工作了。阿達米爾是個重視人權，支持囚犯權利的組織。然而，踏進職場之後，我卻覺得自己受到別人的控制，我實在不喜歡這種感覺。這也是為什麼我找工作找得非常辛苦。我不喜歡每天簽到的制度，也不喜歡別人決定我每天的行動。

我相信藝術是一種反抗的方式

回到聖城大學唸書之後，我和我的藝術老師聊過。我向她表示，我的畫作內容想以監獄生活為取材，而她很支持我的想法。雖然以監獄生活為創作主題的藝術家非常多，但是體會過監獄生活的畢竟是少數。許多巴勒斯坦人與國際組織都十分關心巴勒斯坦的政治囚犯。有些藝術家會創作出與受刑人相關的海報與圖畫。在他們的作品裡，囚犯幾乎都被賦予高大威猛的形象，輕易就可以突破監牢的限制。但是，我想呈現的東西與他們不同，我希望可以從受刑人的角度談談獄中生活，描繪出受刑人眼中的世界。

窗戶的欄杆是我作品中必須出現的物件，因為我們在監獄中看出去的每個景色，中間一定隔著欄杆，我們從未見過沒有欄杆阻擋的景色。而家人來探視時，也是與受刑人隔著一面玻璃。因此，雖然我看得見母親，但是她的臉龐從未完整地出現在我的視線中。我在小小的方形帆布上，畫上受刑人透過欄杆所瞥見的臉孔、行人、房屋以及車子。這就是我們受刑人眼中的世界，我們只能透過小小的窗口窺視外界。

---

24 拉馬拉是巴勒斯坦實質的首都，位於伯利恆北方十三英里處。
25 關於巴勒斯坦境內檢查哨的資訊，請見附錄的〈名詞解釋〉。
26 阿達米爾（Addameer）是保障巴勒斯坦囚犯權益的非政府組織。阿達米爾在阿拉伯語中的意思是「良心」。

二〇一一年，我在倫敦、耶路撒冷、伯利恆等地都辦了畫展，我為此感到自豪。我知道，或許會有人花錢購買我的畫作，拿回家掛著或是收藏起來，那樣的話，最多就只會有十人至二十人可以看到我的畫作。然而，我相信藝術不分貧富貴賤，也不該有階級限制。我出生在難民營，我的藝術是為了巴勒斯坦窮苦的人民而存在。我的創作並不是讓有錢人擺在家裡的裝飾。

出獄之後，我重拾畫筆，再次開始塗鴉作畫。跟某些藝術家一樣，我也會使用模板塗鴉作畫。因為很多地方其實是不被允許塗鴉的，因此我們創作的速度得非常快。我的塗鴉都在大街上，如此一來大家都可以看到[27]。

我相信藝術是一種反抗的途徑。在巴勒斯坦的畫作，跟其他地區的創作是完全不同的，因為在牆上的畫作都與第一次巴勒斯坦大起義或是革命有所關連。

每次作畫時，我都覺得自己正在回饋鄉里。我創作是為了把消息傳遞出去，更是為了替數以千計的受刑人發聲。有些我畫筆下的受刑人可能已經坐了三十幾年的牢，有的甚至更久，而世人缺乏對這些受刑人的關心。而今，困在軍事監獄的囚犯已超過一萬兩千名。我實在不懂，為什麼會有人仍不知道有這麼一群人的存在。

如果你住在巴勒斯坦，面臨許多考驗自然是免不了的。我們這裡的生活充滿痛苦與折磨。但我希望我能透過自己的畫筆改變現況，撫平人們的傷痛。我們雖然無法持槍、大張旗鼓地反抗，但是我們有自己的抗爭方式，當然，面臨這些處境，也可能因此失去生命或是自由，不過這都是在為我們的下一代努力。

27 穆罕尼德的壁畫大多有獲得許可，有些作品甚至是業主要求創作的。

約旦河西岸的比爾因村附近的抗議者

塔莉・夏皮羅

英文與希伯來文互譯的譯者，三十一歲。出生於以色列的梅瓦塞萊特錫安（Mevaseret Zion）。於約旦河西岸的拉馬拉城受訪。

在約旦河西岸地區，有座名叫比爾因（Bil'in）的巴勒斯坦小村莊。當初以巴雙方協議停戰後，畫定了雙方停火線，也稱作綠線，而比爾因村則位於停火線東邊約兩英里處，由比爾因村再向東走十二英里，就是拉馬拉市了。比爾因村每週都會發起一次示威行動，這也是為什麼這個小村莊會如此出名的原因。這些抗爭主要都是衝著以色列占領約旦河西岸與隔離牆的興建而來。

隔離牆的興建始於第二次巴勒斯坦大起義爆發之前。如果按照預定規劃，未來建好的隔離牆將會切過比爾因村的西部，如此一來，許多私人土地與比爾因村的放牧用地，都將被劃入以色列的領土範圍。自二〇〇五年起，村民們總是固定於禮拜五集合，抗議隔離牆對村莊土地的侵略。這種固定的反抗行動，很快就成了巴勒斯坦抗爭運動的焦點。每週的抗議活動，都有人不遠千里地來參加，有些抗議者來自約旦河西岸或是以色列，還有些人則是從世界各地來到比爾因這個小村莊。除此之外，許多名人跟國際領導者，包含理察・布蘭森（Richard Branson）與美國前任總統吉米・卡特（Jimmy Carter）也聲援抗議活動。人權組織律師也加入群眾的行列，利用他們的專業為群眾奔走。二〇〇七年，以色列法庭發出命令，表示這面隔離牆未來將會被拆除，並將其移至更靠近綠線的地方，但是，法院也表示，目前並沒有迫切的安全疑慮促使他們去評斷切過比爾因村隔離牆的路線是否恰當。然而，以色列法庭做出此宣布的同一年，建於莫迪因伊利特（Modi’in Illit）的數千棟屯墾區建築物卻得到法院的合法許可。而這些合法化的屯墾區新建物將占用到比爾因村居民的私有土地。基於以上種種原因，比爾因村與綠線間的土地歸屬仍舊充滿爭議性。

自二〇〇九年起，塔莉・夏皮羅（Tali Shapiro）就開始參與這些抗爭活動。我們在某次週末例行的抗議活動中與塔莉相遇。當天的現場，可是時不時就會被接二連三而來的催淚瓦斯攻擊，而手榴彈的爆炸聲響已經可以組成一部交響樂了。塔莉當天穿著牛仔褲與T恤，脖子上圍著一條印著花紋的大手帕，在抗爭現場負責將酒精倒在手帕上，再把手帕遞給那些不幸被毒氣擊中臉部的人們，好讓他們舒緩眼睛與鼻竇的不適。

我們聊了幾句之後，塔莉答應稍後與我們在拉馬拉的某間餐廳會合。拉馬拉市位於行政A區[1]，而塔莉的以色列公民身分，照理來說，應該沒有辦法進入拉馬拉市。不過，就跟很多以色列人一樣，塔莉似乎有辦法找到免於被以色列或巴勒斯坦自治政府找麻煩的方法。事實上，我們於二〇一四年再次與她見面時，她跟我們說，她已經搬到拉馬拉市了，而且，她已為此計畫了好幾年。

跟其他孩子相比，我的童年過得無憂無慮

我的父母出生於以色列，而我的曾祖父母與曾外祖父母則分別來自波蘭、俄羅斯、烏克蘭跟立陶宛。一九八三年，我出生於耶路撒冷郊區的梅瓦塞萊特錫安[2]。我有一個名叫班傑明（Benjamin）的哥哥，比我大上幾歲。我父母的工作都跟醫學有關，我的父親是個麻醉醫生，而我的母親是個精神科護士。在我五歲之前，我們全家都住在以色列，接著因為父親工作的緣故，我們一家搬到美國西雅圖，並在那住了兩年。

在西雅圖居住的那段歲月讓我得以用不同的觀點思考，這是一輩子住在以色列的人所無法體會的。搬到美國之前，我從沒有思考過，自己到底是誰，來自何方之類的問題。另外，

1 行政A區的管理以及治安都由巴勒斯坦自治政府負責。更多關於行政A區、B區、C區的相關資料，請見附錄的〈名詞解釋〉。

2 梅瓦塞萊特錫安（Mevaseret Zion）是個約有兩萬五千人的小城市，在耶路撒冷西方約六英里處。

美國的「效忠宣示」（Pledge of Allegiance）也在我心目中留下深刻的印象。每天早上我們都必須站在美國國旗前面，表達我們對美國的忠誠。可是，為什麼我要跟一面不是我國家的國旗表達忠誠呢？這點讓我十分困惑，也對自己的所作所為充滿疑慮。我一面對著國旗敬禮，心裡一面想：「等等，我不能這樣做吧？」更有趣的事情是，當時差不多七歲大的我，已經會開始想東想西了。我心想，如果覺得對美國的國旗表達忠誠是一件很奇怪的事情，那唱〈希望〉[3]的時候，我的感覺又是什麼呢？

經過西雅圖居住的兩年時光之後，我們一家又搬回貝爾謝巴附近，一個名叫奧馬爾的小鎮上[4]。奧馬爾的居民衣食無虞，小鎮富裕的程度，或許可排進以色列最富有地區的前三名吧。奧馬爾是座親切但生活極其無聊的小鎮。不過，小鎮有許多令人心曠神怡的綠地，而且房屋也相當整齊劃一。雖然小鎮上沒有什麼娛樂，但是環境優良，很適合孩子成長。

我的童年過得十分無憂無慮。雖然外面的世界發生了許多恐怖的事情，我的父母把我保護得非常好，讓我不用去面對外界的殘酷，我也不知道外面的世界究竟有多麼複雜。而且，如果有親人過世，我母親也不會帶我去參加喪禮，因為她根本不想讓我見到那些哀戚的場面。我的家族曾是錫安主義運動的一份子，我們祖父母曾出力幫助猶太人建立城鎮，城裡面有某些街道就是以他們的名字命名的。因此，我在一個充滿愛國氛圍的環境中長大，我的童年就在這樣的保護傘之下安然度過。我們過著以色列的生活方式，沉浸於以色列文化，也十分關心以色列的安全議題。還記得每次放假時，學校老師都會送我們一點巧克力，讓我們帶回家吃。巧克力上頭都刻有以色列國旗的圖樣。

我身邊的每個人都十分崇拜以色列士兵。他們都曾入伍服役，也因此成了英雄。我的母親、父親、叔伯、阿姨們都去當過兵[5]。只不過在我小時候，學校與媒體總是說，等到我們這一代到了該當兵的年紀時，或許國家已經不需要人人都去服役了，所以人人皆兵只是暫時的事，將來這個問題一定會被解決。雖然這可能跟你所聽到的不太一樣，但在我成長的一九九〇年代，大家都是這麼認為的。大家都說，「奧斯陸協議」[6]簽定之後，以色列就不需要這麼多的兵源了。

---

3 〈希望〉（*Hatikva*）是以色列的國歌。

4 奧馬爾（Omer）位於貝爾謝巴的郊區，離貝爾謝巴約三・五公里遠。貝爾謝巴市在耶路撒冷的南方，約有一百公里遠。

5 大部分的以色列公民在十八歲的時候都必須服兵役。有關以色列國軍的資料，請見附錄的〈名詞解釋〉。

6 《奧斯陸協議》的簽訂象徵第一次巴勒斯坦大起義的結束。巴勒斯坦拿回約旦河西岸與加薩地區的治理權，並針對兩地區的治理提出暫時性計畫。更多相關資料請見附錄的〈名詞解釋〉。

拿著槍的夏令營

作為一個十幾歲的少女，我對服兵役並沒有什麼特別的想法，也沒有多去思考，我只是住在某個小鎮上對任何事都感到無趣的典型少女。我完全不懂政治，雖然我偶爾會在媒體上聽到「屯墾者」這個詞，但我認為女孩子通常是不會去管這些消息的，也沒人會想讓女孩子知道這些。就連我後來升上高中之後，我也沒去搞懂「屯墾者」的意思到底是什麼。

十六歲的時候，我在電子信箱裡收到了徵兵單。那是我第一次面對自己要被徵召入伍的可能性。收到兵單後有一連串的註冊程序等著我去完成。首先，你得先找出自己未來的服役單位，還有自己可以貢獻怎麼樣的能力。其實，我未來的工作內容還蠻差勁的。他們跟我說，我入伍之後要擔任類似秘書的職位，而我有些朋友則是可以擔任偵察兵，去野外執行任務，或是完成一些有趣的交辦事項，至少當時的我認為他們的工作還算蠻有趣的。我收到兵單的同一年，學校就安排我們去參加為期一週的加德納營隊[7]。那是學校的既定計畫，大部分的以色列青少年都會去參加。換句話說，其實就是一個讓大家練習使用槍枝的夏令營。

訓練期間，我們住在沙漠的帳篷裡，並由女性國防軍官來教導我們如何拆卸來福槍，或是帶我們到靶場射擊等。那是我生平第一次接觸武器，沒想到，十六歲的我竟然在校外教學時拿著來福槍跑來跑去。那可是一把又重又沉，摸起來還油膩膩的殺人武器。不過我還是去靶場挑戰射擊了。

接著，時間來到了西元二〇〇〇年，我一滿十八歲之後，就立刻被徵召入伍了。在那之前，我一直不確定自己是否需要服兵役。一般來說，只有百分之四十的以色列人最後會被徵召入伍，即使是一開始就在兵單上的人也不例外。事實上，我根本就不想去當兵，換句話說，我被困在一個自己並不想陷入的困境，但是，我又覺得這是我應盡的義務。除此之外，社會也會給你壓力。在以色列，拒絕入伍是一件非常自私的行為，人們會覺得你是個長不大的孩子。如果你不去服兵役，大家就會替你貼上國家叛徒的標籤。

我入伍第一個月的時間都花在基礎訓練上，受訓地點在巴勒斯坦的北方，離海法市的距離並不遠。我覺得那次的經驗其實滿奇特的。除了靶場訓練之外，我們在那期間似乎沒有學到什麼東西，只是日復一日地遵守那些生活紀律，像是如何用正確的方式整理床鋪、穿著正確的服裝搭配，正確地處理廚房雜事等等。我們在寒冷的天氣中睡在帳篷內，每天都得練跑步。一旦我們搞砸或做錯事，上頭的人就會對著我們大吼大叫，還罰我們額外多跑幾圈。我想我的基礎訓練應該稍微輕鬆一些，畢竟我沒有被賦予任何跟戰鬥相關的職務。就像我之前說的，我在軍中只是個秘書而已。

7　「加德納」（Gadna）是「Gdudei No'ar」的簡稱，即「青年營」，其歷史可追溯到以色列建國時期。

經過一個月的基礎訓練之後，我在九月時被分發到單位上，轉任緊鄰漢尤尼斯[8]的軍事基地，恰巧那個軍事基地是加薩地區當時最大的一個。巴勒斯坦第二次大起義[9]期間，我都在那座軍事基地服役。到現在我都還記得子彈擊發的聲音，還有劃破夜晚寧靜的爆炸聲。

一旦有爆炸聲傳來，我們整晚都得保持清醒，試圖找出爆炸聲的來源。我們得知道那是我們這邊的聲音，還是「他們」那邊傳出的爆炸聲。一旦查出來是「我們的」爆炸聲，大家就會放心。在營區，謠言也是生活的一部分，因為謠言可以讓我們保持警覺心跟恐懼感。營區裡最盛行的留言就是「阿拉伯人要來拿下我們的基地啦！」拜託！我們這裡可是加薩地區最大的軍事基地啊，怎麼可能被攻下！然而，諸如這類的傳言都是被允許的。

我記得，有一次我們聽到建築物倒塌的隆隆聲，通常大樓倒塌時會發出了巨大的爆炸聲響。那是我第一次聽到那麼恐怖的聲音。當時，我們房間一共有八個女孩。即使夜深了，大家卻都十分清醒，每個人心裡都在想：「我們會死嗎？」我們當時根本不知道，這些爆炸聲是我方軍隊自己造成的。爆炸實在太大了，即使我根本沒有被捲進戰鬥之中，卻絲毫不覺得自己安全無虞。事實上，大多數的女兵都不准攜帶武器，只有在第一線的女軍官跟醫護人員才可以佩槍。我記得，有個指揮官曾說，女兵持槍實在太危險，在軍隊中，抱持這種想法的人其實很普遍。

只是，儘管我在軍中服役，但對於政治局勢仍是一知半解。我以前一直以為，戰爭爆發的原因是因為有些瘋子決定要逃離以色列，造成軍隊不得不派人出來保護他們。我花了幾個星期，才搞懂廣播中一直提到的「屯墾者」究竟是什麼意思。我以前就一直感到很困惑，為什麼我們不把人帶回以色列呢，接著再把屯墾者都帶回以色列不就好了嗎？大部分的事情在我看來都很詭異。

日常生活的細微觀察，幫助我了解事實真相

我派駐在加薩軍事基地的時間總共為一年八個月，軍中的生活其實每天多是大同小異。在我們的單位中，無論你人在不在基地，每天都需要繳交報告，呈報你做了什麼事情。而我每天早上的頭一件事情，就是先整理人員送上的報告。歸檔完之後，我還有時間吃點東西、去體育館運動，還可以睡個午覺，或是看點書。至於那些一天去外面執勤十四小時的朋友們，回到營中都累翻了。跟他們比起來，我只是試著讓我的一天過得充實一點，儘管如此，

8 漢尤尼斯市（Khan Younis）在加薩地區的南邊，居民人口數超過二十五萬，是加薩地區僅次於加薩市的第二大城。

9 第二次巴勒斯坦大起義也稱為「阿克薩起義」。這是繼《奧斯陸協議》之後，以巴雙方第一次爆發的重大衝突。衝突時間從西元二〇〇〇年，延續至二〇〇五年。更多關於巴勒斯坦起義的資料請參照附錄〈名詞解釋〉。

我仍舊覺得自己被困在一成不變的生活中。

然而，某些回憶的片段卻深深刻在我的腦海裡。我想直到我找到方法處理之前，它們都會一直待在我的記憶中吧。我們的營區駐紮在一座可以俯瞰海灘的小山丘上。從營區往下看，可以看到一條塵土飛揚的道路。那是孩子們上學時必經的道路。在營區的我可以看到孩子們手牽手走在路上，或是跑著追趕校車的身影。我還記得，當時我心裡正在想：那些是敵人啊？嗯，好吧。

還有一次，我正在邊境檢查哨等車回家。我看見有個赤裸著上半身的巴勒斯坦男子跪在地上。他的雙手被反綁在他的頭部後方，有些士兵正粗魯地把他推進吉普車裡。我直覺認為，這個男子一定做了什麼非常糟糕的事情。我剛剛所目睹的一切，其實是逮捕人犯的正常流程。然而，當我今天回想這些事情時，我心中冒出許多問題。像是：他被士兵毆打了嗎？士兵是不是把他的衣服扒光，好羞辱他？這些日常生活的細微觀察，其實也慢慢地讓我開始了解真相。

另外，還有一件我覺得很不可思議的事情。我們軍中有位總是在桌上放著漢尤尼斯地圖的長官，而我的工作之一就是把整理好的報告交給他。有一天，他把他的下屬叫進辦公室，詢問該年巴勒斯坦房屋拆遷的數目。他的下屬表示，截至那位長官詢問之前，被拆遷的房屋間數是兩百九十七間。聽到答案之後，那位官員拿起了一隻黑色麥克筆，把地圖上的三個地方做了記號，接著他把那些記號的位置拿給下屬看，嘴裡說著：「快到年底了，我們再拆幾間吧，這樣可以讓數字好看一點，我想就三百間吧。」

在軍中，從來沒有人跟我們提過，我們做的事情是否符合道義。大部分士兵的全副心思全集中在軍中的生活品質上，他們在乎的是軍中的生活品質到底有多麼低落。軍隊其實跟牢籠沒兩樣，獲准回家的頻率也低到不行。實際上，我們每天都從早工作到晚。你的生活都被一些狗屁倒灶的事情填滿，你得服從紀律，包含穿衣服、洗碗等工作，這些都有必須遵守的規範。

我想做些什麼事來阻止戰爭

二〇〇二年，兵役結束之後，我就搬回家跟父母同住。二〇〇三年的大半時間，我都住在家裡。當時，我滿腦子只專注於找到人生的目標，也思考該怎麼離開奧馬爾。後來，我申請了特拉維夫某間大學的藝術學程，也幸運被錄取了。因此在二〇〇三年的秋天，我就開始搬到特拉維夫展開我的新生活。

在學校的前三年，因為我只專注於藝術創作上，所以還是沒有多花點心思了解政治。在大學的最後一年，我從原本的藝術創作轉到動畫系，也跟系上的同學墜入愛河。跟我比起來，我的男友比我更加熱衷政治。我從小到大確信不疑的每件事情，無論是家裡給我的觀念，還是經由學校、媒體、軍隊等所得知的資訊，全都受到他的挑戰。每一件事情果真都是如此！我們交往的三年期間，幾乎每一天都會討論政治。這種互動自然而然在生活裡發生，比如，我們在看電視或是讀資料的時候，隨時有什麼想法就會提出討論。雖然我當時可能不知道，但我認為，當時的我在無形中已經慢慢脫離從小就被培養起的愛國主義，那種愛國心態是盲目的態度。

那時候，我正設法在特拉維夫謀生。我靠著販賣畫作為生，也從事線上行銷工作。我記得我看過一部由BBC所製作的記錄片。這部記錄片花了很大的篇幅談論喪命於以色列軍隊手中的記者與社運人士：瑞秋・柯瑞、湯姆・漢德爾與詹姆斯・米勒[10]。

記錄片的某段還提及一位十二歲女孩的故事。事情是發生在巴勒斯坦第二次大起義期間。有一位女孩原本好端端地在上課，卻無緣無故被以色列士兵開槍擊中頭部，女孩奇蹟似地保住了性命，卻也陷入了昏迷。記錄片團隊來醫院拍攝女孩時，恰巧目睹了女孩恢復意識的那一刻，他們捕捉到女孩睜開雙眼的瞬間，但不幸的是，槍傷造成女孩的雙眼因此失明，而女孩知道自己失明的反應也被記錄片團隊拍了下來。我還記得自己十二歲時的模樣，所以看了那個片段之後，我無法控制，一直把自己跟那位女孩聯想在一起。記錄片團隊還訪問了當時槍擊女孩的單位司令官，我立刻在銀幕上認出了那位長官，他是我服役時期的長官之一。而且我還發現，那位女孩遭到槍擊的時間點，恰巧是我在該單位服役的期間。我當初其實不太清楚自己到底對這一切抱持什麼樣的感覺，但這確實是第一次，我覺得自己應該對以色列的所作所為負起些責任。

二〇〇八年，我與男友分手了，同一年的年底，鑄鉛行動[11]正式揭開序幕。當媒體開始報導以色列可能要入侵加薩的時候，我覺得自己被焦慮感壓得喘不過氣，就像隻被關在籠子裡的動物。我知道很多人會在這次行動中喪命。攻擊行動開始之後，我果然在新聞上一直看到這樣的消息，這快把我給逼瘋了。我只是想要做些什麼來阻止殺戮。同時，我也發現自己沒辦法再創作了，因為跟戰爭相比，創作這種事似乎不太重要。我參加在特拉維夫市的抗議遊行，反對以色列的鑄鉛行動，但我總覺得自己做得不夠多。

鑄鉛行動開始後的幾週，我的前男友打了通電話給我，電話中的他說：「嘿，妳想不想去比爾因村[12]？」那時，我已經在Youtube上看過比爾因村抗爭的影片，我回答：「雖然我怕

---

10 瑞秋・柯瑞是親巴勒斯坦的美國籍志工。第二次巴勒斯坦大起義期間，瑞秋於拉法喪命於以色列軍隊之手，當年是二〇〇三年。她企圖阻擋以色列推土機拆遷巴勒斯坦人民的房屋，不幸因此被推土機輾過而喪命。湯姆・漢德爾則是英國人，主修攝影。他於二〇〇三年在拉法遭到以色列狙擊手槍殺（昏迷九個月之後於隔年去世）。詹姆斯・米勒（James Miller）是位攝影師，二〇〇三年，他在拉法遭到以色列軍隊的槍擊，並因此喪命。BBC針對這三位死者做出一系列的報導，並拍成記錄片，片名為《當殺戮如此容易》（*When Killing is Easy*）（二〇〇三）。

11 「鑄鉛行動」為以色列對加薩發動的軍事侵略行動，時間從二〇〇八年十二月至二〇〇九年的一月。以色列表示，此項行動是針對那些射進以色列的飛彈，還有一對哈瑪斯的軍事化，所作出的回應。這項行動大約造成一千四百名巴勒斯坦人死亡。更多相關資料，請見附錄〈名詞解釋〉。

12 比爾因村的人口約有一千八百人，位於特拉維夫市東邊三十英里處。

得要死，不過，我們走吧！」另一個原因是，我非常想跟抗議的群眾見面。

於是從二〇〇九年開始，我的足跡開始出現在約旦河西岸。那通電話之後，有一天，我跟前男友約在特拉維夫的萊溫斯基公園[13]相見，再一起騎車去抗議現場。那天單單只是去公園跟其他社運份子聊天，我就已經找到歸屬感了。後來，我們每週五相約一起去比爾因村。週五是村民們固定抗爭的時段，主要是反對隔離牆對他們所造成的傷害。當時由於加薩地區的軍事行動正在進行的緣故，約旦河西岸的情勢十分緊張，士兵們的神經也高度敏感。但是，我對比爾因村抗爭的最初記憶，就是那裡的歡樂氣氛，有人開心地跳舞，大家也會彼此互開玩笑。感覺起來，這好像是一場慶祝活動一樣——慶祝抗爭，也歡慶抗議得以持續。這跟我之前在特拉維夫所參加的抗爭完全不同，那邊的氣氛都十分莊嚴肅穆，像在參加喪禮一樣。那裡的人認為這種態度是對抗爭的一種尊敬，但是我比較喜歡比爾因村的歡慶方式，為比爾因村生活慶祝也是一種抗爭的形式。

然而，每當隔離牆邊的抗爭進行時，情勢總是十分緊張，催淚瓦斯與橡膠子彈總是滿天飛。當然，我自己早就看過關於抗議的影片，再加上其他抗議者也一直謹慎地提醒我抗爭的危險性，所以我事前已經預期會發生什麼事。不過親臨現場時，我還是覺得自己很脆弱，身心也很容易受傷。或許對我而言，在比爾因最初參加的幾次抗爭，最重要的，就是能跟巴勒斯坦人見面並跟他們聊聊，他們的遭遇也深深地觸動了我的心。

我被捕了大約二十次

我參加約旦河西岸地區每週抗議活動的次數，已經超過兩百五十次了。基本上，除非當週有家族親戚的婚禮，或是有非得參加的大型活動，否則每個禮拜我都會去抗爭現場報到。在這之前，我總覺得自己跟這個世界完全脫節，不過，現在我覺得自己是位關心社會的公民了。世界有多複雜，我這個人就有多豐富。現在關於我是誰，還有我屬於哪裡等疑問，在我心中已經有一些概念了。

我們通常開車前往比爾因村時，遇到阻礙的機會少之又少。再加上非阿拉伯人的身分，如果要回到一九四八年[14]，我們只要跟那些移入約旦河西岸地區的屯墾者一樣，通過檢查哨就可以了。過去五年來，我們遇到士兵在檢查哨盤查的次數只有三至四次，那幾次士兵都把公車攔下，逐一檢查車上每個人的身分證。幸運的是，我自己有兩本護照，一本是以色列的，另一本是歐洲的。我祖父有波蘭的公民身分，托祖父的福，我也擁有波蘭的國籍。一旦我把護照拿給檢查哨的守衛看，我就可以抵達一些連以色列人都被禁止進入的區域。

---

13 萊溫斯基公園（Levinsky Park）位於特拉維夫市的南部，周邊有許多來自北非的移民社區。

14 巴勒斯坦的社運份子通常稱以色列為「四八」，做為抗議以色列於一九四八年宣布建國，並軍事占領巴勒斯坦的領土之後，所訂下的以巴邊界。

通常我們到達比爾因村之後，就會先到村子的正中心集合，然後一群人浩浩蕩蕩地往隔離牆前進。不過，我們通常沒有機會在隔離牆下進行示威行動，因為在我們開始喊口號之前，軍隊就已經開始驅散人群了。軍隊用來驅離人群的方式非常殘酷，最常見的方式就是使用催淚瓦斯。然而被催淚瓦斯擊中的經驗十分恐怖，無論是那種窒息感，或是因為被瓦斯攻擊而酸澀到不行的雙眼，都足以讓人身陷恐懼。這已經快超出身體所能承受的極限了。我想，被催淚瓦斯攻擊四、五、六次之後，你的心就會開始麻痺，這代表你已經做好要被瓦斯攻擊的心理準備了。但無論如何，你的身體是永遠無法習慣的。

我被逮捕的次數大約有二十次。身為一名女子，士兵待我與眾不同，再加上我的個頭小，看起來也很女性化。我利用這些優勢得到我想要的結果，某種程度上，我應該是大男人主義下的獲益者。雖然我是一個女人，但我覺得自己應該要保護男性。因為每當那些男性囚犯被殘忍對待時，如果我在場，就可以讓情況緩和下來。托我的福，有時候那些男子還可以免受牢獄之災。因為我的關係，不只許多巴勒斯坦人逃過一劫，很多以色列人也因此受益，當然從其他地方來的人也可以因此受惠，只要我在場，就可以緩和緊張的氣氛，大家就可以平安無事。

我也親眼見過很多駭人的事，毆打事件層出不窮，人們被催淚瓦斯的罐子擊中的事情更是時有所聞，就有許多人在抗議活動中被催淚瓦斯的罐子擊中而喪命。我有個朋友，名叫伊亞德（Iyad），就曾被瓦斯罐擊中臉部。其實，我沒親眼看到事情究竟是怎麼發生的，只見到他臉上滿是鮮血，被拖上救護車的身影。當時，除了他身上穿的衣服之外，我根本認不出他來了。送醫之後，伊亞德僥倖活了下來，但是額頭上卻留下了一個大大的Y字型凹痕，而且出事之後，失憶的困擾更是纏著他不放。

我的另一位朋友也有悲慘的遭遇。他是來自以色列的年輕小伙子，有次在抗議活動中，膝蓋被瓦斯罐擊中，膝蓋骨都碎了。被擊中後，他整個人痛苦地扭動，傷勢非常嚴重。因為他不想被逮捕，我們決定不要立刻送他去醫院。一直等到抗爭結束，我們才載著他往回家的路上，這時他的膝蓋已經腫成原本的兩倍大了，看起來就像是有兩個膝蓋一樣。最後，我們打電話給他的母親，跟她約在某間IKEA的停車場見面。她根本不知道自己的兒子去參加抗議活動，而且她從頭到尾都非常反對他參與類似的抗議行動。他的母親對於抗爭其實抱持著平常心，之所以會反對自己的兒子參加，我想應該是出於擔心吧。後來，我朋友到醫院治療時，他母親開始對著他破口大罵，數落他去參加抗爭的事。

很多以色列的抗議份子都因為抗爭，而跟父母有所摩擦。我在二十幾歲的時候，跟我父母坦白自己是雙性戀的事情，而這其實比告訴他們我是個左派份子，或是我在跟一個阿拉伯人交往，還來得簡單多了。我爸媽絕對不贊同我的政治傾向，但在其他方面，他們總是支持我的決定。我敢說，為了達到親子關係的和平，其實我們兩邊都非常努力改善與維繫，這都是需要勇氣的。況且，我其實從來沒有在抗議活動中受過傷，或被抓去關，所以他們都還不用面對那些難題。

即使我每週都去參與抗爭，但我並不認為這是最有效的行動方式。我認為要制衡以色列政府，抵制才是比較有用的方法[15]。對我自己而言，比較重要的，就是親自跟群眾相處，了解西岸地區的情勢，並結交朋友。在巴勒斯坦人民的權益因為一項協議而受到侵害的情況下，親自接觸巴勒斯坦民眾，也能夠幫助我與他們建立互信關係。

比起在特拉維夫，我在拉馬拉比較能做自己

我在二〇一四年初搬到拉馬拉市，為此我已經計畫了好幾年了。我有一大堆要搬到拉馬拉的理由，我的情人是其中一個原因。二來，只要我搬到拉馬拉，離抗議活動的距離也就近多了。此外，我正在學習阿拉伯文，住在拉馬拉市可以讓我的語言能力進步神速。

然而，每隔幾個禮拜，我還是會回以色列一趟，去看看住在特拉維夫的朋友們，也順道回奧馬爾探望爸媽，畢竟要他們來拉馬拉探望我根本是不可能的事。況且，我大嫂剛幫我哥添了一個可愛女兒，我很想陪伴她長大，沒有什麼事比這個心願還來得重要。其實每次我要通過檢查哨回以色列時，心裡多少都有點緊張，畢竟我是個「有記錄」的人。不過，我從未真正遇上什麼麻煩，而以色列公民的身分，也沒有給我在拉馬拉帶來什麼不便。

我沒有大肆宣揚自己的身分，倒也沒有刻意去隱藏。大部分的時間，我覺得自己在拉馬拉的生活跟其他人沒什麼兩樣。我跟大家一樣上市場購物，在街上散步時也很自在。有時候

認識新朋友，可能是一大群人，我會跟他們聊天，他們也覺得我人非常好。接著，我會跟他們表明我是以色列人，而他們可能會因為我的身分，重新給我這個人打分數。但無論如何，我在這裡還是很自在。我覺得有點諷刺的是，即便我在拉馬拉市有時會掩飾我自己的身分，但是跟在特拉維夫相比，我還是比較能在拉馬拉做自己。

15 國際透過抵制、撤資與制裁等等行動，對以色列施加政治與經濟壓力，以期以色列能中終止約旦河西岸與加薩地區的軍事占領。

約旦河西岸的拉馬拉市裡一幅聯合國救濟工作署的壁畫

姬法・克塔許（Kifah Qatash）

家庭主婦兼學生，現年四十二歲。
出生於約旦河西岸的比雷赫市。
於約旦河西岸的拉馬拉受訪。

姬法跟她的姊姊哈楠（Hanan）都是黑咖啡的愛好者，她們總是沖泡一大壺咖啡，一起坐在哈楠家客廳的填充沙發上，配著一杯又一杯的苦咖啡聊到傍晚。而哈楠的家則是位於拉馬拉市。我們訪問姬法的地點，就是她們平時喝咖啡的客廳，桌上擺的還是同一個咖啡壺。姬法大部分的時間都說英語，只是當姬法支支吾吾講不下去時，哈楠就會適時在旁幫姬法翻譯。

姬法出生於拉馬拉附近，一個名叫比雷赫的城市。雖然比雷赫被稱做拉馬拉的姐妹市，但相較於拉馬拉的擁擠與喧鬧，比雷赫給人的感覺較為安靜，整體而言是個較為傳統的城市。比雷赫是個大型的穆斯林社區，城市內的建築物皆是十九世紀巴勒斯坦建築，由白色的石灰石製成，建築風格相當優雅。城裡住了數量龐大的難民家庭，而姬法家也是其中一戶[1]。現今，比雷赫市內的氣氛一片祥和，看起來就是座平凡的城市，但並非總是如此。姬法就親身經歷過兩次大起義，那時街上到處都是以色列士兵。他們不僅強行實施宵禁，還侵入民宅。姬法的家人在一九四八年因戰亂逃離亞祖爾村（Yazur），雖然姬法在比雷赫市長大，而且只有在童年短暫造訪過幾次亞祖爾村，她還是非常想回到家人以前居住的村落。

我們與姬法見面時，她身著黑色的長袍[2]，頭戴白色頭巾，打扮十分簡單樸素。她話不多，但是講起話來帶著十足的自信，很常被逗笑。姬法曾經代表囚犯去爭取權利，也因此被視為社區領袖。姬法認為，或許就是因為自己如此被眾人愛戴，再加上在巴勒斯坦社運份子網絡的領導地位，所以她才會被巴勒斯坦政府盯上。巴勒斯坦自治政府特別擔憂基本教義派與伊斯蘭主義派政黨的崛起，哈瑪斯就是其中一個例子。哈瑪斯在二〇〇六年贏得選舉之後，隨即將原本控制巴勒斯坦政府的法塔派逐出加薩走廊。姬法深信，就是巴勒斯坦政府將她的資訊傳進以色列警察的耳裡，而這可能就是以色列警察在二〇〇八年衝進她家的原因，也害她在二〇一〇年被逮捕入獄。最後，姬法被關了整整一年，而且過程中完全沒有經過任何審判。

我目睹窗外所發生的一切

我的家族來自亞祖爾村[3]，而我則是出生在比雷赫[4]，現在我仍舊住在這裡。我從未居住在亞祖爾村，也沒有在我家人擁有的土地上成長。這些事情對我造成很大的影響。一直到現在，我還是希望未來某一天能夠回到亞祖爾村。

小小年紀的我早就知道，身為一個難民，要在比雷赫生活並不是件簡單的事，雖然巴勒斯坦人把難民視作歷史上很重要的一環，大家其實都很歡迎我們。另一方面，由於比雷赫是個相對封閉的社區，很多房東不會把房子租給難民，只會租給當地人。有很多例子也顯示，來自難民家庭的女孩要跟比雷赫的男孩結婚，根本是難上加難，因為不會有當地家庭有興趣讓他們的兒子娶個難民回家當媳婦。在我父親開始自己的木工事業之後，我們就從鄰近拉馬

1 聯合國救濟工作署與巴勒斯坦難民的相關資料，請參考附錄的〈名詞解釋〉。

2 黑袍子（abaya）是種長袍式的服裝，可以遮蓋全身，只露出臉和手腳。

3 亞祖爾村（Yazur）位於特拉維夫市與雅法市的東邊，一九四八年之前有超過四千名阿拉伯人居住於此。在以阿戰爭爆發前的醞釀期，亞祖爾村就已遭到破壞，人口也因此外流。更多關於一九四八年衝突的資料，請參考附錄〈名詞解釋〉。

4 比雷赫（Al-Bireh）的人口超過四萬名，位置就在拉馬拉市旁。雖然比雷赫內並沒有任何難民營，但是近幾十年以來，愈來愈多難民家庭移入比雷赫。在聯合國救濟工作署的安排之下，比雷赫有超過百分之五十的人口具有難民身分。

拉的難民營舉家搬遷到比雷赫。小時候，我們其實是比雷赫的少數幾戶難民家庭。後來，繼木工事業之後，我父親又開了一間小雜貨店。那時候，難民的人數不多，不過現在來看人數的已經是稀鬆平常了。

比雷赫的環境很適合孩子成長。整座城市非常寧靜，我們周邊的鄰居也都很和氣。我是家裡的老三，有一個姊姊跟一個哥哥，還有兩個妹妹。我的姊姊哈楠才大我一歲，我們是彼此最好的朋友，常一起在附近的山丘玩耍，那裡十分安全，我們也覺得很自由，晚上甚至也可以待在外頭，我父母希望我們覺得，自己的生活跟其他孩子的生活沒什麼不一樣。至於我父母親則是在難民營長大，那裡的生活過得十分艱辛，再加上父親的耳朵聽不見，日子對他來說當然就比其他人艱難。

小時候，每當我跟家人一起離開比雷赫去旅行時，我們總會遭遇各種阻礙。這時，我就會強烈地意識到巴勒斯坦被占領的事實。舉例來說，我們一家以前常常去納布盧斯[5]探望親戚。不過，往往在我們開往納布盧斯的路上，總是會遇到突如其來的路障或阻攔[6]。以色列士兵會攔下過往的車輛，並叫我們原路折返。以色列士兵剝奪了我們拜訪朋友的權利，這件事對當時還是孩子的我造成很大的影響。我們一家人曾回到亞祖爾村原址，但我們回去的時候，那裡已經成了工業區，看不到任何住家。而原本祖父母房屋的位置，也已經被一大堆工廠取代，我親眼見證亞祖爾村的改變，受到很大的衝擊。

打從我有記憶以來，以色列的屯墾者總是不時出現在我面前。雖然一直到一九八一年皮薩哥屯墾區[7]建立之後，我們家附近才有大型的屯墾區。小時候，我不覺得見到以色列屯墾者是什麼不尋常的事。事實上，因為主要道路相通的關係，我們跟屯墾者其實共用一條道路，自然常常會遇見他們。大部分的時候，我們其實不太擔心以色列屯墾者跟以色列。

在我十幾歲的時候，巴勒斯坦第一次起義爆發了[8]。事情發展地十分快速，連比雷赫這個寧靜的社區也不例外。突然之間，我們個個都得做好心理準備，因為我們根本不知道何時會聽到朋友或是鄰居被以色列士兵殺害的消息。另外，我們得時時提心吊膽，擔心士兵是否會在半夜破門而入。通常，一旦以色列士兵想要找到某個人，他們就會在半夜的時候闖進那個人家中，或是逐一搜索在同一個街區的家家戶戶。當時我對這些事情還滿好奇的，所以我常常從窗戶觀看事情的發展。我的姊姊則是相當害怕，而且她拒絕看到年輕男子被當街羞辱的樣子。有時候，以色列士兵逮捕男人之後，會當街剝下他們的衣服，直到他們身上只剩下一件內褲為止。士兵還會嘲笑那些被逮捕的男人，逼迫他們唱歌。我們家剛好位於主要的幾

5 納布盧斯人口約十二萬，是約旦河西岸地區的主要都市區。納布盧斯位於拉馬拉與比雷赫北方三十英里處。

6 關於約旦河西岸檢查哨與封閉的相關資訊，請見附錄〈名詞解釋〉。

7 皮薩哥（Psagot）是以色列的屯墾區，人口數約有兩千人，座落於比雷赫的南方，拉馬拉的東邊。

8 巴勒斯坦第一次起義發生在約旦河西岸與加薩地區，目標是對抗以色列的軍事占領。一九八七年十二月爆發，持續到一九九三年才結束。詳見附錄〈名詞解釋〉。

條街道上，所以這些事情常常在窗外上演。

除此之外，士兵還會把每戶的男性都趕到屋外。我記得，即便我哥哥當初還是個孩子也不例外。大起義爆發後的一個多月，以色列開始在比雷赫實施宵禁。我們全都不得踏出家門一步，甚至連去花園都不准。我父親在我們那棟建築物的一樓擁有一間迷你小超市。但是，我們甚至連下樓拿東西吃都得提心吊膽。我們知道，一旦以色列士兵從窗戶外看見我們找東西吃的身影，他們可能會採取任何行動，我們可能會被士兵帶走。無論如何，這是一個女孩會害怕的事情。大起義爆發後，我們在街上不只會看到以色列士兵，還會見到穿著便服的皮薩哥武裝屯墾者。這時候，我們才赫然發現，原來我們住的地方離皮薩哥屯墾區這麼近，也才知道原來鄰近屯墾區，會讓人如此恐懼。

轉眼間，離大起義爆發的第一天，已經有幾年的時間了。隨著日子一天一天過去，我也愈來愈投入政治活動。我開始參加示威抗議活動。每當反對以色列占領的示威活動爆發時，似乎每個人都會放下他們手邊的工作，趕去參加抗爭，人們會為此離開工作崗位，或是罷工，就連學生也是一樣。抗議活動開始時，有時學生還會列隊走出教室參與抗爭。

我十六歲的某一天，在學校聽到鎮上有個大型的示威活動正在進行。得知這個消息以後，許多學生都陸續站起身，紛紛開始往外走，準備加入抗議的行列。可是，當大家走到學校的前門時，有位以色列軍隊的隊長卻擋住了我們的去路。他試圖想要把大門鎖上，不讓學生上街參與抗爭。

於是，我裝了一桶滿滿的水，堅定地走向那位隊長，把整桶水往他的頭上倒。他簡直要氣壞了，當場把我的雙手上銬，叫我坐上吉普車的後座，他自己駕駛著吉普車。一路上，他不停地說，我得因為這件事付出代價，他決定要把我驅逐出巴勒斯坦！他開著車巡邏了四個小時，行經拉馬拉市與比雷赫。最後，他把我帶到了警察局，並通知我的父母。那時候，很少女孩會參與示威活動，自然也沒有多少女孩被士兵逮捕。我父母事後告訴我，他們一整天不停地接到朋友跟鄰居打來的電話。他們都是打去跟我父母說，看見我坐在以色列吉普車裡的事！那時候，女孩子被逮捕的情況並不常見，我想，我父母親可能比我還要害怕。儘管受到這種待遇，我還是覺得自己血液中流著支持大起義的因子，反抗以色列就是我的義務。

我們會把男人從士兵手上搶回來

很多事情都有正反兩面。以色列占領巴勒斯坦的腳步從沒停下過，而且還有愈來愈瘋狂的趨勢，這是令人感到悲觀的現況，然而，我也因此與我的丈夫哈齊姆（Hazem）相遇。哈齊姆是我哥哥的朋友。那時候正值一九九〇年代初期，也就是巴勒斯坦大起義期間。那時，剛從國外回來的哥哥邀請哈齊姆到我們家中作客。我們家就在鎮上的主要道路上，總是有來來往往的以色列士兵。巴勒斯坦男孩常常會用石頭攻擊坐在坦克車裡的以色列士兵。有時候士兵會從坦克車下來，開始進屋搜索，試圖找出攻擊坦克車的男孩。那天，剛好是哈齊姆來拜訪我們家的日子。我見到士兵們攔下他的去路，試圖逮捕他。

在大起義期間，以色列士兵很少逮捕或是毆打婦女，因此常有婦女試圖阻擋以色列士兵企圖逮捕巴勒斯坦男人。我們這裡的婦女經常毫不畏懼地攔下以色列士兵，還跟他們爭辯，或是乾脆把士兵打算逮捕的男人拖進屋內。因此，當我看到哈齊姆被以色列士兵逮到時，我立刻挺身而出跟以色列士兵爭論。在我開口沒多久後，士兵放哈齊姆走了。而哈齊姆所看到的一幕，是我不顧自身安危，全心全意幫助他的那一刻，便開始注意到我。幾個月之後，他來我家跟我求婚。最後，為了嫁給他，我還沒畢業就休學結婚去了。

我們在一九九二年結婚時，我才十八歲。隔年，我們的兒子就出生了。我們替他取命叫莫亞德（Moad），再隔一年，我們的女兒也來人世間報到了，我們替她取名為杜哈（Duha）。我丈夫曾就讀於技職學校。後來，他在拉馬拉市一間製作甜點、餅乾和巧克力的工廠擔任維修員。而我則是花了一點時間才學會烹飪，但現在我可厲害了。

結婚一事並沒有對我的活動參與活躍度造成什麼太大的影響，甚至可說是一點也沒有。結婚之後，我還是照常去參與遊行示威。但有一件事卻拖慢我的腳步。我在二十六歲時被診斷出罹患紅斑性狼瘡，而當時肚子裡的寶寶也沒有保住。我去醫院檢查時，他們發現我的身體不太對勁。我的手腳不僅十分疼痛，有時還會腫脹[9]，而那種疼痛感並沒有隨著時間流逝而減緩。在確診我罹患紅斑性狼瘡之前，醫生嘗試了許多種藥物與治療方式，天氣冷的時候，我的疼痛會更加劇烈。雖然醫生試著做些什麼，我的痛苦仍絲毫沒有減緩。最後，我得自行想出對抗疼痛的辦法，好讓我能夠繼續活下去，我必須對真主阿拉保有信心。雖然生理受到疾病的折磨，我還是積極參加活動，出門看看朋友跟人，或是家離開社區走走，這些都可以幫助我轉移對病痛的注意力。

自從巴勒斯坦大起義結束後，《奧斯陸協議》也隨之簽訂[10]，巴勒斯坦自治政府接管了政權。自此之後，抗爭活動少了許多。再加上我自己也有了孩子，就沒那麼熱衷街頭抗議運動了。除此之外，參與清真寺活動也讓我開始交到許多朋友，很多人的親人都在大起義中喪生，也有人的家人正在坐牢。第一次至第二次大起義期間，我花了很多時間幫助受到戰事影響的家庭。我們都認為這是必要的，而彼此也的確需要互相幫助。從那時開始，我投入愈來

9 紅斑性狼瘡（Lupus）是一種慢性自體免疫性疾病。紅斑性狼瘡會影響心臟、肺部、腎臟與關節的功能。患者的症狀包含發燒、皮膚出疹，容易勞累等等。姬法同時被診斷出患有雷諾氏症（Raynaud's syndrome）。雷諾氏症狀有時會伴隨著紅斑性狼瘡出現，患者在遭受壓力或是過冷的時候，血液會無法順利流到四肢，因此患者的手腳會失去血色。雷諾氏症會導致組織壞死或感染進而生瘡。最近，姬法甚至被檢查出患有另一種自體免疫性疾病，薛格連氏症候群（Sjogren's syndrome），這種疾病會慢慢破壞唾腺與淚腺，造成口腔乾燥症與乾眼症。

10 以巴雙方於一九九三年於奧斯陸達成協議。協議促成巴勒斯坦自治政府的成立。此一臨時政府在所有的和平程序完成之前，負責巴勒斯坦部分地區的管理。關於巴勒斯坦自治政府與《奧斯陸協議》的相關資料，請見附錄〈名詞解釋〉。

愈多的心力來維護囚犯的權利。巴勒斯坦第一次大起義期間，因許多男人被捕入獄，造成很多家庭生活上的困難，而我會去探視受刑人的家屬，確保他們一切安好。我藉由這樣的方式保持自己的活躍度與參與度，即便在我被診斷出紅斑性狼瘡之後，這樣的生活方式依舊沒有改變。

西元二〇〇〇年，巴勒斯坦第二次大起義爆發之後，我仍繼續幫助受刑人的家屬。由於這些行動，我在比雷赫與拉馬拉市非常出名。只要我可以，我一定會踏出家門做點什麼事。但因為我的病情，我無法在家完成每一件我想做的事。幸運的是，我的家人給予我不遺餘力的協助，我丈夫會在我無法獨自打理家中一切時伸出援手，兩個孩子也是從很小就開始幫忙做家事了。而我要做的，就是盡力把家裡打理好，同時參與社區活動。

我成了嫌疑犯

我可以百分之百確定，以色列警察往往會針對的對象，就是像我這種有宗教信仰的人。以色列士兵可以接受你要去清真寺禮拜，但是，禮拜完之後，我喜歡留下來聆聽講道，聽聽伊斯蘭教義的闡釋。如果清真寺討論的是生理期之類的女性議題，那是沒有什麼問題的，但如果課程內容是關於埃及情勢，或是涵括其他政治議題，以色列可就不會同意了。其實，伊斯蘭教義有兩大重點，其一是穆斯林跟真主阿拉的關係，其二則是探討信徒與社會的關係。

如果你想專注於禮拜，了解你跟阿拉的關係的話，當然可以。只不過，如果你想要討論的是你跟這個社會的連結，這就不行了。如果你要討論這類議題，可能會因此引起有關當局的注意。在任何清真寺舉行有關政治議題的講道都會招來以色列政府的懷疑。不管討論的議題是巴勒斯坦，或是埃及與敘利亞這些信仰伊斯蘭教的國家，都會讓以色列懷疑清真寺裡的人們是不是在搞什麼鬼。

以色列這個國家畢竟是藉由占領土地的方式建立起來的，因此，對以色列而言，沒有什麼比安全更為重要的了。一旦他們嗅到一點點分裂國家的氣息，又證實有人正積極地反抗以色列，他們就會毫不遲疑地逮捕這個人。巴勒斯坦政府跟以色列警察開始監視我的理由，無非就是我跟受刑人的關係，再加上我參與了清真寺的政治討論。以色列政府希望，他們能夠切斷囚犯與其社群的連結，所以他們絕對不樂見有人跟囚犯扯上關係。一旦你替受刑人發聲，或是想辦法讓受刑人的日子稍微好過一些，你就會被視為反以色列分子。於是我就成了嫌疑犯。

遺憾的是，巴勒斯坦自治政府也是抱持著同樣的想法。巴勒斯坦自治政府還從以色列那邊學了一手，也開始監視清真寺的一舉一動。特別是哈瑪斯接掌加薩走廊之後[11]，這樣的情

---

11 哈瑪斯政黨在二〇〇六年的巴勒斯坦選舉中，擊敗了隸屬於巴勒斯坦解放組織的法塔，贏得了壓倒性勝利，並隨後迫使巴勒斯坦政府（大部分由對立政黨法塔掌控）離開加薩走廊。哈瑪斯的相關資料，請見附錄的〈名詞解釋〉。

況更為明顯。巴勒斯坦政府不僅對西岸地區清真寺的講道內容下指導棋，也會監視清真寺的動靜。他們不希望類似哈瑪斯的宗教團體散播影響力。甚至，他們把矛頭指向年輕人，只要年輕人去清真寺的次數太多，就會被巴勒斯坦政府盯上。巴勒斯坦政府還會調查，有哪些人會在一天五次的禮拜時間以外去清真寺。如果他們看到有人在不是禮拜的時間交談，他們就會懷疑這些人是不是在計畫什麼壞事。簡單來說，巴勒斯坦政府把伊斯蘭教視為一種威脅。

二〇〇五年，約旦河西岸地區有好幾場市政選舉。許多與我一同共事的家庭都鼓勵我去競選比雷赫的代表。我把自己的名字登記在改變與改革派[12]之下。這個政黨十分樂於挑戰掌控巴勒斯坦政府的法塔政權。我們認為法塔政權已經腐敗到無可救藥了。最後，雖然我沒有勝選，但參選卻讓我更受到政府當局的注意，至少我自己是這樣認為的。

巴勒斯坦政府對於區域問題與政治情勢感到十分憂心。他們不僅要擔心哈瑪斯，還得擔心任何挑戰其政權的勢力。選舉結束後的某天，我從清真寺的朋友口中聽到，巴勒斯坦政府問了許多關於我的資訊。不過，他們似乎特別注意清真寺中的某個婦女社群，那些女性與囚犯們保持聯繫，還和殉難者家屬一起工作。我並不是他們要找的人。

差不多那時候，我決定回學校唸書。但首先我必須通過陶吉希測驗[13]，須重拾我荒廢許久的學科，對我來說難度非常高。不過，我的姊姊就是我的老師，指導我學習。二〇〇六年，我通過陶吉希測驗，隔年成了聖城開放大學[14]的新生，選修了心理學與社會工作的課程。我期望自己將來成為一位社會工作者，雖然我沒有足夠的時間當一位全職學生，但是我陸陸續續上了幾年的課，也十分享受學習的過程。

二〇〇八年四月，以色列士兵闖入我家，幸虧當時大家都不在家，否則後果不堪設想。以色列士兵幾乎把我們家整個掀了過來。他們拿走了所有重要的文件，包含護照跟聯合國救濟工作署核發的卡片，我們得靠那張卡片才可以領取難民補助。除此之外，孩子的出生證明，還有我的醫療記錄也被他們拿走了。我們要求以色列歸還這些文件，最後只拿回我的醫療記錄還有孩子的出生證明，就這樣而已，其他東西都要不回來了。

走向未知

我在二〇一〇年八月一日那天遭到逮捕。以色列士兵在半夜一點來到我家，砰砰砰地大聲敲門。我的家人當時全都在睡覺，所以士兵先敲了我們那棟建築物的大門，我們鄰居開了

---

12 「改變與變革派」（The Change and Reform List）是個由反對法塔的政黨所組成的政治團體，裡頭甚至有法塔的分離派系。雖然改革與變革派並不等於哈瑪斯，但裡頭哈瑪斯的成員卻占大多數。二〇〇六年的立委選舉，哈瑪斯打著改變與變革派的旗幟，順利贏得加薩地區的控制權。

13 陶吉希測驗是給高中畢業生的離校考試。關於陶吉希測驗的資料，請見附錄的〈名詞解釋〉。

14 聖城開放式大學是間提供遠距教學的公立學校，有超過六萬名學生註冊。聖城大學在約旦河西岸地區有三個校區，但是聖城開放式大學並不隸屬於聖城大學。

門讓他們進來，大約有二十名士兵吧。

他們敲了門之後，我向他們表示，我必須把頭巾[15]穿戴好，還得簡單梳妝，他們得在外頭等候。等他們進屋之後就把我們一家人叫到客廳裡集合，還拿走大家的身分證。當年，我的孩子大約十六、七歲。接著，士兵開始搜查屋內，帶頭的士兵走向我說：「姬法，我得跟妳聊聊。」接著我就被帶到了另一個房間。

我們一坐定位，調查就開始了。他問了許多問題，包含我曾參與過的活動、我跟改變與變革黨派的聯繫情況，還問我是否跟哈瑪斯有關係。他還威脅我，如果我不回答他的問題，就會逮捕我。他非常想知道我是不是認識哈瑪斯的人，後來他跟我說：「我知道妳身體不適，所以我們把醫生帶來了。他可以看看妳的身體狀況。」三十分鐘之後，他叫我準備動身跟他們走，我就這樣被逮捕了。他們說要帶我去審問站接受審問。負責逮捕行動的士兵表示：「妳身體不好，年紀也不輕了，所以讓妳隨身帶著藥。」他們也沒有把我上銬。他們並沒有讓我在離開前跟家人說話，只讓我迅速地跟大家說了聲再見。

帶我離開的官員告訴我：「妳得坐牢坐到妳的女兒結婚了。」我的女兒杜哈當時才十六歲半。那位官員傳達的意思很清楚，我坐牢的時間只會長不會短。我的女兒跟指揮官說：「趕快讓我媽媽回來吧，弟弟才高中，他準備考試時會需要媽媽幫忙的。」那位隊長卻這麼說：「妳已經夠堅強了，應該可以照顧妳弟弟。」

我是說，我們是巴勒斯坦人，對這些遭遇可能早已習以為常。你會發現自己的毅力超乎你原本的想像。感謝阿拉，我的孩子們都很堅強。作為一個穆斯林，我就把自己交到阿拉的手上。儘管要走向未知的未來讓我非常害怕，畢竟我完全不知道未來會發生什麼事，但是，我還保有對阿拉的信心。

士兵開車載我前往審問站的途中，他們一直把注意力放在我生病的事情上。指揮官不停地說：「妳不要以為自己生病，我們就不會把妳帶走。」最後，他們帶我到耶路撒冷的穆斯庫比亞監獄[16]。他們要我脫光衣服接受檢查，雖然負責的是一位女兵，但依舊沒有改變要求要裸身受檢的事實，令我覺得飽受屈辱。她們檢查完之後，就把我帶去醫生那裡。醫生看了看我的藥，詢問了我的情況之後，他們就把我帶到審訊室。審訊就在那天早上的六點鐘正式開始。

他們要了我和家人的基本資料，又再次詢問我認不認識哈瑪斯的人，那些人到底是誰，我又是怎麼認識他們的。我住在比雷赫，自然認識了很多同樣住在比雷赫的人。再加上我的活躍度高，也跟許多第一次大起義的受難家庭有所來往，認識很多人也就不意外了。況且，我們都是自然而然認識的，並不是經由什麼政治管道。我一直反問那些審問官員：「你們為

15 世界各地的穆斯林婦女大多會穿戴頭巾。頭巾會蓋住婦女的頭與脖子，只露出臉龐。

16 穆斯庫比亞監獄，也被稱作俄國大院，是座落於耶路撒冷的大型建築物群。今日，俄羅斯大院有些則被用來當作以色列警察的總部、審判法庭、監獄、審訊中心，與其他以色列政府部門。

什麼要操心正常的社交關係呢？」他們不僅想知道我跟受刑人家屬的互動過程，還想方設法要我招認自己曾經替哈瑪斯匯錢給政治犯以及烈士的家屬，可是我根本沒有替哈瑪斯跑過任何腿，做過任何事，而且他們手上也沒有相關證據。最後，他們整整審問我兩個小時，才讓我喘口氣。

我整整被審問了四天才結束這場折磨。一天有三個審問官員輪班，即使他們派出不同的官員來詢問，問的問題還是千篇一律。他們知道我因為生病，所以畏寒，但是他們無時無刻都開著牢房的冷氣。這對我來說已經遠遠超過不舒服的程度，相當痛苦！我在結婚前修過心理學課程，所以我知道雙手交叉放在胸前的姿勢，代表你在隱藏某些事。因此在審問過程中，我都沒有擺出這個姿勢，因為我根本沒有任何祕密好隱藏的。

有一次，一位官員把我的手綁在椅子上十五分鐘。等他回來替我鬆綁時，我的手已經發黑了。紅斑性狼瘡導致我身體的免疫系統出了許多問題，他們把我的手綁起來之後，血液沒辦法流到我的手指上，最後我的手指就變成這樣了。我對那個官員說：「你不是第一天知道我的病情，現在連我的手也出問題了。」我們下回審問碰面時，他說只要我不亂動，就不會再把我綁起來。審問者允許我在審問的空檔睡覺，晚上他們會帶我到牢房，我晚上睡在牢房裡，白天再回到審問室接受審問。

我還是覺得自己接下來的遭遇完全處於未知的情況，而且我根本不知道他們下一個問題會從哪蹦出來，加上他們還一直威脅要把我關起來。審問的官員不只一次告訴我，如果不說出我跟哈瑪斯的關係，就要用行政拘留[17]的方式對付我，這正是我最害怕的事。如果他們採用這種方式，就可以不經過任何審判把我關進監獄裡。每當我害怕的時候，我又會想起真主，因為祂能夠堅定我的信念。

我們為了洗碗而賽跑

經過四天的審問，他們把我從審問站送到哈夏隆監獄[18]。我當時並不知道自己即將被行政拘留，他們沒有通知我，而我也沒有經過審判過程。

在獄中的那段期間，是我人生中艱困的一段日子，畢竟我一個人初次去到一個新地方，又舉目無親。況且，身為一位母親，離開孩子對我造成非常大的痛苦，加上而我的病又讓一切雪上加霜，多吃了不少苦頭。接受審問的那四天，他們還會在乎我的身體狀況，不僅不會把我的手綁起來，也允許我吃藥。那四天過後，他們便不再理會我的病了。

---

17 行政拘留不需經過正式審判，更多相關資料，請見附錄的〈名詞解釋〉。

18 哈夏隆監獄（Hasharon Prison）位於特拉維夫和雅法市郊區，一個名叫克法爾薩巴（Kfar Saba）的小鎮，是以色列最大型的監獄建築物群，並收容以色列與巴勒斯坦的囚犯關在不同的牢房。監獄裡的女性囚犯為數不多，一直都只有十幾人左右。

監獄裡總共有十七名女性受刑人，大約四名住在同一間牢房。牢房裡有簡易的床鋪，以及少數幾個給我們放衣服的架子，還有幾把椅子。冬天我們也有暖氣可以使用。

因為無時無刻都待在一起的關係，我跟其他受刑人成了好友。有一個受刑人本來就是我的朋友，一起坐牢後，我們的感情變得更好了。能在牢中遇見昔日的友人，是我那段時間最幸運的一件事。

我們的一天從晨禮[19]開始。禮拜完後，我們會坐在床上把頭巾跟面紗穿戴好，等著官員進來點名。點完名後，一直到中午之前，我們都在祈禱和朗誦《古蘭經》，畢竟我們也沒有其他事情可以做，加上牢房非常小，我們也不能一直做打掃工作。還記得，因為當時實在太無聊，所以我索性把自己放衣服的小架子整理得非常整齊。

中午十二點我們會一起做晌禮，接著準備一下，等休息時間到外頭散散步。休息時間共有三個小時，但也不是每次都一如我們期待中那樣美好。夏天時的放風時間是在中午十二點到下午三點間，外頭炎熱至極，簡直就是個噩夢。冬天則是冷得不得了，而且還會飄雨。如果我們選擇出去外面，就得在戶外待三個小時。我們要不是被雨淋得全身濕，就是得忍受高溫，這樣一來，我們還不如整天待在室內。可是，無論天氣多麼糟糕，我們還是會到外頭走走。畢竟這是我們生活裡唯一能有的變化啊，這就叫兩權相害取其輕。

我會在天氣晴朗時出去散步一下。如果天氣不好，我也不會冒險，而會乖乖地待在牢房裡。每當天氣變冷時，我總是會開口跟獄卒要一副手套，好保護雙手不被凍壞。然而，他們沒有一次接受我的請求。通常，我都把整整三個小時的休息時間都用來健走。監獄的院子只有三十英呎長，受刑人就在狹小的院子裡來回不停走動，這顯然是我們唯一可以活動腿部的方式。

休息時間結束之後，我們就回到牢房開始準備食物，也就是午餐。他們一天會送三餐，早、午、晚餐都由他們供應。我們被允許在牢房裡放一個熱盤子，需要的時候可以把那些食物重新料理，我們無法就這樣吃他們提供的食物，而不作任何處理。因食物通常是馬鈴薯或義大利麵，而且還沒煮熟。我們阿拉伯人喜歡吃全熟的食物，並在食物裡加一點香料，讓它的味道更好。

午餐之後，我們會來場小賽跑，贏的才有資格洗碗。這不是因為我們有多喜歡這項工作，而是想讓自己保持忙碌而已。晡禮（Asr Prayer）之後，大家會繼續朗誦《古蘭經》或是看電視。不過，能看到的電視節目只有以色列頻道，或是巴勒斯坦廣播公司[20]的頻道（PBC），因為所有播出的東西，都需要經過以色列政府跟巴勒斯坦自治政府的首肯才行。除了這兩個選項之外，大家也會坐在床上閱讀。而我為了要讓血液循環，一直在牢房裡

19　「Fajr」在阿拉伯語的意思是「黎明」，固定禮拜的穆斯林用這個字來指一天五次禮拜的第一次「晨禮」。

20　巴勒斯坦廣播公司（Palestinian Broadcasting Corporation）建立於一九九四年，巴勒斯坦自治政府成立之後才建立。

走來走去。有時候我也會去監獄的小圖書館看書，坐牢期間，我大概看了五十本書吧。有些是宗教類書籍，但是我比較喜歡社會科學類，或是心理學類的書籍。

我的病會致命，但不會馬上致人於死

三個月之後，我的女兒終於來探望我了，連我的姊姊也一起來。從那次之後，她們每隔幾週可以來探望我一次。六個月後，我也見到我丈夫了。哈夏隆監獄位於以色列，我的家人要來探望我，都得先拿到許可才行，但是巴勒斯坦的青年男子要拿到許可，比一般人還困難許多，因此，我的兒子沒辦法來探視我。坐牢期間，我也跟人權團體組織保持聯繫，像是阿達米爾支持囚犯權利團體。這些團體試圖幫我尋找一位專精紅斑性狼瘡治療的醫生，但全都被監獄主管機關給駁回了。

免疫系統不健全導致我的身體狀況不佳，對抗病毒對我而言是件十分吃力的事情，再加上四肢的感覺十分遲鈍，情況非常惡劣。記得剛到監獄時，我出了一個意外。監獄規定不能帶刀，所以那天我就用開罐器切馬鈴薯，可是不小心切到了手指。我一開始根本沒感覺到自己正在流血，後來血流滿地，我也因過度緊張而昏了過去。昏倒之後，有位女囚犯幫我通知了獄卒，並要求他們把我帶到醫務室，不過這一點幫助也沒有。我的手指花了將近三個月才復原，而且途中傷口還感染，導致組織壞死，整根手指都發黑了[21]。那真是一段極度痛苦的經歷。後來，其他人什麼東西都不讓我碰了，而開罐器跟潮濕的物品更是連商量的餘地都沒有，因為她們知道一旦我受傷了，就得花很久的時間才能痊癒。

每次我一生病就得等上兩個禮拜才能看醫生。我拿了不同處方箋給他們，但是他們從來沒有填畢處方箋，所以我從來沒拿過藥。即使只是得了小感冒，免疫系統的問題也讓我難以康復。不需要多麼嚴重的病，只要是輕微的咳嗽或感冒，都會讓我非常不舒服。有一次，我忍無可忍地在醫務室裡對著他們大吼：「你們說你們在乎人權，也會用合理的方式對待囚犯，現在你看看！你們連最基本的醫療照護都不提供給我！」

除了感冒，我的腳也常常出問題，有時候甚至會腫脹一個月，讓我連走都不能走，但他們一直不提供任何醫療援助。在監獄裡，護士每天只會稍微查看一下囚犯們的情況。我們這裡代表跟監獄主管機關溝通的那位囚犯，則一直催促那位護士為我做點什麼：「如果她發生了什麼事，就是你的錯。」過了快一個月，他們終於帶我去看醫生，我也終於拿到能夠治療腳部腫脹的藥，但他們還是不願意填完我的處方箋。

我的病雖然致命，但並不會馬上致人於死，只會不動聲息地奪走我的生命。我的身體受到細菌感染時，如果不服用藥物，可能就會因此喪失性命。之前服刑的時候，我的眼睛被細

21 姬法的好幾根手指都因為凍傷或感染，導致功能受損，或必須部分截肢。她邊說邊跟我們展示她受傷的手指，就是因為這樣她才沒有感覺到自己的手已經割傷了。

菌感染，痛得非常厲害。我等了將近三個月才看了醫生，但是醫生根本沒有把我的情況當一回事，只開給我可以滋潤眼睛的眼藥水。我把藥留在他桌上，說道：「我根本不會用到這些藥。」這次的經驗讓我非常害怕。我沒有得到必需的治療，也讓其他囚犯非常擔心我的情況。後來，我向以色列人權組織投訴，他們也表示會盡力而為。其實，我當初在寫投訴信的時候十分小心謹慎，因為一旦他們覺得我在找麻煩，就會延長我的拘留期限。

現在，我充滿力量

我總共被關了一年。這段期間，以色列主管機關三次變更我的行政拘留期限，最後我在二〇一一年八月重獲自由。那時候，我人在圖勒凱爾姆[22]，而我被釋放的那天，我的家人已經在那裡等我了。

在這之前，我兒子莫亞德一直無法跟我見面，一想到出獄後就可以見到他，我的心情就激動不已。從我入獄的那一刻開始，我就一直在等待這一天的來臨，並在心中描繪我們重逢的畫面。現在，我終於可以把想像化為現實了。我出獄時，他已經是個十八歲的成年人了，我知道自己在他人生中缺席的那一年，他的日子過得非常辛苦。當年他正在準備陶吉希測驗[23]，所以很需要我的協助。我出獄時，他已經考完試，也去學校註冊了。我回家之後，許多婦女都來探望我，但我兒子卻想要無時無刻都想跟我黏在一塊。每當我跟訪客聊天時，他就會一直用各種理由吸引我的注意力：「媽！妳來看這個，妳來看這個。」。

不過，我去坐牢的這一年，也不是全無好處。我出獄之後，明顯感覺到孩子們變得成熟許多。另外，我不在家的這段期間，我丈夫哈齊姆才發現，原來我在家庭當中與孩子的心目中扮演多麼重要的角色。我出獄返家之後，他比之前更珍惜我了！他總是幫我忙進忙出，但如果我想踏出門自己做點事情的話，他會更開心。

其實，坐牢的那段經驗仍舊影響我的心理狀況。每當我生病時，腦海中就會浮現過去的那段日子，浮現獄中發生的點點滴滴。當時我一直沒辦法拿到藥，導致我現在總是藥不離身。現在只要一生病，隔天早上我一定會衝去就醫。而且我常常覺得，自己又會有很長一段的時間無法取得藥物，這種剝奪感一直在心頭縈繞不去。每次去診所的時候，只要醫生對我微笑，我的內心就會升起一股感激之情。我過去常常把很多生活小事視為理所當然，像是想取得用來固定頭巾的別針，但要在牢裡，拿到別針根本是癡心妄想，所以我現在十分珍惜這種小事情。

出獄之後，我依舊積極參與行動。我還是跟以前一樣去拜訪受刑人的家屬。我對自己的

22 圖勒凱爾姆（Tulkarm）位於比雷赫北方六十英里處，地理位置接近約旦河西岸的西北邊界，城市人口超過六萬人。

23 陶吉希測驗專為高中生而辦，更多相關資訊請參考附錄的〈名詞解釋〉。

工作懷抱著信心，沒有人能夠動搖我的信念。此外，他們也無法改變我熱愛社交的個性，這你也知道的。

另外有件事也讓我開了眼界。我發現一個局外人的感受，跟身為真正在受苦的人是完全不一樣的。我常常去安慰受刑人的太太，告訴她們要保持耐心，希望藉此能夠讓她們好過一點。我還會建議她們去嘗試各種事情。她們則是重複同樣一句話：「好難啊，好難啊。」每當她們這樣講，我就會嘗試安慰她們。

然而，我發現受刑人所承受的煎熬，比他們的家屬還要多上好幾百萬倍。這種事我可是有親身經驗。以前我一直以為，監獄是個可以休息的地方，因為你沒有任何的責任需要承擔，無所事事的你只好每天睡覺。但事實完全相反，監獄裡的囚犯各有各的任務要完成，大家都忙到根本沒有時間休息。其實人應該每天都心懷感激，即使當天疲憊也不例外。對於監獄裡的這種忙碌生活，我們可是一點都不喜歡。一旦我入獄，就會對人生有完全不同的看法。現在，只要我覺得日子難過艱困，我就會想起獄中的那段日子。那次經歷刺激我重新站起來，再次充滿動力。現在，我渾身又充滿力量，可以做任何我想做的事情。

我們訪問完姬法之後，她的兒子莫亞德就捕入獄了。二〇一四年六月二十日，巴勒斯坦自治政府因莫亞德在某場示威行動中高舉著哈瑪斯的旗幟而將他逮捕。他們指控莫亞德攻擊巴勒斯坦自治政府的警察，但是他本人跟他的家人都嚴正否認，最後，莫哈被行政拘留了二十四天。同一時間，姬法的健康持續惡化。那年八月，她的家人決定冒險帶她去以色列的醫院求醫。為了通過檢查哨，他們每人得付四十塊美金賄賂公車司機，最後那個司機也平安帶著他們通過檢查哨。過邊境時，姬法因為害怕再次被捕入獄，所以沒有帶著她的身分證。她的家人成功將她送抵醫院，醫生替她做了一系列的檢查，希望能檢查出造成她身體如此不適的真正原因。在以色列的時候，姬法因為恐懼，遲遲不敢造訪阿克薩清真寺，不過她還是可以從窗戶遠遠望著那座清真寺。

納迪爾・瑪斯里於加薩市跑步

納迪爾·瑪斯里

半職業跑者，現年三十四歲。
出生於加薩的於拜特哈農（Beit Hanoun）。
於加薩走廊的加薩市受訪。

納迪爾·瑪斯里（Nader Al-Masri）是眾多受訪的巴勒斯坦人中唯一不抽菸的。每次訪問他時，看他手上沒拿著菸總覺得少了什麼。他身穿褪了色的格子衫，邊接受採訪邊啜飲著手中的水果雞尾酒。輪廓分明的臉龐，簡單明瞭的回應，納迪爾整個人散發著簡潔的氣息。也許是他為了成為跑者的這股意志，使他顯得認真且嚴肅，畢竟在加薩，追求夢想、靠夢想賺錢的想法是很難被認同的。目前加薩的失業率已逼近百分之四十，大部分的加薩人都過著辛苦的日子以求溫飽，但納迪爾卻硬是擠出了一個辦法，讓他能提供一家七口溫飽，同時又按照計畫執行高強度訓練並參加比賽。二〇一三年春天，我們造訪加薩走廊，並首度採訪納迪爾。他向我們解釋他是如何在缺乏支持、忍受加薩走廊惡名昭彰的酷暑以及旅行不便等情況下，堅持繼續跑下去。

我總是跑得比其他男孩快

我生長於加薩的拜特哈農[1]，我總是跑得比其他男孩快。小時候在加薩，小孩唯一認真看待的運動是足球，那時的我認定跑步就是要去追球的過程，只不過我並不在意那顆球，反而只是很享受跑步。十四歲那年，有一天，教阿拉伯文和體育的老師沙奧德・哈米德（Saoud Hamed）要我們賽跑。以前學校從來沒有舉辦過賽跑，為了這場比賽，接下來的幾天內一有機會我就跑步，最後輕鬆拿下冠軍。老師說我有天賦，並主動協助訓練我。

自從那次賽跑之後，我便想成為一名跑者，世上最快的跑者，但我的家人並不支持我。我的父親認為我應該要做些更有用的事，像是協助他經營食品雜貨的生意。因此，當時還是青少年的我，只好暗自訓練。有天，我在外頭跑了很久才回家，一到家父親問我最近都在忙什麼，我便說：「我在訓練跑步，跑步是我一生中最想做的事，就是這樣。」後來，我叔叔到家裡來，成功地說服爸爸讓我練跑。

為了訓練，我得付出加倍的努力，因為拜特哈農或加薩市都沒有適合的地方可以跑步，我也沒有一雙好的跑鞋。我時常得在家裡的農產品市場長時間工作，通常凌晨兩點就會跟父親一起出門了。我會到加薩市的市集挑選成箱的農產品，父親則是從艾雷茲過境點[2]進入以色列採買。在父親從以色列回來以前，我和我的兄弟們負責處理市場事宜，市場就在家隔壁而已。因為工作忙碌，有好幾天我都得等到下午才能跑步，但下午氣溫相當高，我又因工作了一整天而感到非常疲累。

我的老師沙奧德一直都很支持我。他協助我練習，並積極試圖讓位於西岸的巴勒斯坦國家田徑隊注意到我。我的跑步實力愈來愈強，並在一九九九年加入了國家代表隊。記得當年我十九歲，家人得知我將以國手的身分前往愛爾蘭參賽，他們不可置信地問：「你在說什麼？」於是他們去問沙奧德，他說：「是啊！你兒子入選國家代表隊，我們幾天後就要出發了。」我的家人震驚不已，才意識到原來我真的可以跑步維生。

因此，一九九九年，我第一次離開加薩，由拉法過境點進入埃及。沙奧德老師與我同行，我記得他說：「納迪爾，你即將擁有一次永生難忘的經驗。」我們從開羅飛往愛爾蘭，我因第一次搭飛機顯得有點憂心，但隨著機身離地，很快就冷靜下來。

在愛爾蘭的所見所聞與我熟悉的加薩截然不同。那裡的人所擁有的好多，有時我甚至會想，我們加薩人過的日子根本不叫生活。即便如此，我在愛爾蘭最棒的回憶是能夠認識巴勒斯坦國家代表隊的其他跑者們，有幸能跟他們交流。我以前從沒見過他們，因為我從來沒機會到西岸去，隊上也沒有其他人是加薩人。瑪吉德・阿布——瑪拉希勒（Majed Abu Maraheel）

---

1 拜特哈農位於加薩走廊東北邊境、加薩市的東北方，靠近連通以色列的艾雷茲過境點，居住人口超過三萬人。

2 艾雷茲過境點是以色列和加薩走廊間的主要邊境通道。自二〇〇七年起，邊境開始實施嚴格管制。

是代表隊的教練，他是第一位代表巴勒斯坦參加國際賽事的跑者，並參加一九九六年亞特蘭大奧運。那時國家代表隊才剛於一九九五年成立，在那之前，巴勒斯坦自治政府首度獲得實權。能夠找到同樣也熱衷於跑步、志同道合的夥伴，感覺真的很棒。

賽後，我堅持要回到加薩進行訓練，因為我想要繼續代表巴勒斯坦到其他國家參加比賽。我不想成為一個不住在家鄉的巴勒斯坦賽跑選手，因為家鄉的人才剛開始認識我，並了解跑步的意義，所以我想留在加薩。

我只去過西岸一次

在國際賽事裡，我是一位跑者，也參與鉛球項目。我參加的是五千公尺賽跑。目前為止，我感到最驕傲的一刻是在二〇〇六年卡達杜哈亞運，我拿下五千公尺賽跑第八名。我總共參加了四十項國際賽事，包括二〇〇八年北京奧運。當時我其實未達參賽標準，但還是有幸能代表我的國家參賽。

在我加入國家隊的十三年裡，一共造訪了二十五個國家，但我只去過西岸一次。當時是二〇〇八年，我必須過境到約旦。這趟旅程困難重重，光是等待獲准過境就耗時七個月，拿到許可的原因跟媒體有關，因為我接受了不少以色列電視台和報紙的訪問。最後，以色列政府終於核准通行。

我也曾參加二〇一一年和二〇一二年聯合國救濟工作署舉辦的馬拉松，兩次都得到冠軍。二〇一三年的賽事被取消[3]，接下來兩年，加薩的跑者均被禁止到伯利恆參加新的賽事[4]。以色列政府拒發前往伯利恆的通行證。二〇一三那年，我申請了四次，都是無緣由被駁回。渴望參加伯利恆的馬拉松賽事對我來說是很重要的，我想在巴勒斯坦跑者一同切磋較勁。

我從沒去過伯利恆或耶路撒冷，當初若有機會去，將會是我第一次造訪。即使我取得西岸的通行許可，也無法取得耶路撒冷的通行證，因為年紀的限制，他們認為加薩青年太危險了，不許進入。

3 聯合國救濟工作署自二〇一一年起每年舉行UNRWA馬拉松，吸引世界各地的跑者到加薩參賽。二〇一三年此賽事遭到取消，因為哈瑪斯禁止女性參賽。

4 二〇一三年在伯利恆辦的馬拉松是西岸首次舉辦的賽事。以色列政府拒絕讓二十六位加薩的申請者進入西岸，理由是他們的申請資格不符合迫切的人道需求，如急迫的醫療需求，才會被允許。現今申請進入西岸的加薩人都必須依照此標準接受審核。

跑步讓我感到自由

我已婚，育有五個孩子，四個女兒和一個兒子。我和我的老婆莎烏珊（Sawsan）於二〇〇七年結婚。為了維持家計，我曾於巴勒斯坦自治政府擔任維安人員。但在我結婚後不久，哈瑪斯掌權並驅逐巴勒斯坦自治政府的勢力，讓我因此失業，不過我和不少曾替巴勒斯坦政府工作過的加薩人一樣，都持續能領到他們所發放的薪水。我的月薪約五百元左右[5]，可用來維持家人溫飽。有閒錢時，我就會買些維他命和補給品。

我通常獨自訓練，因為沒有人可以與我匹敵，也沒道理跟比跑得我慢的人較勁。我需要跟和我同水平的人切磋，但加薩暫時還沒有這樣的人。我通常到離家不遠的一處操場做訓練，看似正規四百公尺的田徑場，因為是沙地，會影響我的速度，不僅會耗費我更多的時間，而且讓我的腳發疼，因此我不會一直都待在那邊訓練。有時我會到海邊，有時我會跑人行道。我早上六點起床，練跑兩小時，然後回家吃午餐、睡午覺，接著六點再做一次訓練。我的訓練計畫維持一整個夏天，即便天氣變得非常炎熱[6]也不停歇。過程很辛苦，但我停不下來，因為只要一停下來我的雙腿就非常渴望動起來。就連齋戒月期間，我也在開齋後跑步。我平常六點開始跑，但齋戒月時，晚上七、八點吃過飯後我才開始跑[7]。

我定期會到歐洲和其他國家參賽。如果有機會來我家，你會看到很多獎牌和獎盃，都是我這十三年來贏得的。有些時候主辦單位邀請我參賽，還會支付我的旅行費用，但我還是得想辦法先到開羅，若遇上邊境關閉就完全束手無策。

相較於跑者，政府機關和巴勒斯坦自治政府給予足球員更多支持和資助，令我感到孤立無援，因為我不受到支持，也沒有器材設備可以讓我精進自己。我有雙合適的跑鞋，但因為是釘鞋，我沒有辦法穿它在加薩跑，也沒辦法穿在沙地上跑，所以唯有旅行時，它才派得上用場。然而，當我好不容易能穿上它時卻感到不習慣。我可以在十四分鐘內跑完五千公尺，但針對一些高階賽事的國際標準則是十三分鐘出頭，所以我得持續訓練自己，才能參加國際賽事並贏得獎金，在我達到這個目標以前，我是沒有辦法賺錢的。只可惜在加薩，單靠現有的設備練跑，也難以有所進步。

我沒辦法倚賴跑步維生。我曾想過要離開加薩尋求更寬廣的運動生涯，雖然得離開我的妻兒，但在外的收入能讓他們過更好的生活，同時我也可以追求我的夢想。

每天，人們還沒睡醒，我就已經起床跑步，這麼做是為了要爭取更好的名次，讓巴勒斯

5 巴勒斯坦自治政府於一九九五年至二〇〇七年間治理加薩。雖說在哈瑪斯掌權後，先前受巴勒斯坦自治政府任命之公職人員全數被哈瑪斯的效忠者取代，但巴勒斯坦自治政府仍持續支付薪水給這些公僕，期望有朝一日能重回加薩當權。

6 七、八月份期間，加薩市平均氣溫超過攝氏三十二度。

7 齋戒月期間，虔誠的穆斯林每天從日出到日落間停止進食。

坦人可以以我為榮。能代表巴勒斯坦令我感到非常榮耀，儘管訓練過程非常艱辛。每當我代表巴勒斯坦參加錦標賽時，我會試著專注地想像巴勒斯坦人是多麼和平的一個民族，而我們無法自由通行純粹只是因為我們沒有機場，旅行者只好行經埃及。只不過這個想法實在很不具說服力，現今通往埃及的拉法過境點已關閉。

只可惜加薩人大多無法理解我身為跑者的成就。一般來說，如果你表明國家代表隊的身分，也許還有些意義，但在此地，這樣的成就並無法得到很大的認同。我曾看過一部電影講述一位已逝跑者，當載著他的救護車駛離，群眾紛紛鼓掌，好似他是個很偉大的人物。但在加薩，如果我在練跑中途猝死，路上大概也沒有人會注意到我。

在缺乏支持的情況下，想放棄的念頭數度浮現，但跑步終究是我想做的事情。跑步占據了我所有的時間，我甘之如飴。

我堅持跑下去的另一個原因是跑步給了我自由。跑步不像足球，得和其他十一人一同進行。我跑我的，可以隨心所欲地決定地點和形式，讓我享受消遙自在的滋味。開跑的剎那，我感受不到任何拘束，如同在飛翔一般，可以前往任何地方。在我還年輕、還沒有組成自己的家庭時，就連以色列進攻、加薩市遭到炸彈攻擊的情況下，我都還是照樣跑步。如今，攻擊發生時，我會陪在家人身旁。但只要我對現況感到煩悶，我還是可以離開市區，到無人的鄉間跑步，那總能讓我感到自由。

附錄

現今巴勒斯坦的歷史年表

約旦河西岸承載的過去非三言兩語能道盡，它的歷史不僅複雜，還極富爭議性。我們整理了以下的時間表，以幫助讀者了解書中人物的故事背景，也順道認識「巴勒斯坦」橫跨千年時光的發展。我們匯集了各方的資料，包含巴勒斯坦研究學會、聯合國救濟工程署、聯合國各部會、英國《衛報》、美國公共電視網（PBS）、BBC等等。如想了解更多資訊，可參閱伊藍・培皮（Ilan Pappé）的《當代巴勒斯坦歷史》（*A History of Modern Palestine*）與愛德華・薩依德（Edward Said）所著的《巴勒斯坦問題》（*The Question of Palestine*）。

西元前八〇〇〇年——第一批永久居留的人類聚落出現在約旦河西岸地區。聚落發展成耶利哥城（Jericho）。時至今日，該城目前仍有居民，也是約旦河西岸的城市之一。

西元前八〇〇〇—一〇〇〇年——這片位於地中海與約旦河之間的土地（過去被稱作迦南〔Canaan〕，其所有權在這段時間經過數次的移轉，落入不同帝國的手中。埃及與巴比倫也曾統治這片土地，而部分地區則由迦南獨立城邦所控制。約西元前一二〇〇年，海上民族利士人（Philistines），在地中海沿岸建立若干城邦並組成聯盟，城邦分佈於亞希基倫、亞希突與加薩的城市周邊。埃及人稱這片被非利士人統治的土地為「Peleset」。後來，希臘作家將在地中海與約旦河之間的這片土地稱作「巴勒斯坦」或「非利士人的領土」。

西元前一〇〇〇—八五〇年——以色列人所建立的部落自治聯盟分別聯合組成各自的王國。以色列王國（Kingdom of Israel）的首都位於撒馬利亞（靠近現在的納布盧斯），而南部兩個支派則建立猶地亞王國（Kingdom of Judea），首都在耶路撒冷。

西元前七二二—一年——巴勒斯坦先是被亞述人（Assyrians）統治。而後巴比倫人打敗亞述人，奪得這片土地的控制權。接著，巴勒斯坦又經歷了希臘化時期，受希臘王朝的統治，後來巴勒斯坦落入了羅馬人手中。另外，在此時期，許多以色列人跟迦南人所建的半自治城邦也發展地十分蓬勃。

三二四—六三四年——羅馬皇帝君士坦丁將首都從羅馬遷至拜占庭，並改名為君士坦丁堡。他將基督教設為國教。當時，巴勒斯坦也在拜占庭帝國的領土範圍內，因此也改信了基督教。巴勒斯坦在這段期間，先是由拜占庭帝國統治，之後被波斯帝國占領，後又回到拜占庭帝國手上，因此這段時期，大部分的人民皆信仰基督教。

六一〇—六三二年——在先知穆罕默德的引領之下，伊斯蘭教於阿拉伯半島建立。穆罕默德逝世於西元六百三十二年，在這期間，穆罕默德已經成功建立伊斯蘭教，也被大部分使用阿拉伯語的人所接受。

六三四年——先知穆罕默德去世後兩年，信仰伊斯蘭教的阿拉伯人打敗了拜占庭和波斯軍隊，奪回巴勒斯坦的控制權。其後幾年，說阿拉伯語的人們移入了敘利亞地區，西到埃及與非洲，東到美索不達米亞平原。

六三四—一五一六年——綜觀中世紀時期，巴勒斯坦經歷過許多朝代與蘇丹政權的統治。權力的鬥爭招來十字軍的侵略，也吸引來自歐洲的基督教軍隊入侵巴勒斯坦。一一八七年，來自庫德斯坦（Kurdistan）的穆斯林領袖薩拉丁（Salah Ad-Din）攻下了耶路撒冷的第一個十字軍王國。下一個世紀，巴勒斯坦遭到許多統治者的控制——包含十字軍，直到由埃及貴族所組成的傭兵軍隊（Mamluk）在一二五〇年奪下巴勒斯坦的統治權。巴勒斯坦在此之後維持了兩個世紀的和平。一四五三年，君士坦丁堡落入來自中亞的鄂圖曼土耳其人手中。鄂圖曼土耳其帝國將君士坦丁堡改名為伊斯坦堡，並就此開始向外擴張。一五一六年鄂圖曼土耳其人已經征服了巴勒斯坦、敘利亞、埃及以及西阿拉伯半島。

一五一六—一九一八年——巴勒斯坦被鄂圖曼土耳其人統治超過四百年。

一八〇〇年——到了十九世紀，約有二十五萬人居住於巴勒斯坦。雖然大部分的居民信仰伊斯蘭教，仍約有七千名猶太教徒與兩萬名基督徒居住於此。

一八五〇年——現代錫安主義運動的根源，最早因應歐洲和俄羅斯的反猶太情緒和世俗民族主義而生。在接下來的幾十年裡，一百五十萬名原本居住於歐洲和俄羅斯的猶太人選擇移民。許多人移居美國，但有些人開始在巴勒斯坦購買土地。

一九〇〇年——許多居住在歐洲的猶太領袖，十分同情錫安主義運動，並為他們籌募資金，從鄂圖曼土耳其帝國手中購買土地。猶太殖民地就此建立。一九〇〇年之前，居住於巴勒斯坦的人口約五十至六十萬人，其中約有五萬人信仰猶太教，六萬名基督教徒，還有四十萬名穆斯林。

一九一四年——第一次世界大戰爆發，鄂圖曼土耳其帝國加入以德國為首的「同盟國」陣營，共同對抗英國、法國、俄國。

一九一五年——駐埃及英國高級專員（職能同外交大使）與阿拉伯的領袖，胡笙・賓——阿里（Sharif Hussein bin Ali）通信。信中表示如果胡笙發動起義，反抗鄂圖曼土耳其帝國，英國就會支持阿拉伯人獨立。後來，胡笙計畫建立一個阿拉伯國家，範圍從巴勒斯坦、敘利亞，到葉門。

一九一七年——英國發佈了貝爾福宣言（Balfour Declaration），支持猶太人在巴勒斯坦建國。

一九一八年——第一次世界大戰結束，英國軍隊在敘利亞擊敗鄂圖曼土耳其帝國，同時占領巴勒斯坦、外約旦（Transjordan）以及大部分的伊拉克領土，而法國軍隊則占領了敘利亞、黎巴嫩及部分土耳其與伊拉克領土。

一九二一年——巴勒斯坦群眾透過頻繁的示威行動，抗議他們失去的領土。猶太人與阿拉伯裔的社群於五月爆發土地糾紛。最後有數十名群眾在特拉維夫與雅法附近的城市喪失性命。

一九二二年——國際聯盟委託英國管理巴勒斯坦。而外約旦則變成半自治的王國，被稱作約旦（Jordan）。英國與國際聯盟皆同意在巴勒斯坦建立一個猶太國家，另一半的領土則屬於阿拉伯人。一九二三年，這個新建立的猶太國家正式交由英國委任統治。接下來的十年，失去土地的阿拉伯人從未停止抗爭。

一九二四年——歐洲與美國的慈善家建立了巴勒斯坦猶太殖民化協會（Palestinian Jewish

colonization association），這個組織籌措資金，協助猶太人建造並維護殖民地。

一九二九年——英國、阿拉伯與猶太人間的緊張不斷升溫，最終導致暴力衝突。八月，六十七名猶太人在希伯崙遭到阿拉伯人殺害。支持猶太復國主義的屯墾者籌措哈加納準軍隊（Haganah），以保護猶太人的利益。

一九三一年——伊爾根（Irgun）軍事集團脫離哈加納，並開始針對英國人與阿拉伯人進行軍事攻擊，對抗英國與阿拉伯人。

一九三六—一九三九年——第二次世界大戰爆發的前幾年，儘管英國實施了禁令，仍有許多原本住在歐洲的猶太人移民到巴勒斯坦。許多阿拉伯人對英國統治當局十分不滿，因為他們不只要忍受新來的猶太移民，還失去了原本的土地。這些憤恨的情緒演變成抗議行動與公民不服從運動，包含共同抵制英國機關。而英國政府則透過大規模的逮捕行動、拆遷房屋、關閉學校等手段來反制阿拉伯人的抗爭。一九三七年，英國的「皮爾委員會」（Peel commission）首次提議將聖地分為猶太與阿拉伯兩個區域。

一九三九年——第二次世界大戰爆發，英國禁止猶太人在巴勒斯坦買賣土地，為的是贏得阿拉伯世界的支持，以對抗德國。

一九四六年——伊爾根組織策畫耶路撒冷「大衛王旅館」（David King Hotel）的爆炸案，接著炸毀英國託管總部。

一九四七年——新成立的聯合國大會建議分割巴勒斯坦，將之區分為猶太與阿拉伯兩區。並依此協議，將耶路撒冷由聯合國和平部隊保護，由猶太人與巴勒斯坦人共享。通過此項決議就代表，國際社會回應了猶太復國主義想要建立一個獨立國家的渴望，也替猶太人的建國奠定了基礎。然而，許多基督教徒與穆斯林居民卻拒絕聯合國大會的分割計畫。許多人認為，將土地分割給猶太人的計畫並不符合巴勒斯坦實際的人口分布。此時，巴勒斯坦人口大約有三分之一為猶太人。

一九四七年——聯合國投票決議不久之後，許多武裝團體（如伊爾根軍事組織）開始驅逐巴勒斯坦人，並拆除他們的村莊。一九四七年起，巴勒斯坦境內爆發內戰，許多巴勒斯坦人被迫逃離「猶太國家」。這場災難在阿拉伯語裡被稱作「浩劫」（Nakba）。接下來的兩年，七十五萬名巴勒斯坦人流離失所，被迫前往加薩市的沿海地區、埃及，約旦河的東岸或西岸，敘利亞與黎巴嫩。

一九四八年——阿拉伯人持續被迫遷徙。五月十四號，戴維・本—古里安（David Ben-Gurion）宣布以色列國成立，疆界的畫定則是大部分依據聯合國的決議，戴維也成了以色列的第一任總理。隔天，美國總統杜魯門派出美國代表至聯合國，承認以色列建國。同一天，伊拉克、敘利亞、黎巴嫩、埃及、約旦、沙烏地阿拉伯等國卻對新建立的以色列國「宣戰」。

- **五月至六月**：以色列和平部隊介入，協調阿拉伯國家組成的聯合軍隊停止與以色列軍隊之間的戰爭，但是停戰維持的時間並不長。
- **七月**：經過與敘利亞和埃及的戰爭，以色列擴張了其領土範圍，控制了西部加利利（Galilee）、內蓋夫沙漠，以及通往紅海的路徑。

- **十二月：**阿布杜拉一世（King Abdullah I）取得約旦河西岸的部分土地後，宣布約旦王國與巴勒斯坦結盟。

一九四九年——聯合國介入調停衝突，促成以色列與埃及的停戰協議，以及和黎巴嫩、約旦及敘利亞之間的停戰協議。停戰協定還畫定以色列與其他鄰近國家的暫時邊界。聯合國畫定的邊界線被稱作「綠線」，也埋下日後以色列與巴勒斯坦代表進行和平談判時的衝突點。這段期間，七十五萬名巴勒斯坦人被迫離開「以色列」的土地，但仍有十五萬名留下。留下來的阿拉伯裔巴勒斯坦人雖然取得公民身分，但是在一九六六年前，巴勒斯坦人卻得遵守軍事法律，還遭受許多暴力與壓迫事件。

一九四九年——和平協議使加薩走廊與約旦河西岸成為不同的政治區域。加薩走廊由埃及控管，而約旦則控制約旦河西岸地區的一部分，包含東耶路撒冷在內。另一方面，移民到以色列的猶太人持續增加，一九四九年年底，以色列的人口數已經達到了一百萬人。

一九五〇年——以色列通過了《回歸法》（Law of Return），該法允許各地的猶太人回到以色列居住，並取得以色列國籍，審查過程相當寬鬆。一九四九至一九五二年期間，以色列的猶太居民人數翻倍成長。

- 聯合國正式成立聯合國救濟工程署（United Nations Relief and Work Agency）以提供物質援助，並設置難民營。幫助七十五萬名居住於西岸、加薩、約旦、敘利亞、黎巴嫩的巴勒斯坦難民。這些難民因戰亂逃到西岸、加薩、約旦、敘利亞以及黎巴嫩。

一九六四年——一月：阿拉伯聯盟（Arab League）的數位領導人在開羅會面，決定支持巴勒斯坦解放組織（巴解）的建立。巴解是個跨國界的組織，代表所有巴勒斯坦人，也代表「巴勒斯坦的解放」。

一九六五年——法塔是由流落在外的難民所建立起的政治組織，成立於一九五九年，自一九六五年起，敘利亞開始秘密支持法塔，而法塔則對以色列發動軍事攻擊。該年度，法塔襲擊以色列的次數超過三十次。

一九六七年——以色列軍隊與法塔和敘利亞軍隊發生激烈衝突。隨著地區緊張情勢升高，埃及於五月派軍，至埃及與以色列相鄰的邊界附近。以色列也做出回應，將軍隊調至西奈邊界，並啟用預備軍力。

- **六月五日**：以色列對埃及在西奈地區的空軍基地發動空襲，摧毀了埃及大部分的空軍軍力。世人所知道的六日戰爭，就是在這天拉開序幕。
- **六月七日**：以色列占領東耶路撒冷，隨戰事擴張，以色列一步步侵占約旦河西岸地區。
- **六月八日**：埃及接受聯合國停火協議。
- **六月九日**：敘利亞接受聯合國停火協議，但以色列卻進攻戈蘭高地（Golan Heights）。
- **六月十日**：以色列占領戈蘭高地的重要據點庫奈特拉（Qunaitra），六日戰爭在這天畫下休止符。戰爭結束後，以色列軍隊與行政機關掌控了耶路撒冷、約旦河西岸地區、加薩走廊、戈蘭高地與西奈半島。

•超過十萬名巴勒斯坦難民被迫離開被以色列占領的土地，前往約旦。阿拉伯各國家元首則試圖尋求外交解決方式，以奪回戰爭中所失去土地。同時，法塔組織持續攻擊約旦河西岸地區，攻擊範圍也包括以色列在一九六七年前的領土範圍。除此之外，也有更多與巴勒斯坦相似的激進組織出現。許多巴勒斯坦社運份子的態度，也從支持泛阿拉伯主義，轉而支持巴勒斯坦國族主義。

•以色列占領加薩與約旦河西岸之後，軍隊主管機關核發身分證給當地的巴勒斯坦民眾。但是，在以色列發行新身分證時沒有居住於加薩或西岸地區的巴勒斯坦人，遂失去了在那塊土地上居住的權利。

•第一個以色列屯墾區建立於約旦河西岸的克法爾・艾斯恩。

一九六九年——法塔組織的領導人阿拉法特，被選為巴解的領袖。

一九七〇年——這一年，居於約旦河西岸與約旦的巴勒斯坦人數超越原本的約旦居民人口。巴解組織試圖在約旦鞏固政治權力。巴解與約旦政府之間的緊繃關係引發了內戰，史稱「黑色九月」(Black September)。在內戰當中，約旦政府用武力驅逐巴解，巴解於是將據點轉移到黎巴嫩。

一九七三年——以色列政府在約旦河西岸、戈蘭高地與西奈北部等地設立屯墾區。期望最終能將這些軍事占領地，變成以色列平民的居住地。在贖罪日（Yom Kippur）（猶太節日）時，埃及和敘利亞軍隊於戈蘭高地和西奈半島攻擊以色列部隊。十月二十二日，停火協議正式停止了雙方的攻擊行動，但由於埃及企圖得到西奈半島的土地，有些攻擊仍舊持續著。隔年初，美國介入協調。敘利亞取回了戈蘭高地的大部分區域，埃及和以色列則同意在蘇伊士運河兩岸建立新邊界。儘管國際法有所規範，但以色列仍舊占領一部分的戈蘭高地。

一九七四年——十一月：阿拉法特受邀至聯合國演講，希望國際能夠承認巴勒斯坦為一個獨立國家。聯合國也針對阿拉法特的訴求做出回應，讓巴勒斯坦以「觀察員實體」（Observer status）的身分，有限度地參與聯合國大會。「觀察員實體」是聯合國賦予特定的非國家組織有限度參與聯合國的身分。

一九七五年——黎巴嫩境內爆發內戰，巴解庇護黎巴嫩境內的難民，宣稱控制了黎巴嫩南部地區。內戰持續了十五年之久。

一九七八年——九月：美國總統吉米·卡特與以色列總理梅納赫姆·貝京（Menachem Begin）以及埃及總統安瓦爾·沙達特（Anwar Al-Sadat）於大衛營（Camp David）祕密會面，並簽署《大衛營協議》（Camp David Accords）。協議中訂定了以埃雙方的和平協定內容，終於讓雙方長達數十年的衝突劃下句點。以色列軍隊撤出西奈半島，讓該地區重回埃及手中。

一九八〇年——以色列國會制定法律，確定耶路撒冷是以色列「完整的和不可分割的首都」。

一九八一年——以色列投票通過，決議併吞六日戰爭當中從敘利亞手中奪下的戈蘭高地。

一九八二年——六月：以色列進攻巴勒斯坦解放組織的所在地：黎巴嫩。以色列國防部長艾里爾·夏隆（Ariel Sharon）的襲擊超越了國家認可的防衛計畫。他帶領著以色列軍隊進入黎巴嫩首都貝魯特，並於薩布拉（Sabra）街區和鄰近的夏蒂拉（Shatilla）難民營，殺害了數千名巴勒斯坦人與黎巴嫩的什葉派穆斯林。這年夏末，跨國和平部隊抵達黎巴嫩保護平民，並且監督巴解組織離開黎巴嫩。巴解組織被迫離開黎巴嫩，並且將突尼西亞當作新的據點。以色列部隊直到西元二〇〇〇年都還滯留黎巴嫩南部。

一九八七年——十二月：一輛以色列裝甲卡車闖進加薩，衝撞民用車輛，造成四名巴勒斯坦人死亡。事情發生後不久，巴勒斯坦人將原本於加薩與西岸地區所遭受到挫折，化為示威行動的動力。示威規模迅速蔓延，也就是著名的「巴勒斯坦第一次大起義」，有「擺脫」之意。雖然巴解很快就加入起義活動，但是巴勒斯坦大起義一開始並沒有經過巴解或是其他組織的帶領。一九八八年一月，大起義的領袖接受，巴勒斯坦將由巴解領導，建立新的巴勒斯坦政權，同時與以色列共存。不出幾年，掌握於流亡巴勒斯坦人手上的巴勒斯坦政治中心，也從鄰近的阿拉國家，回到被占領的土地上。

- 以色列回應起義的方式，就是用暴力的方式對待示威者與阿拉伯囚犯，並同時進行大規模的逮捕行動。這段期間，監牢裡的囚犯人均數創下世界之最。大起義爆發後的頭五週，大約有二十萬名巴勒斯坦人遭到逮捕，超過二十五萬名受傷，另有三十三名遭到殺害。以色列的行動招致國際輿論的壓力，也讓巴勒斯坦各區更加團結。
- 隨著起義的衝突升高，巴勒斯坦穆斯林兄弟會（Muslim Brotherhood）創立了哈瑪斯。哈瑪斯希望巴勒斯坦能變成政教合一的國家。當時，巴勒斯坦解放組織爆發了許多醜聞，因此其他的政治組織開始成長茁壯，哈瑪斯就是其中之一。

一九八八年——巴勒斯坦領導者於十一月十五日發表巴勒斯坦獨立宣言。

一九九一年——十月至十二月：以色列的領導人、來自黎巴嫩與敘利亞的阿拉伯代表，以及約旦與巴勒斯坦的合併代表團在馬德里進行和平與土地談判，此會議受到美蘇雙方的支持。馬德里和會是以色列、阿拉伯與巴勒斯坦之間和平談判的第一次嘗試。

一九九二年——十月：約旦與以色列宣布，他們已草擬和平條約。一旦雙方建立了更完整的區域和平條約，他們就會批准和平條約。

一九九三年——經過幾個月的秘密談判，以色列與巴勒斯坦解放組織簽署了奧斯陸和平協議。巴勒斯坦解放組織首次正式承認以色列為一個國家，而以色列也承認巴勒斯坦人民與巴勒斯坦解放組織。《奧斯陸協議》也規範了巴勒斯坦自治政府的成立，新政府管轄範圍包含加薩與西岸地區的巴勒斯坦人民。以色列也同意停止占領地上的屯墾區建設。雖然，歷史學家對於第一次大起義結束的時間點意見不一，大部分的學者認為是以《奧斯陸協議》畫分，或是以一九九一年馬德里和會為分界點。

一九九五年——九月：以色列總理伊扎克・拉賓（Yitzhak Rabin），跟巴勒斯坦自治政府主席亞西爾・阿拉法特簽署了另一項和平協議《奧斯陸和平進程》，將一九九三年簽署的《奧斯陸協議》的某些原則具體化。《奧斯陸和平進程》替巴勒斯坦選舉、永久地位的談判以及以色列所給予的土地優惠等議題訂定時程。

- **十一月**：極端正統猶太教與激進的以色列屯墾者並不贊同《奧斯陸和平進程》所提出的

土地優惠政策，這些情緒也造成了動盪，也導致伊扎克・拉賓被以色列激進份子伊蓋爾・阿米爾（Yigal Amir）暗殺身亡。這次暗殺所導致的後果也讓和平進程受到嚴重的影響。

一九九六年——以色列首次直接選舉出總理班傑明・納坦雅胡（Benjamin Netanyahu）。他在沒有知會阿拉法特的情況下，解除已為期四年的屯墾區擴張限制，造成屯墾區擴張的速度加快。接下來的十年，約旦河西岸地區的人口成長翻倍，從十二萬五千人到二十五萬人。

一九九九年——五月：根據《奧斯陸協議》的規定，巴勒斯坦永久地位談判的期限已過。

二〇〇〇年——七月：美國總統比爾・柯林頓促成以色列總理埃胡德・巴拉克（Ehud Barak）與巴勒斯坦總統亞西爾・阿拉法特在大衛營會談，但是並沒有達成任何共識。

・**九月**：以色列反對黨領袖兼前軍隊總指揮艾里爾・夏隆造訪位於東耶路撒冷的聖地——聖殿山，也被稱作阿克薩清真寺，無論是猶太教或伊斯蘭教都將此地視為聖地。艾里爾・夏隆造訪時當眾宣布，聖殿山將永久處於以色列的控制之下。

・沒有獲得人民認同的《奧斯陸協議》，引發了巴勒斯坦第二次大起義。巴勒斯坦群眾在耶路撒冷發動抗爭，並且很快擴散至約旦河西岸地區以及加薩走廊。跟第一次起義相比，第二次大起義的暴力情形嚴重地多，包含槍擊事件的增加、阿拉伯民兵的自殺式炸彈攻擊、以色列國防部隊以巴勒斯坦政治領袖為目標，所策畫的暗殺行動等等。

二〇〇二年——以色列國防軍對約旦河西岸發動的大規模軍事行動，此行動是繼一九六七年六日戰爭後，以色列針對約旦河西岸區域發動最大規模的侵略行動。除此之外，以色列開始興建隔離牆隔開約旦河西岸與以色列。隔離牆阻隔了原本的社區，也阻斷了道路，更改變了約旦河西岸的地理情況。有百分之八十五的預定隔離牆越過了一九四九年停戰協定所畫定的「綠線」，侵犯了原本應屬於巴勒斯坦的土地。

二〇〇四年——四月：以色列總理艾里爾・夏隆宣布「以巴片面分離計畫」（Unilateral Disengagement Plan），計畫將所有猶太屯墾者遷出加薩走廊跟部分的西岸地區。但是，大起義的暴力事件減緩了「分離計畫」的實行速度，並同時加速隔離牆的興建，將大部分的西岸跟加薩地區與以色列隔離。亞西爾・阿拉法特在十一月時因病去世。

二〇〇五年——亞西爾・阿拉法特去世之後，瑪赫穆德・阿巴斯（Mahmoud Abbas）當選為巴勒斯坦自治政府的主席。阿巴斯跟國際組織合作，以提升政治上的透明度，也去除反抗組織的軍事武裝能力。

- **八月**：以色列針對加薩走廊實施「片面分離計畫」。原本居住在加薩的數千名屯墾者九月時移居到了其他地區。巴勒斯坦自治政府握有加薩境內的管理權，而以色列則控管加薩邊境。

二〇〇六年——一月：哈瑪斯在巴勒斯坦國會選舉中獲得壓倒性的勝利，意外成為國會多數。選舉過後，原本資助加薩走廊的美國與歐盟都停止了援助。以色列也開始扣留原本預計給巴勒斯坦自治政府的稅收。

- 選後不久，哈瑪斯跟法塔正式決裂。哈瑪斯在六月時綁架了以色列士兵吉拉德・沙利特，當時巴勒斯坦軍隊正對以色列境內的領土展開越界突襲。沙利特後來平安被釋放，也成為以色列政治人物與人民關注的焦點。

二〇〇七年——七月：哈瑪斯與法塔政黨爆發衝突。歷經一連串的武裝抗議活動後，哈瑪斯驅逐法塔並占領加薩走廊，迅速與約旦河西岸的巴勒斯坦自治政府切割，變成分庭抗禮的局面。

•哈瑪斯掌控加薩之後，以色列對加薩實行全面封鎖。在埃及的支持下，以色列限制加薩地區的人口、商品的移動，同時也限制用水、電力、瓦斯、建築材料以及其他必需品的供給。二〇〇八年中，加薩的進口量比之前下降了百分之三十。

二〇〇八—二〇〇九年——以色列發動「鑄鉛行動」，目的為阻止哈瑪斯對以色列發射火箭及走私武器。巴勒斯坦人傷亡慘重，約有一千兩百名至一千四百名加薩人因此喪生。以色列炸毀加薩區內的經濟建設，造成加薩必須更仰賴外部資源，但加薩的外部援助管道已被以色列封鎖。

二〇〇九年——十月：以色列釋放二十名女囚犯，以換取證明吉拉德•沙利特仍活著的影片。

二〇一〇年——四月：巴勒斯坦總統瑪赫穆德•阿巴斯簽署了一道法令，抵制以色列屯墾區製作的商品。法案明定處罰項目，凡是販賣屯墾區商品的巴勒斯坦人都該受罰。

•**六月**：以色列襲擊了援助加薩的六艘船隻，但卻以失敗告終，在這之後，以色列鬆綁了封鎖加薩的進口限制。在以色列襲擊期間，船上的九名土耳其社運份子遭到殺害，另有數十人受傷，引起國際社會的強烈抗議。

二〇一一年——歷經了五年的時間，哈瑪斯釋放吉拉德•沙利特，以換取釋放以色列占領的一千多名巴勒斯坦囚犯。以色列和哈瑪斯之間的火箭襲擊和武裝衝突持續，以色列也繼續封鎖加薩走廊。

二〇一二年——十一月：聯合國大會透過投票，把巴勒斯坦現有聯合國「觀察員實體」地位升格為「觀察員」，跟教廷居於同樣的地位。十一月十四日，以色列發動「雲柱行動」，歷時八天的攻擊造成一百六十七名加薩人死亡。另有六名以色列人（其中包含四位平民）命喪於來自加薩的火箭炮火中。

二〇一三年——美國國務卿約翰・凱瑞（John Kerry）宣布重啟以巴雙方的和平談話。希望能在以色列控制度提高的情況下，進行西岸地區與東耶路撒冷的屯墾區修建。

二〇一四年——巴勒斯坦自治政府逕行申請加入十五個國際組織與國際公約，作為以色列修建屯墾區的回應。而由約翰・凱瑞發起的和平對話也取消了。

- **四月**：法塔與哈瑪斯兩大派系宣布和解，並開始討論哈瑪斯與巴勒斯坦自治政府聯合的可能性。雙方和解的計畫也包含年底的議會選舉在內。
- **六月**：三名以色列青少年於希伯崙附近遭到綁架。儘管以色列官員手上握有的證據已經顯示，三名少年在被綁不久後即遭到殺害，以色列還是在約旦河西岸地區進行攻擊與大規模逮捕行動。以色列國防軍還逮捕了多名當初被釋放，用以交換吉拉德・沙利特的戰俘。幾週後，在東耶路撒冷的一名巴勒斯坦青少年被以色列屯墾者綁架和殺害。
- **七月**：哈瑪斯開始向以色列發射火箭，聲稱襲擊起因於以色列又逮捕了原本用來交換吉拉德・沙利特自由的囚犯，而以色列繼續圍困加薩。

- 以色列針對加薩發動了「保護邊境行動」。歷經一週的空襲後，以色列派遣地面部隊進入加薩。「保護邊境行動」在第一個月就造成超過一千八百名加薩人死亡，大多數都是平民。
- 八月：以色列持續轟炸加薩走廊，巴勒斯坦透過埃及向以色列表達談判停火的意願。來自加薩的火箭攻擊仍舊持續。八月底，戰火已造成超過兩千一百名巴勒斯坦人喪生，另有四位以色列平民和超過六十位以色列士兵死於戰火中。

名詞解釋

行政拘留（administrative detention）：受拘留者在未經起訴或審判的情況下遭到拘留的法律程序。根據國際法規範，戰爭期間和對立陣營在商討和平協議時，有些形式的行政拘留是合法的。美國位於古巴關達納摩灣（Guantanamo Bay）的拘留營中，便有受拘留者受到無限期行政拘留。英國曾在北愛爾蘭對愛爾蘭共和軍實行行政拘留，南非種族隔離時期也曾採取此法律程序。英國託管巴勒斯坦時期，曾行政拘留猶太叛亂份子，以色列軍方在建國時沿用此法。二〇一四年，以色列行政拘留多達三百名巴勒斯坦人。每段拘留期都有固定天數（通常為一天至六個月），但拘留期在經法院審理後便能延長，如此一來，受拘留者可能在未經起訴或審判的情況下面臨無限期拘留。日內瓦第四公約第七十八條規定占領國基於安全考量，有權在占領區執行行政拘留，但前提是必需「基於必要安全理由」，而非用來作為懲罰。第二次巴勒斯坦大起義期間，數萬名十四至四十五歲的男性未經起訴便受到以色列逮捕。

阿克薩烈士旅（Al-Aqsa Martyrs’ Brigades）：法塔旗下的非正式軍事組織。雖然部分的法塔成員並不承認該組織，但從第二次巴勒斯坦大起義開始，法塔便積極與該組織合作。以色列、美國、歐洲和其他國家將其列為恐怖組織。

聖城旅（Al-Quds Brigades）：巴勒斯坦伊斯蘭聖戰運動（Islamic Jihad in Palestine Movement）

旗下的軍事組織。第二次巴勒斯坦大起義時，聖城旅活躍於傑寧（Jenin）一帶，起義後逐漸喪失勢力。

阿拉伯人（Arab）：文化及語言相通的族群，彼此的關聯並非由種族、地理位置或宗教界定。阿拉伯語包含許多方言，多數阿拉伯人都會說一種以上的阿拉伯方言。大約有百分之八十至九十的阿拉伯人將自己視為穆斯林，其餘多信奉基督教。至於猶太復國運動前就居住在巴勒斯坦且會說阿拉伯語的猶太人是否算是阿拉伯人，則是眾說紛紜。

以阿戰爭（Arab-Israeli War）：剛建國的以色列和周圍阿拉伯國家的紛爭，從一九四八年以色列建國以來持續至今。英國託管巴勒斯坦時期（一九二三—一九四八），猶太人和阿拉伯居民之間的關係十分緊張，因此，一九四七年聯合國決議分割巴勒斯坦，分別建立一個猶太國家（以色列）和一個阿拉伯國家（巴勒斯坦）。鄰近阿拉伯國家所組成的阿拉伯聯盟反對此分治計畫，一九四八年五月以色列甫建國，便隨即向以色列宣戰，這場戰爭一直到一九四九年春天雙方簽訂停戰協議才停火。這場戰爭中，共有七十五萬名巴勒斯坦人被迫離開家園，以色列強奪六成一九四七年由聯合國在分治計畫中畫歸給巴勒斯坦的領土。巴勒斯坦人稱這場戰爭及其所留下的災難為「Nakba」，即「浩劫」之意。巴勒斯坦現今的政治活動大多圍繞在難民後裔有權重返一九四八年不得不離開的家園和土地。

阿拉伯聯盟（Arab League）：成立於一九四五年，由阿拉伯國家組成。創始會員國有埃及、伊拉克、約旦、黎巴嫩、沙烏地阿拉伯和敘利亞，現已增至二十二個會員國。阿拉伯聯盟成立的宗旨為促進和協調阿拉伯國家的經濟和政治發展。一九四八年以阿戰爭期間，以色列獨立建國，造成許多原本生活於以色列境內的阿拉伯人無家可歸，因此，阿拉伯聯盟成員國聯合攻打以色列。

A、B、C區（Areas A, B, and C）：一九九三年《奧斯陸協議》生效後，在約旦河西岸地區畫分的行政區。A區由巴勒斯坦當局全權管理，此區雖只占約旦河西岸土地的百分之十八，伯利恆（Bethlehem）、希伯崙（Hebron，約百分之八十位於此區）、傑寧（Jenin）、耶利哥、納布盧斯（Nablus）、蓋勒吉利亞（Qalqilya）、拉馬拉（Ramallah）和圖勒凱爾姆（Tulkarm）等大城市都集中於此。以色列公民禁止進入此區，但以色列國防軍仍能在此區進行突襲和逮捕行動；事實上，鮮少有以色列公民因為進入A區而惹上麻煩。B區占約旦河西岸土地的百分之二十二，四百四十個巴勒斯坦村落坐落於此，此區的行政事務由巴勒斯坦自治政府掌控，而以色列仍保有對此區的軍事控制。以色列人不可在此區屯墾，但若要參觀宗教場所或有其他特殊情況，以色列人便可進入此區。C區由以色列全權管理，此區囊括約旦河西岸百分之六十的領土，在此屯墾的以色列人口高達五十萬人。巴勒斯坦人要進入此區受到部分限制。然而，約有二十萬至三十萬名巴勒斯坦人，包含貝都因人和一些農夫居住於此，他們在取得水資源和電力方面都受到極大限制。

巴爾福宣言（Balfour Declaration）：一九一七年十一月二日英國政府對外公佈的外交信。信中表明為回報猶太人在第一次世界大戰對英國的協助，英國支持猶太人在鄂圖曼帝國瓦解後復國。此宣言違背了湯瑪斯・愛德華・勞倫斯（T. E. Lawrence）上校對於支持在同一地區建立泛阿拉伯國家的諾言。

貝都因人（Bedouin）：與阿拉伯半島有著深厚歷史淵源的民族。早期的貝都因人居住在沙漠部族中，過著游牧生活，語言為阿拉伯文。現今約有四萬名貝都因人居住於巴勒斯坦境內，多數聚集在約旦河西岸的C區。

黑色九月（Black September）：發生在一九七〇年九月至一九七一年七月的約旦內戰，事件主角為巴勒斯坦解放組織和約旦王室。一九四八年以阿戰爭後，居住在包括約旦河西岸在內約旦領土的人口約有三分之二為巴勒斯坦人，因此，在約旦的政治活動中，巴勒斯坦人扮演了舉足輕重的角色。這場戰爭導致巴勒斯坦難民喪失在約旦的公民權，也讓巴勒斯坦反抗運動的基地遷移至黎巴嫩南部。

英屬巴勒斯坦託管地（British Mandate for Palestine）：第一次世界大戰後，鄂圖曼帝國瓦解，英國占領原鄂圖曼帝國領土，取得在該地的行政權，託管區包括約旦河東岸（外約旦，也就是今天的約旦）和約旦河西岸（巴勒斯坦）。正式託管期始於一九二三年，並於一九四八年，隨著各個獨立國家的建立而畫下句點，這些獨立國家包含猶太人建立的民族國家，與托管區內的阿拉伯人所建立的國家。

檢查哨（checkpoints）：以色列國防軍在約旦河西岸地區連外道路上設置的哨點。以色列以保護屯墾區的以色列居民為名，在約旦河西岸設置檢查哨，搜查巴勒斯坦人是否攜帶武器等違禁品，以及防止巴勒斯坦人未經允許進入禁區。固定檢查站的數量每年不同，約旦河西岸地區可能有高達一百個檢查哨。除此之外，以色列每個月還會設置數百座暫時路障和突擊檢查哨。巴勒斯坦人時常受到不定時扣留、耽擱或訊問，這些固定和暫時的檢查哨嚴重影響到他們的日常生活，城市到城市、村落到村落間短短幾英里的距離，看起來卻像是地圖上幾個遙遠的地點。

過境點（crossing points）：巴勒斯坦部分地區進入以色列或埃及、約旦等鄰國的過境處。現在陸地上共有五個進入加薩走廊的過境點，二〇〇七年以色列軍事封鎖加薩走廊以來，便關閉或嚴格管控大部分的過境點。約旦河西岸與以色列交界處共有七十三個設有閘門的過境點，持有許可證的巴勒斯坦人可通過其中三十八處。

圓頂清真寺（Dome of the Rock）：圓頂清真寺和阿克薩清真寺（字面意義為「最遠的清真寺」）皆位於聖殿山上，猶太教徒視聖殿山為首要聖地。相傳先知穆罕默德一夜之間奇蹟似地從麥加來到耶路撒冷，率領眾先知禮拜，接受真主對於禮拜的指示。這兩清真座寺的所在地便是他受到天啟的地方。聖殿山的歸屬向來是以巴談判中的棘手議題。

東耶路撒冷（East Jerusalem）：耶路撒冷的東半部是以巴關係最為緊張的地區。以色列和巴勒斯坦皆聲稱耶路撒冷為他們的首都，許多猶太教與伊斯蘭教的聖地都在此處，包含聖殿山、阿克薩清真寺與圓頂清真寺。以阿戰爭後，以色列占領耶路撒冷西部（此地居民多為猶太人），約旦則占領東部（此地居民多為穆斯林和信仰基督教的阿拉伯人）。一九六七年六日戰爭後，以色列占領整個耶路撒冷，接著併吞東耶路撒冷及其外圍原由約旦管轄的二十五平方英里土地。六日戰爭後，居住在東耶路撒冷的阿拉伯人享有在以色列的永久居留權，並可以申請成為以色列公民，不過這樣做的阿拉伯人並不多。一九六七年有超過六萬名阿拉伯人居住在東耶路撒冷，只有幾百個猶太人居住於此，但一九九三年《奧斯陸協議》簽訂時，東耶路撒冷的以色列人口共有十五萬五千人，超越此地阿拉伯人口的十五萬人。

法塔（Fatah）：巴勒斯坦解放組織中最大的左翼團體。法塔成立於一九五九年，多數成員為一九四八年以阿戰爭後流離失所的巴勒斯坦難民。法塔旗下有數個軍事組織，對以色列發動數次軍事行動，以色列鎖定法塔的軍事和非軍事組織。

加薩走廊封鎖政策（Gaza Blockade）：二〇〇七年哈瑪斯占領加薩走廊後，以色列對加薩走廊進行海陸空全面封鎖，嚴格管控物資進出。以色列將哈瑪斯視為恐怖組織，抱持同樣看法的還有美國、歐盟、約旦、埃及等等國家。

加薩走廊（Gaza Strip）：位於埃及、以色列和地中海之間的一百四十平方英里領土，現由哈瑪斯統治。加薩走廊與以色列間有條三十二英里的邊界線，以色列—加薩高牆沿邊界築起，隔離兩側。二〇〇五年，以色列自加薩撤離軍隊和屯墾居民，加薩自此獲得自治權。二〇〇五年，加薩由巴勒斯坦自治政府治理；二〇〇六年，哈瑪斯贏得國會選舉，取得政權，與組成巴勒斯坦當局的主要成員法塔決裂，以暴力手段對付法塔份子。以色列視哈瑪斯為恐怖組織，哈瑪斯獲勝後，以色列對加薩實施封鎖政策，確保哈瑪斯無法取得火箭等武器。二〇一二年，雖然哈瑪斯和巴勒斯坦自治政府並未和解，巴勒斯坦自治政府對加薩也沒有實質掌控權，聯合國認定加薩屬於巴勒斯坦的一部分。加薩地區共有超過一百七十萬巴勒斯坦人口，絕大多數（約百分之七十五）為聯合國所認定之難民。

日內瓦協議（Geneva Accord）：二〇〇三年第二次巴勒斯坦大起義中期，於瑞士日內瓦簽訂的和平協議。以色列和巴勒斯坦代表在兩國國界（即兩國方案）、難民補償，以及透過交換土地撤離屯墾區等方面達成共識。二〇〇九年，經過修正和增補，協議中提出之兩國方案仍為至今最詳細的議案，暫時獲得許多以色列和巴勒斯坦政府官員同意。

戈蘭高地（Golan Heights）：位於以色列、敘利亞和黎巴嫩交界處，原為敘利亞所有，一九八一年遭以色列占領。戈蘭高地不僅是戰略要地，水資源也相當豐富。

綠線（Green Line）：以阿戰爭期間，以色列和鄰近國家達成停火協議所畫定的邊界線，也稱為「一九四九年停火線」或「一九六七年前的邊界」。以色列和巴勒斯坦雙方所簽訂之主要和平協議中所談及的兩國方案，皆以停火線的畫分為根據，當中也包含部分土地交換。一九六七年六日戰爭後，以色列占領綠線以外的領土，包含約旦河西岸、加薩、戈蘭高地和西奈半島。

忠信社群（Gush Emunim）：一九七四年在以色列成立的激進組織，旨在猶地亞和撒馬利亞（Samaria），也就是約旦河西岸，建立屯墾區，以實現聖經預言。一九七〇年代晚期，忠信社群帶領許多屯墾團在約旦河西岸建立屯墾區，有些屯墾區在以色列政府允許下建立，有些則為非法。

哈瑪斯（Hamas）：一九八七年成立的政黨，埃及穆斯林兄弟會分支。哈瑪斯是伊斯蘭教遜尼伊斯蘭主義派政黨，既定目標為將巴勒斯坦從以色列人手中解放，在現在圍繞以色列和占領區的區域建立一個伊斯蘭國家。二〇〇〇年初，哈瑪斯的影響力大幅提升，人民對巴勒斯坦自治政府的不滿，更使得哈瑪斯聲勢高漲。許多巴勒斯坦人認為巴勒斯坦自治政府貪汙腐敗，迫切希望能盡快與以色列簽訂和平協議。二〇〇六年，哈瑪斯在加薩走廊國會選舉中勝出，與法塔爆發流血衝突後，更鞏固其在加薩的權力。二〇〇七年，哈瑪斯完全掌控加薩地區，迫使巴勒斯坦自治政府交出政權。由於以色列視哈瑪斯為恐怖組織，自哈瑪斯掌權以來，以色列便對加薩走廊實施嚴格的經濟封鎖。二〇一四年春天，哈瑪斯和法塔宣布達成和解，不過今天哈瑪斯仍為加薩地區的唯一政權。

國際紅十字會與紅新月運動（International Red Cross and Red Crescent Movement）：一八六三年由幾個國際人道組織組成的團體，旨在幫助災難受害者，提供發展援助，重建災難中受創的地區。此運動由三個不同的組織組成，分別是紅十字國際委員會（ICRC），負責保護衝突地區受難者的人權；紅十字會與紅新月會國際聯合會（IFRC），主要任務為協調全球救濟援助任務；以及各國紅十字會與紅新月會，以國家為單位，提供人道服務。一九六八年成立的巴勒斯坦紅新月協會（Palestine Red Crescent Society）即為各國紅十字會與紅新月會的一員，現有超過四千名員工和兩萬名志工。由於巴勒斯坦當局只擁有約旦河西岸零碎領土的管理權，巴勒斯坦紅新月協會提供巴勒斯坦居民救護車和醫療保健等必要的服務。

起義（Intifada）：「Intifada」在阿拉伯文中為「擺脫」之意，在阿拉伯世界中普遍用來表示抗議或抵抗。在巴勒斯坦，「intifada」通常意指兩次激烈衝突，第一次巴勒斯坦大起義始於一九八七年，當時巴勒斯坦和以色列的衝突日益加劇，許多平民因而喪命。經過數年對以色列占領的公民抗命及武裝衝突後，近兩百名以色列人和一千多名巴勒斯坦人喪命，直到一九九三年簽訂《奧斯陸協議》，此次起義才畫下句點。第二次巴勒斯坦大起義始於二〇〇〇年九月，當時巴勒斯坦抗議群眾和以色列國防軍爆發衝突，造成傷亡。二〇〇〇年至二〇〇五年，一連串暴力事件導致約一千名以色列人和三千名巴勒斯坦人罹難。

以色列（Israel）：一九四八年猶太人建立的民族國家。時至今日，以色列總人口數超過八百萬人，當中約百分之七十五為猶太人，百分之二十為阿拉伯人。以色列首都為耶路撒冷，官方語言為希伯來文和阿拉伯文。

以色列國防軍（Israeli Defense Forces; IDF）：以色列國防軍隨著一九四八年以色列建國而成立，前身為猶太兵團「哈加納」（Haganah）。今天，以色列國防軍總兵力共十七萬五千人，備役人員共四十五萬人。在以色列，凡是年滿十八歲的公民都必須服兵役，然而，通常年滿十八歲的現役人數都只有一半。占以色列總人口數百分之二十的阿拉伯人口不須服兵役，但仍可自願入伍。不須服兵役的人口還包括身心障礙人士、因宗教信仰不願服兵役者、反戰主義者或服替代役者。

以色列—加薩隔離牆（Israel-Gaza barrier）：《奧斯陸協議》簽訂後，一九九四年建築於以色列和加薩走廊間的圍牆，有一大部分在第二次巴勒斯坦大起義時遭摧毀，但以色列隨即展開重建。二〇〇五年，加薩地區和埃及之間築起一道新的牆。以色列—加薩隔離牆只有五個過境點，北端的艾雷茲過境點（Erez crossing）離加薩城約幾英里，行人和貨物可由此關口進入以色列。二〇〇七年以色列對加薩進行軍事封鎖後，加薩地區的民眾必須持有許可證才能通關，通常只有醫療或人道救援相關機構之人員可以取得許可證。位於加薩城東南方的卡爾尼過境點（Karni crossing）是貨物進出的通道，從軍事封鎖政策實施以來便完全關閉。拉法過境點（Rafah crossing）是加薩進入埃及最主要的通道，哈瑪斯在二〇〇七年推翻法塔後，埃及便將此過境點關閉。南端的凱雷姆沙洛姆過境點（Kerem Shalom crossing）和蘇法過境點（Sufa crossing）是較小的貨物通道，離拉法城近，多用來運送人道物資進入加薩。

以色列—西岸隔離牆（**Israeli-West Bank barrier**）：以色列和約旦河西岸間的牆，從二〇〇二年開始建造，完工後，全長將約莫四百四十英里。這道隔離牆偏離一九四九年畫定的停火線（綠線），也就是以色列和約旦河西岸原始的分界線。這道牆完工後，原本綠線畫定為約旦河西岸的區域，將有超過百分之十成為以色列的一部分。以色列人稱此區為「接縫區」（seam zone），許多在約旦河西岸屯墾的以色列人和二十七萬五千名巴勒斯坦人居住於此。

浩劫（**Nakba**）：「Nakba」在阿拉伯文中意為「浩劫」。對巴勒斯坦人和其他阿拉伯人來說，一九四八年以阿戰爭前、中、後的流離失所，便是「Nakba」。一九四七至一九五〇年間，超過七十五萬名巴勒斯坦人流亡他鄉，戰爭過後，巴勒斯坦人攜家帶眷逃到埃及、約旦或其他沒有受到以色列占領的土地。時至今日，這場浩劫持續影響著巴勒斯坦的政治，難民後代仍不斷爭取返回一九四八年以前屬於他們的土地，現在那些土地為以色列所有。

一國方案（**one-state solution**）：此和平方案主張將以色列和巴勒斯坦合併成一個國家，所有公民皆享有平等投票權，受到同等法律保障。愈來愈多巴勒斯坦人相信一國方案是促進和平的最佳方案，大多數以色列人卻持相反意見，因為兩國一旦合併，以色列人口將占少數。目前的和平進程談判持續以推動「兩國方案」（two-state solution）為目標。

鑄鉛行動（**Operation Cast Lead**）：二〇〇八年十二月至二〇〇九年一月，以色列國防軍對加薩走廊展開為期三週的侵略行動，目的為阻止哈瑪斯對以色列發射火箭及走私武器。以色列出動戰鬥機，炸毀加薩區域許多軍事和行政機構，有些機構位於加薩城和拉法城人口密度高的區域。超過一千四百名巴勒斯坦人因此喪生。

護盾行動（**Operation Defensive Shield**）：二〇〇二年第二次巴勒斯坦大起義高峰期，以色列國防軍對約旦河西岸發動的大規模軍事行動，目標為逮捕或剷除此區域的巴勒斯坦激進分子，阻止他們用火箭和自殺炸彈攻擊以色列。一個多月的時間，以色列國防軍進入約旦河西岸城市，圍攻亞希爾．阿拉法特位於拉馬拉的總部，約有兩百五十名巴勒斯坦人和三十名以色列士兵喪生。此行動是繼一九六七年六日戰爭後入侵約旦河西岸區域最大規模的行動。

雲柱行動（**Operation Pillar of Defense**）：二〇一二年十一月十四日，以色列對加薩走廊的軍事侵略行動，歷時八日。此行動的目標為阻止對以色列的火箭攻擊和癱瘓哈瑪斯軍力。以色列國防軍攻擊超過一千五百個目標，多達一百六十七名巴勒斯坦人喪命。此次行動中，巴勒斯坦朝以色列發射火箭，六名以色列人當場身亡。

《奧斯陸協議》（**Oslo Accords**）：一九九三年第一次巴勒斯坦大起義高峰期，以色列和巴勒斯坦解放組織領導人達成的一系列協議，目標為制訂和平計畫，成立巴勒斯坦過渡政府，以期最終建立巴勒斯坦國。《奧斯陸協議》促使巴勒斯坦國家自治政府的建立（後稱巴勒斯坦自治政府），由巴勒斯坦解放組織組成臨時政府。

巴勒斯坦（**Palestine**）：這個詞原是古埃及用於描述沿著地中海東岸包圍埃及帝國的區域。今天，「巴勒斯坦」可以指由以色列、占領區，以及巴勒斯坦人控管的領土組成的區域，或是一九四九年停戰協議所畫分的約旦河西岸和加薩地區；也可以單指由巴勒斯坦人全權管理的區域，也就是整個加薩走廊和約旦河西岸地區約百分之十八的土地。巴勒斯坦境內和境外確切的巴勒斯坦人口數難以估計，二〇一四年可能有一千萬人左右。巴勒斯坦自治政府宣布耶路撒冷為其首都，但實際的行政首都為拉馬拉。

巴勒斯坦自治政府（**Palestinian Authority; PA**）：管轄巴勒斯坦領土的組織，根據一九九三年簽署的《奧斯陸協議》成立。巴勒斯坦自治政府（或巴勒斯坦國家自治政府）由巴勒斯坦解放組織組成，初期由法塔主導。起初，巴勒斯坦自治政府只作為過渡政府，在一九九四至一九九九年間以色列和巴勒斯坦達成最終和平協議前運作。然而，以巴從未達成共識，因此截至目前為止，巴勒斯坦自治政府仍為國際公認統治巴勒斯坦人的統治團體。二〇〇六年，哈瑪斯在加薩舉行選舉後，取得政權，哈瑪斯的民兵部隊與法塔及巴勒斯坦自治政府代表發生激烈衝突，最後，驅逐巴勒斯坦自治政府在加薩地區的勢力。二〇一四年，哈瑪斯和巴勒斯坦自治政府和解，巴勒斯坦自治政府只能繼續朝約旦河西岸地區非以色列治理的區域擴張。

巴勒斯坦解放陣線（**Palestine Liberation Front, PLF**）：始於一九六一年的馬克思阿拉伯民族主義運動，以拉馬拉為根據地。解放巴勒斯坦人民陣線（Popular Front for the Liberation of

Palestine）的前身。

巴勒斯坦解放組織（Palestine Liberation Organization, PLO）：一九六四年夏天成立，由不同政治組織聯合組成，旨在建立一個獨立的巴勒斯坦國。巴勒斯坦解放組織在一九六四年阿拉伯聯盟會議中成立，由數個不同的政治和軍事派別組成，包含法塔和巴勒斯坦解放陣線。亞希爾·阿拉法特自一九六九開始領導巴勒斯坦解放組織，直到二〇〇四年過世為止。一九九一年之前，以色列和美國皆將此組織視為恐怖組織，一九九三年《奧斯陸協議》簽訂後，巴勒斯坦解放組織正式成為代表巴勒斯坦人的統治和外交團體。一九九四年，巴勒斯坦自治政府延續巴勒斯坦解放組織的架構成立，作為以色列和巴勒斯坦進行和平談判時的巴勒斯坦臨時政府。

解放巴勒斯坦人民陣線（Popular Front for the Liberation of Palestine, PFLP）：一九六七年六日戰爭後成立的巴勒斯坦政黨，倡導泛阿拉伯主義運動和世俗社會主義意識型態。一九七〇和一九八〇年代，解放巴勒斯坦人民陣線在巴勒斯坦解放聯合組織內部是僅次於法塔的第二大政治組織，此組織支持一國政策，反對與以色列政府間大多數的協商。美國、歐盟和以色列將其列為恐怖組織，該組織在一九六〇和一九七〇年代主導許多劫機事件。

泛阿拉伯主義運動（Pan-Arab movement）：一九五〇至一九六〇年代十分具有影響力的意識形態運動，旨在聯合阿拉伯國家，建立統一的政治和文化勢力。現代的泛阿拉伯主義運動在二十世紀初萌芽，第一次世界大戰期間，阿拉伯地區反抗鄂圖曼帝國便與此運動有部分關聯。泛阿拉伯主義運動與錫安主義運動相互衝突，錫安主義運動主張在幾乎都是阿拉伯國家的西南亞地區建立一個猶太國家。

許可系統（permit system）：以色列和巴勒斯坦境內繁複的身分驗證系統，控管人民居住、工作和通行的區域。約旦河西岸居民須持有許可證方能在大部分的道路上通行，若要進入耶路撒冷和以色列，或到這兩地工作，則需要特殊許可證。住在東耶路撒冷的巴勒斯坦人須隨身攜帶身分證以證明自己的居民身分。約旦河西岸許多道路、邊界通道和檢查站只供屯墾區的以色列居民和軍隊通行，大多數巴勒斯坦人受到許可系統限制而不能通過。此外，以色列居民必須持有特殊許可證才能進入約旦河西岸由巴勒斯坦當局控管的地區，且不得進入加薩走廊。加薩地區的居民若沒有醫療或人道相關的特殊許可證，不得進入以色列。

難民營（refugee camp）：約旦河西岸、加薩走廊和鄰近的阿拉伯國家內共有五十八個巴勒斯坦難民營。參見本表之「聯合國近東巴勒斯坦救濟與工程處」條目。

返國權（right of return）：國際法上規定的基本權利，授予因戰爭或其他人道危機被迫離開家園的人民回家的權利。以阿戰爭後，超過七十五萬名巴勒斯坦人流離失所；六日戰爭後，又有數十萬人被迫離開原本居住的地方，當中包含一九四八年以阿戰爭的難民。上述兩場戰爭使得返國權在以色列和巴勒斯坦間一直是顆不定時炸彈。一九四八年，聯合國通過大會決議第一九四條：「大會決議若難民希望返回家園，與鄰人和平共處，有權在最早可行日期返回。選擇不回歸家園的難民，根據國際法原則或公平原則，有關政府或當權者須照價收購其財產及補償損失。」聯合國後續聲明支持巴勒斯坦人有權返回一九四八年遭以色列占領的土地，然而，以色列對此權利提出質疑。《奧斯陸協議》後多數重要的和平談判皆沒有將返國權議題列為重要討論項目。

西奈半島（Sinai Peninsula）：面積兩萬三千平方英里的半島，將埃及與以色列和加薩走廊隔開。一九六七年六日戰爭後，以色列占領西奈半島，將之作為以埃兩國間的緩衝區，一九七九年歸還給埃及。雖然埃及軍隊在二〇一三年將西奈與加薩邊境大部分的通道關閉，自二〇一〇年以色列實施封鎖政策後，西奈便成為走私貨物到加薩的通道。

六日戰爭（Six-Day War）：一九六七年發生於以色列、埃及、敘利亞和約旦間的衝突。當時，加薩由埃及管理，約旦河西岸則由約旦管理。隨著緊張局勢不斷升溫，巴勒斯坦游擊隊盤據約旦，攻擊以色列軍營，以色列軍隊和巴勒斯坦游擊隊在邊界處爆發小規模衝突。埃及隨後在西奈半島的以埃邊界部署軍隊，六月，以色列展開空襲，摧毀埃及空軍。許多鄰近國家也捲入這場歷時六天的戰役，最後，以色列獲勝。戰爭結束後，以色列占領包含東耶路撒冷在內的約旦河西岸、加薩走廊、西奈半島和戈蘭高地。

陶吉希測驗（Tawjihi exams）：所有約旦、約旦河西岸地區和加薩的高中生畢業前皆要參加的資格考。此資格考測驗學生在阿拉伯文、科學與數學上的學科能力。由於該測驗攸關學生將到哪一所大學就讀，以及未來可能主修的科目為何，學生通常會利用一整年準備考試。考試結束後，全巴勒斯坦便會舉辦盛大慶祝活動。

兩國方案（two-state solution）：此和平方案主張建立一個獨立的巴勒斯坦國，畫清以色列和巴勒斯坦之間的邊界。第一次巴勒斯坦大起義後，以色列和巴勒斯坦之間的和平進程計畫便以推動兩國方案為目標，而非一國方案。

聖殿山（Temple Mount）：猶太教的首要聖地之一。耶路撒冷第二聖殿（Second Temple）曾矗立於此，西元七〇年遭羅馬人摧毀。今日，圓頂清真寺和阿克薩清真寺皆位於聖殿山上，使得此地亦為伊斯蘭教聖地。聖殿山下有座西牆，又名哭牆（Wailing Wall），為第二聖殿僅存的遺跡，對許多猶太人來說，這可以算是現存最為重要的宗教景點。聖殿山的歸屬問題向來是以巴談判中的棘手問題。

聯合國救濟工程署（United Nations Relief and Works Agency for Palestinian Refugees, UNRWA）：聯合國救濟工程署成立於一九四八年，以阿衝突後提供巴勒斯坦人物質援助，主要援助對象為聯合國統計的七十五萬名因戰爭而被迫離開家園的難民。此組織在加薩走廊、約旦河西岸和周圍阿拉伯國家的難民營提供住所和醫療保健、基礎建設、教育等服務，難民後裔和一九六七年六日戰爭的難民將會持續取得後續援助。現今由聯合國救濟工作委員會所管理的難民營共有五十八個，服務超過一百五十萬名住在難民營的難民及其他數百萬名住在其他地方的難民。加薩走廊有一百二十五萬名巴勒斯坦人為難民，占加薩人口的百分之七十五。約旦河西岸則有七十五萬名難民，占約旦河西岸人口的百分之二十八。超過兩百萬名巴勒斯坦難民住在約旦，五十萬名住在敘利亞，四十五萬名住在黎巴嫩。

約旦河西岸（West Bank）：約旦河以西的區域，一九六七年六日戰爭後由以色列占領。兩國方案主張將約旦河西岸、加薩走廊和東耶路撒冷合併成為一獨立國家。約旦河西岸人口（包含東耶路撒冷）約有兩百七十五萬人，其中約有兩百二十萬為巴勒斯坦人，五十萬為以色列人，其他種族人口數千人。

約旦河西岸封閉系統（West Bank closures）：以色列政府在所有約旦河西岸地區的道路部署檢查哨、路障、柵欄、關卡和其他有形的屏障，以確保居住在占領區內的以色列人不受巴勒斯坦人的侵害。這些關卡由以色列國防軍永久或暫時駐守，嚴重妨礙巴勒斯坦人在約旦河西岸地區內的行動。許多道路上除了設有永久和不定期檢查站，更需持有特殊許可證才能通行，因此許多道路只有當地的以色列屯墾居民可以通過。

錫安主義（Zionism）：為主張建立一個屬於猶太人國家的全球性行動。錫安主義運動最後促成一九四八年以色列建國。

巴勒斯坦與國際法

律師阿萊格拉・佩翠柯（Allegra Pacheco）

雖然聯合國已通過超過百項決議支持巴勒斯坦獨立建國，但以色列對巴勒斯坦的軍事占領行動仍持續至今，巴勒斯坦向聯合國提出成為正式會員國的申請亦被否決。本文簡要說明影響今日巴勒斯坦情勢的重要聯合國決議及法律問題，以及巴勒斯坦的「國家」地位當如何立於世界各國之列。

巴勒斯坦與聯合國

自從鄂圖曼帝國[1]瓦解，巴勒斯坦由英國託管以來，巴勒斯坦地位在國際社會上長久以來都是政治法律的一大議題。一九四七年英國託管結束，聯合國承接為巴勒斯坦找尋政治出路的責任。聯合國大會通過第一八一號決議，即「分治計畫」，將英屬巴勒斯坦的領土分為兩個獨立國家，分別由猶太人以及非猶太的巴勒斯坦阿拉伯人組成。[2]此計畫提出以經濟聯盟的方式聯合兩國，而耶路撒冷及伯利恆兩個城市作為自主國際實體，將對各方保持開放。

許多巴勒斯坦的阿拉伯人立即反對此提案，原因是土地的分配並非依照地區人口比例原則。英屬巴勒斯坦託管地約有三分之一的人口是猶太人，然而，分治計畫卻將大部分領土都畫分給新的猶太國。反對者也表示此計畫違反了巴勒斯坦人民的權利，他們有權決定在這個地區建立的主群實體屬於何種類型。

一九四八年春天，英國撤離巴勒斯坦，當時並沒有立刻接著實施分治計畫，緊繃的情勢反而演變成戰爭。後來以色列得到超過百分之七十八英國釋出的領土，直到那時戰爭才結束，而剩下的領土則由約旦和埃及控制。

對巴勒斯坦人來說，以色列的勝利實在是一大災難，他們稱此事件為浩劫或災難日。除了失去大片土地以外，以色列也拒絕讓逃離戰火的巴勒斯坦人返鄉——這些人口多達七十五萬。此外，以色列軍隊還摧毀上百座巴勒斯坦人的村莊和城市，占據了土地、大樓、銀行以及其他資產（包含工業設備、農業資源與車輛）。

為因應此勢，聯合國大會於一九四八年十二月通過第一百九十四號決議，呼籲所有願意與鄰舍和平共處的巴勒斯坦人回到家鄉，也呼籲應針對不願返鄉的巴勒斯坦人以及以色列政府占有的

---

1 關於鄂圖曼帝國與英屬巴勒斯坦託管地的更多資訊，請見附錄〈名詞解釋〉。

2 聯合國大會（UN General Assembly）為聯合國的機構，由所有正式會員國組成，其決議代表國際社會的一般立場，並不像聯合國安全理事會擁有執行權。

資產提出賠償方案，此決議也通過成立「聯合國巴勒斯坦和解委員會」（UN Conciliation Commision for Palestine），「將巴勒斯坦難民問題視為解決衝突的關鍵」[3]。然而，聯合國大會第一百九十四號決議從未真正實行，和解委員會也在幾年後失效。

一九六七年六月，以色列與鄰近阿拉伯國家開戰，以色列於戰爭期間取得餘下百分之二十二屬於巴勒斯坦的土地，範圍包括約旦河西岸、東耶路撒冷、加薩，這些地區被稱為「一九六七年被占領地區」。一九六七年十一月，聯合國安全理事會[4]通過第兩百四十二號決議，此項決議更加強禁止以武力取得領土，安理會更要求以色列撤離占領區[5]。然而，兩百四十二號決議卻忽略了巴勒斯坦難民返鄉的權利，僅止呼籲對難民問題提出「公平正義的協議」[6]。此決議提出「土地換取和平」的準則，主張以一九六七年的國界為準[7]，建立兩個國家。聯合國安理會第兩百四十二號決議寫道：

> 安理會表達對中東嚴重情勢的持續關切，強調不容以戰爭獲取領土，以及必須致力公正及持久和平，使該地區每一國家均得安然生存……確認為履行憲章原則，必須於中東建立公正及持久和平，其中應包括實施下開兩項原則：
>
> - 以色列軍隊撤離其於最近衝突所占領之領土。
> - 終止一切交戰地位之主張或狀態，尊重並承認該地區每一國家之主權、領土完整及政治獨立，與其在安全及公認之疆界內和平生存、不受威脅及武力行為之權利。

聯合國安理會兩百四十二號決議以及後來三百三十八號決議提出的概念，成為國際上解決此衝突的典範，此後所有與巴勒斯坦相關的安理會決議也都以此為基礎。然而，許多巴勒斯坦人對此表示擔憂，因為這反映出難民能否回到自己的國家其實取決於政治上的妥協。

國際法下的軍事占領

國際法既不允許也不認可任何透過武力獲得的領土，此原則經日內瓦會議公開聲明，也列於聯合國憲章之內，然而，軍事入侵若屬短期，可視為例外，但必須等到衝突結束且達成和平協

---

3 聯合國第一百九十四號決議重申國際法的基本原則，每一個人都有權利回到自己的家鄉。見世界人權宣言第十三條第二項：「人人有權離開任何國家，包括其本國在內，並有權返回他的國家。」此宣言公布於一九四八年十二月十日。

4 聯合國安全理事會（UN Security Council）經常被視為聯合國權力最高的機構，負有執行國際法的責任，其決議內容包括維和、制裁、授權國際軍事行動，藉此約束會員國必須負起國際責任。

5 「所有被占領的領土」的「所有」一詞，在英文版本的決議中被省略不提。

6 事實上，一九六七年六月十四日通過的聯合國安理會兩百三十七號決議，曾呼籲以色列「協助那些在戰事爆發之後逃離戰區的居民返鄉」。

7 更多關於六日戰爭的資訊請見附錄〈名詞解釋〉。

議，才能視為例外。

一般來說，領土的占領在戰爭結束後就該終止，國際人道法將重建秩序的責任授與占領勢力所派遣的軍隊。國際法也認同占領勢力同時也是敵方或帶惡意的一方，在其控制之下的人民極為弱勢，可能遭受非人道的對待或經濟資源的剝削。因此，人道法訂定一系列完整的規範，以期防止占領勢力剝削人民及其資源。

占領的一方有責任確保糧食、飲水的供給並維持基本衛生條件，亦須由己方提供協助或者接受國際支援，以處理教育、健康、文化、宗教方面事務。軍隊必須盡可能根據開戰前的原貌來保存當地資源，不可更動被占有領土原有法律來為己方獲得實質的好處。

國際人道法並未訂定清楚的條款，無法套用於像以色列占領巴勒斯坦歷時這麼長的狀況。雖然國際法禁止屯墾移民行動，聯合國也公開譴責以色列在西岸建立屯墾區的行動，但國際法並未對此提供法律層面的指導，也未提出任何懲罰性規章或解決方案。國際刑事法院（Internatinal Criminal Court）的羅馬規約（Rome Statute）宣布，軍事占領下的屯墾計畫是戰爭罪，然而，這並不適用於以色列與巴勒斯坦的案例，因為雙方都不承認國際刑事法院的司法權。儘管如此，國際法仍然清楚聲明，只要以色列軍隊仍在巴勒斯坦地區，或仍對占領區人口進行有效的控制，這些地區都仍被視為遭到占領。

聯合國的認可仍不足

一九七四年，聯合國大會重申巴勒斯坦人民擁有不可剝奪的權利，包括自決權、國家獨立、國家主權以及重返其國家的權利[8]。聯合國大會派秘書長聯繫巴勒斯坦解放組織（PLO），共同商討有關巴勒斯坦人民之事務[9]。一九八八年十一月，巴解組織認可兩國方案，一九六七年宣告巴勒斯坦國於以色列占領區建立，其領土即一九四七年聯合國分治計畫中，英屬巴勒斯坦託管地百分之二十二的領土。接著聯合國大會經投票通過，承認巴解組織的政治領導地位，視其為巴勒斯坦的代表，從此，聯合國承認了這個稱作「巴勒斯坦」的政治實體——不算是正式的國家。聯合國同意巴解組織派代表作為觀察員，參加聯合國大會會議，但無法參與投票。

在國際法的規範下，軍事占領行動以及占領方對人民的義務由聯合國安理會宣告結束，理想的狀況下應達成各方都能接受的政治協議，占領方根據協議終止對領土及人民剩餘的有效控管。於一九九三年簽訂的《奧斯陸協議》是以巴雙方有過最接近上述協議的共識，然而，《奧斯陸協議》並不是用來終止以色列對領土的全面控管，而是一份為期五年的「過渡協議」，效期為一九九四到一九九九年。談判人員希望在巴勒斯坦幾處設立巴勒斯坦人主導的統治機關，藉此評估占領區的

8 見一九七四年十一月二十二日，聯合國大會第三二三六（xxix）號決議。

9 更多關於巴解組織的資訊，請見附錄〈名詞解釋〉。

主導權是否可能轉交與巴勒斯坦人。

根據《奧斯陸協議》，主要的統治機關還是在以色列控制之下，例如維安、土地規劃、管理東耶路撒冷、水資源使用、道路建設、人口登記等。《奧斯陸協議》訂定者的預想，隨著過渡時期進入尾聲，占領區大部分的領土都會由巴勒斯坦控管，接著，擬定最終地位協議，以期解決仍阻礙和平的艱難政治議題。距離協議原訂的失效期限已過了十五年，達成最終地位協議的過程不斷失敗，導致這份過渡協議始終無法退場。以巴雙方都未取消《奧斯陸協議》，但協議的推動者之一貝林（Yossi Beilin）表示，持續推行《奧斯陸協議》就像「把二十歲的大人留在幼稚園」。

最終地位協議遲遲未達成，巴勒斯坦領袖欲透過其他途徑建立國家地位。二〇一一年，巴解組織申請加入聯合國正式會員國，他們根據一九四七年聯合國大會第一百八十一號決議提出要求，此決議對於巴勒斯坦申請加入聯合國給予體諒的考量，除此之外，許多其他聯合國大會決議也都給予巴勒斯坦自決權完全的尊重，稱之為「建立公義、持久的中東和平時不可或缺的元素」[10]。

聯合國安理會否決巴解加入聯合國正式會員國的要求，並表示申請成為國家的法律門檻並沒有通過，明確地說，巴勒斯坦並未成為「愛好和平」的政治實體，亦缺乏能控管加薩走廊的有效統治[11]。

雖然安理會提出否決，隔年，聯合國大會卻產生一面倒的投票結果，提升巴勒斯坦在聯合國的地位，由「觀察員實體」（observer entity）升格為「非會員觀察國」（non-member observer state）[12]。這使巴勒斯坦有資格加入國際組織與特定聯合國機構，例如世界貿易組織和國際刑事法庭。到了二〇一四年四月，巴勒斯坦總統瑪赫穆德·阿巴斯藉此簽署參加十五種多邊條約及會議，在國際法的監督下，帶領巴勒斯坦往國家地位更進一步。然而，巴勒斯坦仍不具有聯合國大會投票權，其使用國際刑事法庭與其他國際機構的權利還有待考驗。

雖然聯合國正式會員國資格不易取得，但是，對於巴勒斯坦國家地位的國際認同已經有長足進展，超過一百三十個國家認同「巴勒斯坦國」，亦尊重其外交地位，而這些國家的人口就占了世界總人口的百分之七十五。即使取得政治層面的勝利，但要成為正式國家，最關鍵的阻礙仍然存在，亦即以色列對巴勒斯坦長年的軍事占領行動。以色列軍隊開始防範巴勒斯坦建立疆界，也繼續控制巴勒斯坦的經濟、土地使用、公用事業、資源分配與商品流動。

---

10 請參考聯合國大會一九七〇年第二六七二號決議、第三二三六號決議、第二六四九號決議。

11 一九四八年國際法院決定，申請成為聯合國正式會員國需具備新增五項條件：（一）是一個國家；（二）愛好和平；（三）接受聯合國憲章所載之義務；（四）能夠履行這些義務；（五）願意履行這些義務。

12 投票結果是一百三十八票贊成，九票反對（包括加拿大、捷克、以色列、馬紹爾群島（Marshall Islands）、密克羅尼西亞聯邦（Federated States of Micronesia）、諾魯、巴拿馬、帛琉、美國），四十一票棄權。

通往建國之路

以色列的占領行動造成巴勒斯坦國家地位在法律上處於模糊地帶，同時土地上也出現許多混亂的狀況。巴勒斯坦國界並不受巴國政府的控制，國界的最終定案是透過政治協商決定。面對以色列的實質控管，巴勒斯坦總統與自治政府無法完全行使職責，以色列還建立了隔離牆、檢查哨並控管進出巴勒斯坦的通道，巴勒斯坦人民的行動因而受到限制，這些限制同時阻礙七百萬巴勒斯坦難民返鄉，而這些難民占了全球巴勒斯坦人口的百分之七十。多達五十萬的以色列人民（一般被稱為屯墾者）遷入位於巴國境內約旦河西岸的以色列違法屯墾區，藉此掌控重要地區、主要幹道、水源、自然資源。東耶路撒冷是巴勒斯坦公認的首都，卻也不在巴勒斯坦手中，而是被以色列占領，且強行畫進其疆界，用隔離牆圍住。這種種狀況都顯示出巴勒斯坦的國家地位尚未完全鞏固。根據國際法的內容，巴勒斯坦作為國家的基本條件大多都已經存在，像是固定居民、政府或政治權威、與他國進行交往的（部分）能力，但最關鍵的因素仍有待確立，例如一定界線之領土以及履行聯合國憲章的能力。

儘管國際法支持巴勒斯坦建國，且大多數國家都認同巴勒斯坦國的存在，但無論是聯合國會員國或安理會全體，都沒有採取任何有效的行動來結束以色列的占領，而這正是巴勒斯坦建立國家地位最主要的阻礙。各方無所作為，讓中東地區有望達成的和平遲遲無法實現，同時也削弱了國際法與國際外交作為正義典範的有效性。

阿萊格拉・佩翠柯是一名美籍律師，目前在巴勒斯坦占領區工作。畢業於哥倫比亞大學法學院，通過紐約與以色列兩地的律師資格考。曾於以色列最高法院處理巴勒斯坦人權訴訟案，並服務於聯合國。其配偶阿布杜拉赫曼・阿赫瑪是本書其中一名敘事者，關於他的故事請見頁八十一。

加薩的地道經濟

尼可拉斯・巴爾罕姆[1]（Nicolas Pelham）

本文的著作參考論文：〈加薩的地道現象：以色列圍困下的意外活動〉（Gaza's Tunnel Phenomenon: The Unintended Dynamics of Israel's Siege）。該論文於二〇一二年刊登於《巴勒斯坦研究期刊》，作者另根據實況增修研究資訊。全文請參閱巴勒斯坦研究中心的官方網站：www.palestine-studies.org。

直到最近，某些從加薩要前往埃及的遊客，在跨越拉法過境點時，思緒總不免被拉回一九四八年，被迫想起「浩劫日」[2]那段歷史過往。人們這種「無法自己」的情緒，其實完全情有可原。

從小鎮的南邊望去，數以百計的白色帳篷在地平線上隨風飄動。這些帳篷遮蔽了數百個地道的入口。打從二〇〇七年起，這些地道便是飽受圍困之苦的加薩人賴以為生的命脈。

篷布下，數千名工人賣力地運送要用來重建加薩的原物料。在前端的搬運工人將掘起的沙土裝上卡車，使得整個區域瞬間沙塵瀰漫。裝載汽油的油罐車駛出地下油槽，過磅，接著向海關人員領取稅單後駛離。

被以色列於二〇〇四年剷平的土地，最終變成了區隔加薩與埃及的長廊。加薩人發展出複雜的地道系統，讓地下活動變得活躍起來，也連帶驅動加薩的經濟成長，進而成為巴勒斯坦當權者——伊斯蘭主義運動哈瑪斯的主要支柱。

第一道牆，第一條地道

數千年來，拉法一直是商人從非洲穿越沙漠至亞洲的第一個停靠站，而今天的拉法則是位於加薩和埃及邊界上。在一九六七年以色列入侵之前，由埃及掌管加薩地區。因此，一九四八年以色列建國時，拉法這條通道並未刻意被阻斷，貝都因人當年在這裡暢行無阻，持續與雙邊往來。一直到一九八一年，以色列與埃及政府於和平協定中，明訂了雙方位於加薩南緣的邊境，才將兩地區隔開來。

邊境管控生效後，拉法被迫與以色列和埃及隔離。原本在這十里路上自由來去的貝都因人便開始從地質較軟的地方下手，試圖從地底下找生路。為了避開偵測，加薩人從自家地下室開始鑿

1 尼可拉斯・巴爾罕姆是專撰阿拉伯事務的記者，任職於《經濟學人》與《紐約書評》。著有《新穆斯林秩序》（*A New Muslim Order*〔I.B. Tauris, 2008〕），審訂《中東史》（*A History of Middle East*〔Penguin, 2004〕），還有大量關於加薩的報導。

2 更多關於「浩劫」的資訊，請見附錄〈名詞解釋〉。

地道，通常會挖到約五十呎深，接著再向南延伸數百呎後，再從埃及境內往上挖能夠通往地面的通道。地道的出口通常是位於某親戚家、果園或雞舍。

以色列官方發現地道的記錄，最早是在一九八三年。八〇年代末期，地道經營者開始進口民生用品，像是加工起司。這些起司出自埃及，原本是要送到以色列課稅的。另外，加薩人也可能會利用地道進口一些違禁品，像是毒品、黃金和武器等等。

以色列針對加薩的人民與貨物流通，所實施的「軟性隔離」限制有日趨嚴格的跡象。一九九四年《奧斯陸協議》的談判中，將「軟性隔離」作為日後建立巴勒斯坦政權的前置手段。奧斯陸協定簽訂後，以色列便於加薩四周築起了隔離牆。

雖然說，以色列的邊境依舊能夠通行，但是，時而發生的閉關情況，迫使加薩人開始尋求其他通行管道。西元二〇〇〇年九月，阿克薩起義爆發，抗議群眾的主要攻擊目標便是加薩四周的隔離牆[3]。隔年六月，以色列採用加強控管的方式回擊抗議群眾，也更頻繁地進行扣押。除此之外，以色列還摧毀了加薩海港與機場，並針對暴動採取軍事鎮壓。以上種種行徑，都加強了加薩人往南找出路的動機。

從那時開始，地道不斷的擴張、升級，對所有的經銷商而言，地道也第一次有了安全閥門。不僅如此，地道也緩和了政治隔離所導致的物資匱乏。

二〇〇六年的以色列封鎖

為了運送能夠支援起義行動的武器和資金，巴勒斯坦政治派系運作的地道可以說是又長又深。因為邊境地帶的地道作業最為容易，所以財務緊縮的巴勒斯坦自治政府試圖招募邊境的集團支系。這種結合國家安全、商業利益、軍事活動以及私人企業的特殊營運模式，成為未來發展的重要指標。

以色列接連部署軍事行動，針對第二次大起義進行鎮壓，並擴大加薩與埃及間的緩衝區。為了強制執行加薩撤離計畫，這些地道也被以色列列為必需除去的目標。拉法和埃及邊境之間，就是緩衝區的範圍，總共達三百二十五呎寬（又稱費拉德爾菲走廊〔Philadelphi corridor〕）。緩衝區內共有一千五百戶巴勒斯坦民宅被夷為平地，取而代之的是二十三呎高的圍牆。埃及的穆巴拉克政權默許高牆的興建，希望能藉此避免受到牆外暴動的波及，也除去自殺炸彈對西奈半島紅海沿岸區，那些海濱度假聖地的威脅。此外，埃及憂心以色列撤離後，加薩恐怕會跟西岸地區脫節。一旦如此，安置該區一百七十萬居民的重擔得由埃及概括承受，因此，阿拉伯民族原先想要協助建立獨立巴勒斯坦國的抱負，也隨著上述擔憂的累積逐漸消逝。

二〇〇六年一月，以色列已撤離加薩四個月。哈瑪斯政權於巴勒斯坦國會大選中獲得勝利

---

3 阿克薩起義也稱作第二次巴勒斯坦大起義，更多關於二次起義的資訊請見附錄的〈名詞解釋〉。

後，以色列持續加強邊境管制。二〇〇六年三月十二日，哈瑪斯正試圖籌組統一政府，以色列關閉埃雷茲過境點，圍堵了加薩百分之七十的勞動人口。同年六月，巴勒斯坦軍方俘虜了以色列士兵吉拉德・沙利特，並藏匿於地道內之中。以色列隨後關閉卡爾尼過境點，阻斷加薩的主要物資運輸管道（在此之前的半年內，卡爾尼過境點半數時間亦是關閉的）。同時，拉法過境點之乘客運輸也遭禁止，連歐洲觀察使團也遭到嚴厲的出入限制。

以色列對巴勒斯坦實施一系列的貿易限制，再加上鎖定地道而來的懲罰性空襲，逼得巴勒斯坦人民轉而發展更深、更長的地道，地點就選在地表已被摧殘殆盡的緩衝區。隨著地道網絡持續擴張，地道內的設備也日益精進。即便如此，這些新發展的地道還是應付不了激增的運輸需求量。自從二〇〇七年哈瑪斯掌權後，法塔勢力瓦解，其領導者流亡，以色列和埃及便開始對加薩施以近乎密不透風的禁運手段。

二〇〇七年的工業規模之地道工程

二〇〇七年，哈瑪斯接管加薩走廊後的夏天，是地道經濟發展的重要轉捩點。圍困狀況讓人民的生活變得更加難熬，埃及關閉了拉法過境點，而以色列則視加薩為敵方，而且二〇〇七年七月，以色列在邊境遭受一連串火箭砲轟後，中斷對巴勒斯坦的燃料出口，並將糧食補給砍半。二〇〇八年一月，斯德洛特遭受砲火襲擊，以色列遂宣布實施完全的燃料禁運，除了七項人道救援物資以外，其餘皆為禁運品，不得輸入加薩。汽油耗盡後，加薩人便將汽車棄置路邊，改買驢子代步。

加薩的海陸交通遭以色列封鎖，再加上以埃雙方聯手圍困，引發加薩的人道危機，也使得哈瑪斯政權岌岌可危。強烈的圍困手段導致加薩製造業的工作機會，從原本的三萬五千份跌落至二〇〇八年僅存的八百六十份。而加薩的國內生產毛額比對二〇〇五年的數值，跌了三分之一（同時期，約旦河西岸的國內生產毛額成長百分之四十二）。

既然尋求地面上的出路無望，伊斯蘭主義運動轉而著手進行比照工業規模的地下開發計畫。每一條地道斥資八萬到二十萬美元，由清真寺和慈善網絡發起小額投資計畫，號稱回報率高得不可思議。然而，這種老鼠會式的投資機制，最終還是失敗得一塌糊塗。鼓吹人士讚揚商業地道投資是勇敢的反抗之舉，並擁立因地道工程喪生之工人為「烈士」。國安軍隊（NSF）的成員主要是哈瑪斯黨的伊茲汀・卡桑旅（IQB），其中也有數百位士兵，原本是效忠於法塔所主導的巴勒斯坦自治政府。哈瑪斯政權一邊進行地道工程的監督工作，一邊派遣國防軍隊守衛邊界，更時不時跟埃及軍隊擦槍走火。同時，哈瑪斯將拉法省內的輸電系統升級，供電給數以百計的起吊裝置，另一方面，消防單位也隨時待命，在意外發生時即時替輸油地道滅火。哈瑪斯黨領導人瑪赫穆德・札哈爾（Mahmud Zahar）說道：「外頭的電力、水和食物都進不來，這正是我們建造地道的原因。」

有些哈瑪斯黨員會透過自己的清真寺網絡募集資金，這些興建地道的私人投資者會與位於邊境的人民合作。另外，也有律師專為地道的商業運作擬定合約，合約裡清楚記錄合夥人數（通常介於四到十五人之間）、個別股份之金額，與股東分紅機制。

一條正常運作的地道可以在一個月內回收其建造成本。合夥模式通常跨足加薩各個社會階層，如拉法邊境站的雜務工、前巴勒斯坦自治政府的保全人員、農務工作者、大學畢業生、非政府組織的員工和挖土工人。投資者都可在短時間內回收成本。

每一條地道都是由邊境內外雙方共同營運，因此，加薩和埃及的地道主人通常會將收益均分。地道營運範圍也已擴張至五英里遠，從拉法過境點向西延伸至沿岸地區。緊鄰邊境的部分區域，甚至壅塞到需要挖土工人緊鄰著已存在的地道開挖，只不過，他們使用了「Google Earth」以確保地道沒有偏離原定路線。

六人為一組的工人們採兩班制，一班的工時為十二個小時，因此工程得以二十四小時不間斷地進行，平均一天的開鑿進度約三十到五十呎左右。地道一旦開通，為了加速運輸，升級工程也沒停過。隨著時間過去，地道裡開始備有照明設施、內部通話裝置和用來確保地道能在隨時斷電的情況下正常運作的獨立發電機。除此之外，地道原先粗糙的稜角也被磨平，以減低其對運輸貨物的損傷。

因此，原先只是用來走私軍火的地道，短時間內搖身一變，成了商人口中「讓加薩得以呼吸的肺」。在二〇〇八年十二月鑄鉛行動前，地道總數已達到五百條，當初二〇〇五年年中統計時，還只有數十個派系屬性的地道。地道營運的平均營收，從二〇〇五年的三千萬美元年營收，成長到一個月三千六百萬美元。即使部分公務員已被裁撤，但前巴勒斯坦自治政府仍持續支付薪水給約七萬五千名公僕。這些薪水支出使得政府保有流動性和購買力，某種程度上也緩和了加薩經濟緊縮的情況，加薩的慘況得歸咎於國際針對哈瑪斯所實施的制裁行動。

加薩的地道在哈瑪斯政權下是「合法」的，然而在邊境的另一邊，埃及的地道運作仍需暗地進行。因此，即便加薩的地道入口漸漸從私人住宅地下室，移往費拉德爾菲走廊的開放區域，另一端的地道出口仍深藏在埃及內的私人領土之內。符合標準規格的半英里長地道，有多達四分之三是埋在埃及領土底下。位於加薩端的入口，十分光明正大地攤在陽光下，只受到白色帆布庇護，反觀埃及端的出入口，則是得維持隱密的狀態。

地道經濟之管理

二〇〇七年六月，哈瑪斯從法塔手中奪得加薩走廊的統治權，其軍事組織卡桑旅（IQB）占用了原本由法塔經營的地道。地道一直以來都有明顯的區別。派系屬性的地道具有軍事和作戰功能，不受政府稽查人員和關稅單位管束，而私有地道則是運送加薩日常所需用品的重要命脈。

接管這些商業地道後，哈瑪斯政府便著手訂定法規，將原走私的經濟模式正規化。鑄鉛行動結束後，哈瑪斯的內政部成立了地道事務委員會（Tunnel Affairs Commission, TAC），作為掌管地道商業行為的官方單位，而其第一個重點實施項目便是列出禁運項目，包含了武器、酒以及特拉馬竇（tramadol，一種在加薩地區被普遍使用的止痛藥）。地道作業所導致的傷亡人數持續攀升，加上童工問題引發社會大眾強烈的憂心，因此地道事務委員會頒布了一條實施辦法，用以確保工作安全。漸漸地，地道作業範圍有了明確的畫分，並於入口處部署約三百名著黑衣的內部保全人員，對進出地道的人員進行身分稽查，而地道開口處另有保全人員以摩托車巡邏。

此外，違規是有罰則的。舉例來說，二〇〇九年到二〇一〇年間，至少有五條地道因走私特拉馬竇而遭罰，另外還有兩條地道因未付香菸稅，而遭地道事務委員會勒令關閉。有五十條已經停工的地道被摧毀，以避免淪為埃及通緝份子的藏身處。一位於二次起義時投入地道產業的經營者說：「以前靠走私小量槍枝、手榴彈、彈藥和黃色炸彈的收入很可觀，但現在被哈瑪斯告發的風險太大了，不值得冒險。」

地道事務委員會研擬出一套地道核准系統。監控供給量的同時，也避免地道工程誤觸事關國家安全的地區（像是靠近邊境的防禦堡壘，或特定預留給派系屬性地道的區域）。欲申請地道建造許可的投資者，需提供土地持有證明，或擁有合法使用權的證明。地道事務委員會亦協助調解貿易商與地道經營者的糾紛，並密切監控突發性通貨膨脹，也不放過任何惡意囤貨或價格壟斷的蛛絲馬跡，更特別留心燃料進口的部分。

地道正規化的過程中，地道事務委員漸漸開始實行完整的關稅制度。這些新的稅收，也讓哈瑪斯得以彌補，因巴勒斯坦自治政府（以拉馬拉為據點）壟斷以色列港口稅收，讓哈瑪斯所承受的損失。運輸業者將他們的卡車駛入沙地，前往隱藏的地道入口，然後到電子過磅站秤重，接著向過磅站旁的票亭索取乘載貨物的報單，最後離開時再向警衛出示收據。二〇〇八年九月，拉法市政當局向地道經營者徵收行政費用，永久有效的執照收費為一萬元謝克爾（兩千八百五十美金），接電費用則是三千元。逃稅者將被逮捕且地道將被強制，不過還是可以用一千元保釋金換取緩刑。

須徵收額外稅金的項目有：埃及資助的汽油及柴油（在埃及以每公升約零點五謝克爾計費）、液態瓦斯（每罐三十謝克爾）、香菸（每包三謝克爾），以及發電機。加薩官方單位則針對所有物品，額外徵收百分之十四點五的增值稅。然而，由於在哈瑪斯掌權之前，地道的系統是免費的，因此課稅的舉動難免引起不少反對聲浪。在邊境地區，那些參與地道作業的家族與集團，都抗議哈瑪斯政權對地道的干涉。二〇〇七年十一月底，哈瑪斯軍方與拉法的沙伊爾家族（Al-Sha'ir）爆發軍事衝突，導火線是兩條被毀的地道。只不過，總體來說，哈瑪斯的管理帶來蓬勃的商業機會，安撫了大部分的民怨。在需求遠大於供給的情況下，地道經營者每運送一百磅的貨物就可獲利五十美金。

十年前，加薩的進口品僅有百分之一來自以色列，或經由以色列進入。在鑄鉛行動前夕，比例卻幾乎完全反轉過來了。雖說當時地道設備較為初階，但是普遍來說，透過地道運輸的貿易週期，比透過以色列過境點還短上許多，而且還可省去不少繁文縟節。在正常配送的情況下，下訂單後三到五週，商品便會送達目的地。基本上，地道經營者能即時地因應需求，當以色列減少天然氣供給，走私的罐裝瓦斯桶就會馬上流入市面。傳染病肆虐養雞場的訊息一出，疫苗便馬上從埃及輸入加薩。節日前夕，商人便從埃及進口玩具、活羊和新鮮牛肉。

埃及和以色列雙方對地道的存在，均是喜憂參半。對以色列而言，加薩的貿易活動轉向埃及，能緩和撻伐以色列封鎖加薩的國際輿論，同時拉開加薩和約旦河西岸間的差距。對埃及來說，走私創造大量收賄機會（無論是地方還是全國都是如此），讓原本毫無獲利機會的地區能大賺一筆。然而，以埃雙方都把地道經濟的成長視為國安威脅，因為不僅監視上困難重重，想要控管更是不可能。為了擾亂地道的貿易，以色列持續部署無人機和一般戰機。針對地道進行空襲，埃及則是加強了地道偵測與破壞作業。而人們變通的方式，便是增進其地道的設計，並把地道位置再向下開鑿至超過二十五公尺深。

埃及的對策

以色列對加薩的反覆攻擊，在二〇〇八到二〇〇九年間，那場毀滅性的鑄鉛行動中達到巔峰。反哈瑪斯輿論聲稱，加薩的地道讓哈瑪斯黨高層官員能在戰亂時逃離，但空襲破壞了地道網絡，使得商業貿易不得不暫時停止，但是陸海空三方的封鎖卻絲毫沒有放鬆的跡象。

國際仲裁的停戰協議中，以色列取得美國的支持，因而得以反制加薩的走私活動。埃及則是在美國軍方指導下，沿著邊境建造一道八十呎深的地下鋼牆，預計於一年內完工並阻斷加薩的地道。二〇一〇年末，埃及聲稱已摧毀約六百多條地道。摧毀的手段十分多元，例如：將廢棄物、沙，甚至是爆裂物傾倒至地道入口，或是讓污水淹入通道等等。另外，埃及也使用催淚瓦斯，或是其他手段控制群眾，因而導致了數起傷亡案件。

某個地道經營者說：「那場戰爭改變了埃及國安單位處理地道問題的方式。以前，若看到卡車停在地道口卸貨，他們會假裝沒看到。但從二〇〇九年五月起，他們開始抄查西奈供應商的住家、小屋、農田和商店。」

只不過，埃及對付地道的手段，說是一套，做起來似乎又是另外一套。起初，埃及官方記錄了相關後勤問題，例如在岩質地上嵌入的鋼條，並無法超過十四呎深。然而，地道經營者只要持焊接噴槍，便可以穿透部分完工區塊。也就是說，他們以區區數千元的工具就輕易破壞埃及數百萬預算的工程案。另一方面，相關人士似乎不願意放棄從走私者那得到的好處，這顯然跟官方立場有所牴觸。因為埃及國安單位通常鎖定最淺、最容易偵測的地道，對其餘發展較好且有利可圖的地道反而較為寬容。很顯然地，地道活動越是活躍的地方，反制工程的施工進度越是緩慢。哈瑪斯成功凝聚了向心力，以譴責穆巴拉克政權對地道實施日益嚴峻的圍困手段，此舉也消磨了埃及的政治實施意願。由於埃及的圍堵遭受挫敗，美國國會於二〇一一年年中，決議終止所有地下鋼牆興建的技術支援。

居住在埃及邊境的貝都因人和巴勒斯坦人，受到經營地道的家族與集團的鼓舞，十分抗拒埃及針對加薩地道所做出的安全措施。某個地道工作者說：「我們是替巴勒斯坦工作的巴勒斯坦人。」為了與埃及的安全措施抗衡，貝都因的工作者有時會加入那些擁有精良武裝設備的集團。他們的防衛委員會累積了幾世紀的游牧經驗，因此非常熟悉西奈地形。而貝都因的非正規兵跟試圖扣押走私品的埃及軍隊有時候也會爆發衝突。

二〇〇九年的地道擴張與加薩經濟復甦

鑄鉛行動後的停戰期間，哈瑪斯得以修復部分被毀壞的地道，並進行大規模組織整頓，甚至施行相關減稅配套以加速工作進度。地道經營者提心吊膽，擔心地道會被埃及偵測到，也害怕地道會被破壞，因此他們將現有的地道延展至一英里，並加深至一百三十呎深的地底。地道強化作業的第一道防護是木版，接著是水泥層和金屬，用以支撐加寬的地道，讓他們免於坍方的危險。原吊掛於地道出入口的繩梯被電梯取代，而原本用絞鍊驅動的十三呎長大錘（shahata），則是換成軌道運貨車。

兩年內，地道產值增長了十倍。截至二〇一〇年底，大型商業地道估計每日運輸一百七十公噸的原物料。運輸家畜的地道從原本二〇〇八年的八條，進展到二〇一〇年年中時，已增加了至少三十條。由於較長的地道較不容易被埃及國安單位偵查到，所以損耗也日益減少，地道內的工作環境有很顯著的提升。擴大的經濟規模與多角化供應來源有效降低了成本，到了二〇一一年夏季，百分之六十的交易商回報，以色列進口貨品的價格已回升到加薩被圍困前的物價，甚至有時還更低。

舉例來說，二〇〇八年間，一公升燃料（最初是過篩後，裝入塑膠汽水瓶內販售）的價格是以色列當地售價的四倍。到了二〇〇九年，燃料（透過六分管線運送，每小時的流量約有兩萬公升）售價是以色列售價的四分之一。二〇一一年年中，土耳其水泥（加薩人並不喜歡使用來自埃及的劣質品）的價格從二〇〇八年中閉關時期的最高點，每噸一千五百美元，大跌至圍困前的一百美元。運送一袋五十公斤重貨品的費用，也從五十美元降至五美元。某個地道所有者表示：「現今至少有一千五百條地道，大多都是比以前的地道更具規模，而且都是用來做生意的，以至於現在競爭比較激烈，價格戰屢見不鮮，工作機會也減少了。」

由於產能的增進，再加上物價下降至一般加薩人民可負擔的水準，所以需求快速地成長。二〇〇八年到二〇一〇年間，透過地道進口的家用品成長了百分之六十。到了二〇一〇年中期，加薩的零售商反應，以色列管制導致的物資短缺已在合理範圍之內。批發商迅速地將原先空蕩蕩的倉庫補滿了商品。原本，要進口汽車的話，必須先將車分割成三個部分，運送到加薩後再重新焊接組裝。但是到了二〇〇九年，進口到加薩的就已經是一輛完整的汽車了。他們先是用推土機，把汽車拖進地道，接著由駕駛開車，經由拓寬的地道，直接將汽車行駛到目的地。為了滿足需求，地道經營者從利比亞走私多項商品，汽車尤其為大宗。因為自從格達費（Qaddafi）撤離昔蘭尼加（Cyrenaica），任何人皆可隨意到其軍火補給站洗劫贓物。地道的擴張也提升了進口價值，也促進原物料市場的興盛，可以說是將地道發展推向高峰。地道經濟推動加薩戰後重建的同時，資助者卻在一旁隔岸觀火。在埃及沙姆沙伊赫（Sharm Al-Sheikh）的高級飯店中所舉辦的會議中，各國世界領袖承諾數十億資金投注。但是，這些承諾最後卻因無法說服以色列解禁建築原物料的進口而跳票。不過好在有這些地道，讓加薩人得以靠自己的力量重建家園。

加薩的面貌逐漸轉變為工地的樣貌，道路兩側堆著一疊又一疊來自埃及的建築原料。根據聯合國人居署統計，若用以色列同意放行的原物料數量來估算，重建六千戶在鑄鉛行動裡遭毀的房屋，並安置封鎖期五年內所成長的人口，原本得耗時八年，而地道則把期限縮短至五年。重建的速度確實非常快，房地產仲表示，到了二〇一二年時，要為新建公寓找到合適的買家，難度愈來愈高了。

回溫的不只是加薩的房市而已。農夫也需仰賴地道，進口種子、殺蟲劑、灌溉水管和基本務農工具，如此一來，就可以不受到以色列的阻撓。投入能力的增長也讓許多工廠恢復運作。哈瑪斯官方表示，直至二〇一一年十月，在鑄鉛行動中遭摧毀的一千四百處工廠，已有超過半數重回軌道，開始生產作業。以色列禁止埃及製的防腐原料與塑膠包裝材料進入加薩，不過一旦經由地道輸入來自瑞士的原物料之後，食物處理廠就可以重新開張。

總體而言，地道的擴張促使加薩迅速復甦，反轉了先前的衰退情況。二〇〇五年到二〇〇九年期間，加薩的人均國內生產毛額（GDP）減縮了百分之三十九，即便地道替加薩經濟帶來不少助益，但幫助其實仍有限。加薩的地道在鑄鉛行動後，替加薩帶來「異常快速的成長」。二〇一一年世界銀行報告指出，該年上半年就上漲了百分之二十八的GDP。失業率從鑄鉛行動前的百分之四十五，降至二〇一一年的百分之三十二。夜晚的拉法市場滿滿全是逛街的人群，咖啡廳裡也擠滿了人，甚至大家還可以在非法ATM提領百元鈔票。

地道經濟的限制

就算世界銀行對加薩異於常態的經濟成長奇蹟嘖嘖稱奇，結構上的問題依舊存在。這些問題阻礙著加薩的重建，讓加薩無法回復到最佳狀態。由於能夠永續成長的出口項目並不多，因此加薩的消費成長實在有限。二〇一〇年時，在供給大於需求的情況下，市場已趨向飽和，過度的競爭也導致地道的所得與商品價格快速下跌。同時，雇主傾向雇用較廉價的埃及勞工，導致工資水平下滑。在供給已大於需求的情況下，以色列卻在二〇一〇年六月，解禁商業貨品的進口，造成市場供給過剩（解禁是發生在以色列因藍色馬爾馬拉號流血事件〔Mavi Marmara aid-flotilla incident〕遭到國際撻伐後）。先前受到禁運令制約的零售業者，則是重拾與以色列方業者的夥伴關係。

二〇一〇年年底，超過一半的加薩商業地道的營運均暫停。繼續營運的地道則進入高效能運輸模式，嘗試藉由縮減地道運作時間和人力以挺過難關。漸漸地，地道活動開始著重在有競爭性的商品上，因為這些商品（如燃料）要不是被以色列課以重稅，就是完全被禁止。被禁止的品項大多是原物料、被界定為「雙重用途」的貨品（如建築材料、機械設備、化學物品和零件等），和大部分的出口商品。某個透過地道，進口仙人掌到自家溫室的加薩商人表示：「以色列的商品黑名單，就是走私者的黃金名單啊。」

二〇一二年春季，跡象在在顯示地道經濟的發展已接近飽和。根據巴勒斯坦中央統計局（Palestinian Central Bureau of Statistics）的數據，失業率在二〇一二年第一季裡開始攀升，而先前的高成長數值也驟減。儘管埃及開放拉法過境點，加薩二十四萬名青年難民卻大多從未踏出這片「被包夾的領土」，青年失業率也高達百分之五十一。此外，由於埃及官方仍舊不讓油罐車進入加薩，所以加薩的夜晚多半是一片漆黑。而以色列戰艦總是地平線上來回巡航，無時無刻都在提醒加薩人這三哩的海上限制。陸、海、空三方圍困所帶來的幽閉恐懼感，從未從加薩人的心中消失。

二〇一一年穆巴拉克政權垮台初期，隨著國安單位的流亡跟阻礙的消失，地道經濟的發展一度盛況空前。原本藏身在埃及內陸的地道口，也重新遷回邊境旁。在新地道口開挖的過程中，毀損了位於埃及與拉法邊境上的房屋，許多新建住宅也出現嚴重裂痕。埃及的地下鋼牆工程，在地道口被移動之後，已正式停工。地道的擁有人則表示，雖然有些地道口其實只輕微的損傷，但是，剩餘的材料不足以用來修復某些受損處，而且將地道口遷回加薩後，被要求行賄的情形也減少了。許多囚犯也在穆巴拉克政府垮台後獲得赦免，包含那些沒出席審判就被判刑的埃及地道經營者，以及必須透過高額行賄的方式，才可以逃過牢獄之災的人。埃及國內反抗封鎖加薩的聲浪高漲，加上貝都因武裝組織愈來愈活躍，讓地道走私者能安穩地持續經營生意。

哈瑪斯原先與開羅立場一致，原本禁止將商業地道用於旅客的輸運上，但是，穆巴拉克政權垮台後，政策也跟著大轉彎。雖然，眾望所歸的埃及新政權放寬拉法過境站的限制，但還是有限制存在。反觀地道卻可以省下繁瑣的手續，旅客也不必為了跨越邊境而耗費大把時間。因應埃及限制旅客只能攜帶一件行李的規定，過境的旅客可以選擇在加薩時就將多餘的行李以塑膠封膜，再交給地道送貨員送至埃及。為了控制乘客流量，地道事務委員會建置了一套事先申請機制，申請人若經由拉法過境站申請，就得耗時兩個月，但如果經由地委會的申請系統，卻只需要兩天的作業時間。此外，地道口也有一位警員駐守，手腳明快地協助旅客入境加薩，並核發一張單據，旅客出境時須把單子繳回。

除此之外，拉法過境站傍晚五點後便關閉（後來延長至晚上八點），但地道卻是二十四小時營運。在年紀介於十五到四十歲的男性申請人當中，約有百分之三十五的人會被埃及以國家安全考量為由拒絕入境，這些男性就成了地道的最佳受惠者。除此之外，從巴基斯坦學者，到急著離開利比亞跟家人相聚度假的巴勒斯坦勞工，也都使用地道出入境。

在西奈阿里什地區（El Arish）唯一一所大學就讀的學生，則可以享有特殊通關待遇，方便他們在週末返家與家人團聚，除了不用經歷埃及冗長過境手續以外，也不用擔心簽證被沒收。而且，甚至有VIP專用地道的存在，全程都鋪上了地毯。先前，六百碼的過境費用曾經漲到數百美金，而今下降至一百謝克爾（三十美金）。

管制上的鬆懈也讓原本嚴苛的出口限制獲得喘息的空間，也讓人民可稍稍喘口氣。可以出口的商品包含報廢五金（在西奈熔煉再製後，以鋼棒型態重新進口到加薩，作為建築或軍事用）、花斑賽馬（加薩地區的花斑賽馬全被送往埃及，以滿足對賽馬的高度需求）、軍火（在二〇一一年埃及革命期間需求大增）以及剩餘的農產品——西瓜、蘋果和雞蛋。這些農產品都是滿足加薩自給自足的生活模式後，所被剩下來的作物。然而，相較於埃及低廉的人力成本和強大的購買力，加薩的農產品相形見絀，顯得沒有競爭力。傳統上，加薩的製造業導向為迎合以色列和西岸的市場的需求。相較之下，對於埃及市場的需求顯得有點反應不及。運往埃及的貨物大多是符合埃及需求的以色列轉口貿易商品，如鞋子、髮膠和行動電話等高稅率商品。

自從二〇一一年二月穆巴拉克政權垮台後，埃及的政治動盪也連帶影響地道經濟的整體情況。在哈瑪斯的帶領之下，加薩人轉而期盼埃及的新伊斯蘭主義領導政權，希望能夠突破被圍困的艱困情況，也希望新政府能夠開放過境點，讓商品能夠跨境自由流通。只不過，埃及執政軍事協會與武裝部隊最高理事會（SCAF）開始鞏固權力，因此原本加薩人希望能夠與埃及建立「不干涉原則的新關係」的期盼，很快就被抹滅了。為了減少補助開支，並重新找回在加薩優勢，埃及官方下令阻止油罐車進入加薩，導致加薩拿不到埃及補助的石油。雖然燃料還是能透過地道緩慢地到達加薩，加薩還是時常面臨一天十八小時的電力中斷。這樣的情勢，跟當初被圍困的非常時期差不多慘烈。物資缺乏的狀況不只讓生活變得很困難，重建工程也因此延宕。而加薩內部對哈瑪斯政權的反對聲浪也逐漸擴散，指控政府嚴重錯估阿拉伯主義覺醒後的經濟利益。

加薩社會的權力轉移

哈瑪斯的七年執政所帶來的地道經濟效益是有目共睹的。國會、施政大樓、警察局和清真寺等許多公共設施，皆在以色列鑄鉛行動的轟炸中遭到破壞，甚至全毀。哈瑪斯政府利用進口稅的收益，加上設備升級的地道，使重型機具和物資能夠進入加薩。如此一來，重建和基礎設施的升級與改善得以順利進行。另外，哈瑪斯拓寬連通拉法與加薩市的高速公路——薩拉丁公路（Salah Al-Din Road）以舒緩來自南部的車流量。此外，哈瑪斯開始著手美化加薩市市容，包含整修地標、綠化沙地、疏浚港口、裝置交通號誌等等，也重建南方海邊度假勝地，期許有朝一日，加薩市能夠成為媲美特拉維夫的城市。

以色列對加薩工作者實施的禁令、毀於以色列轟炸的製造業基礎設施，再加上出口市場的關閉（贊助者資助的開發計畫速度也大幅減緩），造成經濟受到巨大衝擊。在這樣的經濟情況下，地道企業就成了最具規模的非政府僱主。地道吸引來自加薩走廊各地，原本受僱於以色列的建設工人。地道工人一度享有最好的薪資待遇，放眼整個加薩地區，這樣的薪資無人能及。根據巴勒斯坦的官方數據，二〇〇八年的平均日薪為七十五美金，是加薩平均工資的五倍，此行情也超越了那些在西岸地區，替以色列建造屯墾區的巴勒斯坦工人的薪資。經營地道貿易事業的老闆都是大多是年輕人。一般來說，中輟生在街上叫賣一天的所得是二十謝克爾，但地道工作的收入是前者的十倍。雖然後來因市場飽和與埃及勞工的介入，地道工人的日薪降至約八十謝克爾，這樣的薪資還是農場工人的四倍。一條正常運作的地道通常雇用二十到三十位工人。二〇一〇年的統計數據估計，地道產業養活了約五千名地道主和兩萬五千名工人，另有十五萬人的生活均仰賴地道，大約是加薩人口總數的百分之十。

當地經濟突如其來的成長，使得加薩市內的新建飯店、餐廳和海邊咖啡館如雨後春筍般地冒出。他們的客群不只有依靠地道致富的菁英份子，還包括了藉由地道返回加薩走廊的流亡者，另外也有來自北西奈省的旅客。加薩市全新的豪華飯店——瑪席塔勒（Al-Mashtal）興高采烈地添購更多雞尾酒杯。來自西岸的生意人，則是一個勁地抱怨最新型跑車，總是在拉馬拉先行上市。房地產仲介表示，消費力的乘數效應刺激房地產的價格成長了三倍。

儘管如此，加薩顯著的總體經濟成長卻帶來新的財富不均問題。繁榮通常來自於新的工作機會，但南加薩享受繁榮發展的同時，北加薩的發展卻停滯不前。加薩的傳統菁英份子大都是重商主義者，因此一直與以色列和西歐供應商保持良好的關係。然而，他們發現自己在加薩的地位與影響力正漸漸被新一代的走私者取代。這些走私者翻轉古老的貿易方式，他們將地道向南延長至蘇丹，迅速地增加了他們的貨源，包括埃及、中國以及土耳其的供應商在內。昔日當道的商業菁英，憑藉旅遊及教育，而享有語言優勢。新一代走私業者大多是中產階級，雖然沒有相當的教育背景，但有邊境集團和加薩的伊斯蘭主義派統治者撐腰。因此，地道驅動了加薩社會改革與階級的向上流動，使原本被邊緣化的族群重新站上舞台，並造就了一群暴發戶。

讓傳統商業菁英更受打擊的是，地道主利用在金融上的影響力，將上游廠商的作業整併至下游的零售市場，讓它更具多樣性。他們還建立了自己的代理商網絡以提升市場占有率。節省下的地道運輸成本，加上在運送貨物的過程中所得到的機密資運，讓地道主採取削價競爭的方式，暫緩批發商的商品運送，優先運送他們自己的商品，甚至直接將商品目錄送到消費者的手上。有時候，他們甚至會一舉壟斷市場，主導價格，把批發商逼上絕路。一位長年經銷農產品的加薩商人阿拉俄・阿布─哈里瑪（Ala' Abu Halima）抱怨道：「不管我們怎麼做，就是鬥不過那些地道主，他們至少搶走了我們百分之七十的收入。」

西方社會支持的非政府組織與聯合國，受到資金運用規定的限制，不得購買走私商品。無法對重建工程做出實質貢獻的他們，只能用言語抗議的方式，表達對以色列圍困加薩的不滿。聯合國官員曾質疑，認為美國針對哈瑪斯政權所實施的經濟制裁，讓聯合國無法取得地道的供應品，反倒給了哈瑪斯另一種優勢。既然聯合國幫不上忙，難民就會紛紛尋求哈瑪斯的協助，而不再指望聯合國或是救濟工程署（負責安置難民以及四分之三的加薩走廊人口）。二〇一〇年五月，擔憂國際輿論已喪失影響力的聯合國特別協調員羅伯特・沙里（Robert Serry），向安全理事會抱怨：「蓬勃發展的非法地道貿易，縱容走私者和激進份子掌控商業，欲按照合法程序購買商品的國際機構和當地承包商，卻常因為以色列關閉邊境，而不得其門而入。」

商業與政治

哈瑪斯原本是非國家的行為者，只擁有社會慈善網絡與游擊部隊，並且從事地下活動。然而，有了地道資源作為後盾後，哈瑪斯搖身一變，成了一個擁有精良武裝的安全部隊、完整的官僚跟經濟體系的官方政權。西奈的人民在經貿活動上愈來愈依賴加薩，再加上地道的商業活動，讓哈瑪斯得以運用軟實力，將影響力擴及至西奈半島。甚至，那些自己擁有地道的派系，也讓自己的軍隊利用這種軟實力，擴大影響力。

然而，另一方面，地道的經濟運作模式也損害哈瑪斯在政治上的透明度，連帶影響哈瑪斯的問責性及財務正當性上的名譽。哈瑪斯官方的做法受到各方抨擊，他們有條件地核發地道許可，並且安插自己的黨員在董事會擔任要職，而且通常都是有利可圖的職務。哈瑪斯決定改變如同老鼠會一般的地道作業模式，不少有頭有臉的哈瑪斯黨員為此背書，不料導致大量投資客損失慘重，使哈瑪斯的國施政可信度首次嚴重下跌。此後，伊斯蘭主義者和世俗派的反對份子群起效仿昔日哈瑪斯對付法塔的手段，抨擊哈瑪斯政權的貪腐。某個來自加薩中部的薩拉菲（Salafi jihadi）聖戰士表示：

「哈瑪斯尚未執政前，哈瑪斯著重佈道與背誦《古蘭經》，但現在他們只在乎錢、地道生意，以及一個接著一個的騙局。哈瑪斯過去談論的是建造樂園的理想，但現在他們滿腦子只想著買地、買車、買房。昏禮後，原本會去唸書的伊瑪目（Imam）轉而研究起賺錢的方法。以前他們到清真寺裡做禮拜，現在他們只在家禮拜。」

哈瑪斯政權對地道所得的處理交代不清，引發更嚴厲的質疑聲浪。哈瑪斯官員聲稱，二〇一一年的收入裡，有一半是來自政府七千五百萬的年度預算，但當地商人所估計的收入更高，因此他們開始質疑政府經費的去向，也不理解為什麼公僕的月薪發放記錄上常常出現赤字。另一方面，儘管哈瑪斯自二〇〇八年起，就宣稱要改善童工和地道設備問題，但其漫不經心的處理態度也遭到人權團體抨擊。筆者曾於二〇一一年十二月獲准隨行一警察巡邏，發現執法人員對於地道內的童工視而不見，反而還縱容地道主以獎賞制度激勵童工勤奮工作，就像當年維多莉亞時期礦坑裡的情形。根據哈瑪斯官方數據，至少有一百六十名工人於商業地道裡喪命。

哈瑪斯對地道一直以來都是愛恨交織。儘管不太情願，哈瑪斯的反對者，仍讚賞哈瑪斯讓加薩成功掙脫以色列的束縛。但同時，種種跡象顯示，哈瑪斯內部貪腐的狀況愈來愈嚴重。在二〇一二年春季，加薩面臨新一波燃料短缺的同時，哈瑪斯卻仍享有不受干擾的電力，而且還擁有專門為了哈瑪斯核心成員而設的加油站。不管以上指控是否屬實，都不減哈瑪斯利用加薩的圍困情況從中獲利的指控。

地道的終結？

加薩地道的所有起起落落，隨著埃及在二〇一三年七月推翻穆爾西（Morsi）政權，並啟動西奈行動後畫下句點。三年來驚人的指數成長突然一落千丈，建築工地停工，哈瑪斯失去財源，更喪失了加薩逃脫以色列管控的活路。

原靠地道賴以維生的哈瑪斯政權出現經濟困難。失去原本一日一百萬美元的地道營收之後，巴勒斯坦政府在二〇一三年八月，將四萬六千名軍人和官員的薪水減半。到了二〇一四年初，甚至開始拖欠薪水，進而罕見地引發公部門的抗議。起初，哈瑪斯試圖針對仍然擁有管道可以進口到加薩的商品加稅，造成香菸稅在一週內漲了三倍、水泥價格飆漲四倍。不過，政府也非常擔心日益艱困的生活條件會引發更多的民怨。接著，原本承諾與埃及共同建立的自由貿易區跳票，加薩反而受到緩衝區與警戒線的待遇。發電廠因沒有燃料而關閉，導致每日停電時間攀升到十六小時。某些地區的污水處理系統停擺，導致滿街都是廢水。地下客運輸被中斷的同時，埃及國安單位關閉了拉法過境點。這一切都讓加薩再度成為露天監獄。

在如此動盪的節骨眼上，沒有人敢對未來抱有想像。不像以前地道營運面臨危機的時候，哈瑪斯總能突破關卡，這次的困境感覺永無止盡。為預防政治動盪，哈瑪斯的鎖國思維再度被喚醒。明明幾個月前，哈瑪斯才在當地幾座主要清真寺大肆舉行勝利慶祝，此時的哈瑪斯領導階層，已經再度準備要面對加薩即將面臨的封鎖危機。軍事派系開始增強實力，同時迫切地希望政客能夠找到在重圍中活下去的方式，更決心防堵區域範圍內的伊斯蘭主義派系垮台。第一個為了在地中海掌權的伊斯蘭主義運動，開始大肆宣傳要背水一戰的計畫。他們的部隊在加薩的市中心設立夜間檢查哨，關閉新聞單位，並針對可能的異義份子擴大拘留範圍，而在加薩市新成立的埃及社區協會會長也被帶進警局盤問。卡桑旅在遊行時對空鳴槍，並比出四指的敬禮手勢向穆斯林兄弟會致敬。

少了地道活動的經濟來源，哈瑪斯舉步維艱，開始思考所剩無幾的政治手段。向埃及靠攏的提議，被新任的反伊斯蘭主義軍事領導階層拒絕後，哈瑪斯玩起倚賴以色列的恐怖平衡遊戲。財政部長針對以色列的進口商品進行課稅，但那些商品進入加薩時，便已被以色列課了一次稅，其稅金用來資助阿巴斯的巴勒斯坦政府，因此哈瑪斯的舉措造成實質上的雙重課稅制度。此外，從以色列來的建築材料開始零星進入加薩。某一天，單日內竟然有四百輛滿載的卡車行經凱里姆沙洛姆過境點（Kerem Shalom crossing）。某位以色列軍官說：「若需求開始增加，我們隨時準備好加入供應的行列了。」

然而，以色列所做的利他舉動是有限度的。納坦雅胡政府漸漸用強硬的手段對待兄弟會以及相關的派系，為的是扶植阿布杜勒——法塔赫・塞西政權，並加入他與約旦、沙烏地和阿拉伯聯合大公國的同盟。穆爾西政權被推翻後，摩西・雅阿隆（Moshe Yaalon）取代了埃胡德・巴拉克（Ehud Barak），成為納坦雅胡政府的國防部部長。此時，以色列背棄了與哈瑪斯的停火協議，也下修了捕魚額度；該停火協議為二〇一二年十一月，在埃及總統的牽線下，以色列與哈瑪斯雙方簽訂了停火協議，同時訂定了捕魚額度的限制。當時的停火協定，讓加薩與以色列的邊境能夠逐步開放。但是，雖然加薩區的貿易量增加，各項限制還是非常嚴苛。此外，以色列依舊禁止讓商用原物料進入加薩。此外，在以色列聲稱發現一條從加薩直通以色列的軍用地道之後，慈善計畫補給也被勒令中斷。在所有地道作業停擺的情況下，除了一項卡達（Qatar）資助的道路計畫以外，加薩的發展可以說是完全停滯。

在聯外道路都被以色列與埃及封鎖的情況下，哈瑪斯只好使出最後的手段，轉而求助於阿巴斯總統的巴勒斯坦自治政府勢力，而哈瑪斯與阿巴斯兩大派系早在二〇〇七年就已經分裂。雖然這些年以來，哈瑪斯曾斷斷續續地嘗試與阿巴斯政權和解，但隨著時間流逝，這種想法也被消磨了大半。不過，阿巴斯向以色列所提出的兩國制最後以失敗收場，也讓阿巴斯政權元氣大傷。另一方面，哈瑪斯政權則因無法滿足加薩人民的生計，而導致政權岌岌可危。因此走投無路的雙方只好簽下和解協定，組成統一聯合政府。

然而，雙方彼此的不信任成為實行協定的障礙。他們彼此都擔心，自己會被另一方推翻，更互相質疑對方是否利用協定來鞏固自己的勢力範圍。而以色列方面則是強力反對新組成的聯合政府。令大家不理解的是，既然兩方已決定組成聯合政府，但阿巴斯卻拒絕資助哈瑪斯任用的加薩公務員，也似乎非常不願意回到位於加薩的政府指揮部。眼看摩擦愈演愈烈，哈瑪斯的軍隊逐漸對政客的解救計畫喪失信心，於是在二〇一四年訴諸武裝衝突。

截至目前為止，哈瑪斯的商業地道作業仍是停擺的狀態。但哈瑪斯將失業的人口調度去開鑿軍用地道，企圖進入以色列單方宣稱的緩衝區。經過六週的交戰之後，以色列宣稱已經摧毀了上述的軍事地道網絡。同一時間，美國與歐洲各國促成雙方於開羅展開協商，討論是否重啟加薩的貿易管道，這是自二〇〇五年來的第一次。

加薩遭到孤立的這十餘年來，地道網絡的發展維持了加薩的經濟活動，支撐加薩度過難關。但是地道也引發諸多動盪，包含造成西奈貝都因人的勢力崛起，成為危及埃及政局與區域聖戰組織的威脅。除此之外，地道內貪污與行賄的陋習侵蝕了加薩的權力中心，雖然地道是推進加薩與區域重新融合的引擎，但地道並沒有幫助加薩重新成為高生產力的社會，自然也無法保持加薩的生產力。

事實上，埃及、以色列、加薩、巴勒斯坦自治政府，以及聯合國都清楚，透過地道重整加薩的經濟，只是個權宜之計，這種方式只能在戰後多少讓人民稍微溫飽。在以色列和埃及進行地道剷除作業時，加薩則是陷入民不聊生的慘況。加薩有將近一百八十萬的人口，卻有百分之二十五的人無家可歸，數以千計的房屋遭到摧毀，估計有數萬人受傷。即使有朝一日，加薩能夠脫離被封鎖的情況，並重新進入正常的經濟體系，然而加薩的父母們仍十分憂心，孩子們是否能夠從中獲益？

巴勒斯坦人口統計數據

下方所示的人口數據統計表取自巴勒斯坦自治政府管理的巴勒斯坦中央統計局。表格顯示了二〇一三年的預期人口數據，而本書所使用的數據則是以二〇一四年的人口預期增長情況為基準。雖然在過去的幾年間，巴勒斯坦的人口增長速度已經有所減緩，但無論是加薩還是約旦河西岸的人口增長速度，都比世界人口的平均增長速度百分之一・一四要快。

總人口數：四、四二〇、五四九人
約旦河西岸：二、七一九、一一二人
加薩：一、七〇一、四三七人

年人口增長率：二・九四％（每年）
約旦河西岸：二・六二％（每年）
加薩：三・四四％（每年）

零至十四歲人口占總人口比率：四十・一％

約旦河西岸：三十八・〇％
加薩：四三・四％
十五至二十九歲人口占總人口比率：二十九・九％
約旦河西岸：三十・〇％
加薩：二十九・八％
二十九至六十歲人口占總人口比率：二十五・六％
約旦河西岸：二十七・二％
加薩：二十三・一％
六十歲以上人口占總人口比率：四・四％
約旦河西岸：四・八％
加薩：三・七％

在等待之中

瑞妍・卡夫里・阿布—拉班

接下來將讀到的散文詩的作者是瑞妍・卡夫里・阿布—拉班，我們收錄這首詩是因為無論敘述者的故事是否為本書所收錄，每一位敘述者曾向我們表達過的感受，幾乎都能藉由此詩來傳達。如欲閱讀瑞妍的故事，請參見本書頁一一五。

歡迎來到這片等待的土地。在這裡，人們的宿命就是等待，等著重返失去的家園，而那家園，其實已在最絕望的時刻，永遠失去，不復可得。

他們等待著重返家園，至今家門的鑰匙仍攥在手中，回去他們心中回憶之所在。那是深藏於夢境的褶皺的某個影像，在現實難以逃避的某些時刻，他們悲傷地知道，這影像已不復存在。

在巴勒斯坦，你等待著齋月，如同在紐約擁擠的餐廳中等待著吸上一口新鮮的空氣般。你等待著獲得旅行的許可，等待著學校開學，等待著罷工結束，等待著檢查哨被拆除，等待著事故現場的碎石瓦礫被清理乾淨。你等待著艾倫比橋（Allenby Bridge）變得空無一人，等待著醫生終於能準時看診的一天。

在巴勒斯坦，你等待著。等待著夢想成真。

你等待著離開難民營，等待著離開村莊，等待著抵達拉馬拉。你等待命運的擁抱，但命運女神卻從未如你所願。事實上，在人生的第一站，她就一巴掌重重地往你臉上搧去，留下她的印記，接著你用盡一生的時光去等待傷口痊癒，但卻永遠不會有癒合的那一天。

在巴勒斯坦，你等待畢業，等待找到工作，等待著下一份更好的工作。

在巴勒斯坦，你等待著結婚，然後等待孩子的到來，再等待孩子長大成人，最後等待著孩子成為醫生，但請相信我，他們不會成為醫生。

在巴勒斯坦，你排隊等待著遙遙無期的許可，等著去拜訪你心目中的巴勒斯坦。當你終於獲得親眼見到巴勒斯坦的機會時，你卻赫然發現，她一點也不像祖父母描述的巴勒斯坦，也不像讓你的母親落淚的那個國家。你等著去見她，卻只發現她早已離開，未曾等待你的到來。

在巴勒斯坦，你焦急等待孩子的出生，心中懷著希望，希望她不會選在檢查哨就臨時呱呱墜地。

在巴勒斯坦，你等著絕食抗議的結束。你等待兒女從監獄中釋放出來，但在下一個檢查哨，當他們要尋找工作，開始新生活的時候，卻只會被再次逮捕。

在巴勒斯坦，你等待著薪水，卻眼見薪資被飢餓的貸款和熾熱的油價所吞噬。

在巴勒斯坦，你在卡蘭蒂亞（Qalandiya）等待著回家，無止境地等待著。繼續等吧，大概還要好幾個小時。

你等待著夏天結束，祈求冬天能帶來更多和平；你等待著冬天離去，希冀夏天能帶來更多的溫暖。

在巴勒斯坦，你等待著一切，也等待著每一個人。

在巴勒斯坦，你等待著下一場衝突的爆發，下一場起義，下一場襲擊，下一場——從未缺席的戰爭。

致謝

本計畫從一開始就得到許多人的祝福和支持，在執行計畫四年時間裡，他們不但幫助本書的製作順利開始，還持續支持我們的相關工作，給予我們鼓勵，讓我們得以堅持下去。

首先，最重要的是，感謝所有願意和我們分享故事的受訪者。無論是故事收錄在本書的敘述者，還是許許多多故事未能寫在本書的敘述者，感謝你們，讓我們的視野變得更為開闊，為我們的人生帶來改變。感謝你們，在過去的四年裡，願意讓我們進入你們的家中，了解你們的生活。

感謝盧克・格爾威先生（Luke Gerwe），如果沒有他的加入，本書將難以完成。盧克不但是位能力相當出色的編輯，而且很有耐心，富含幽默感，即使花費了無數個日月以修改和重寫本書的內容，他也沒有絲毫不耐煩，甚至還希望再多做一次採訪。

感謝米米・洛克女士（Mimi Lok），感謝她不畏冒險，願意和兩位年輕的編輯一起處理本書既複雜又充滿爭議的題材。在整個項目的開展過程中，她不僅提供了卓越的編輯意見，而且還與我們一同討論如何處理創傷故事中，那些更為棘手複雜的心理問題。

感謝戴夫・埃格斯先生（Dave Eggers），一是感謝他如此相信故事的力量，創辦了超乎想像且鼓舞人心的非營利組織——「目擊者之音」（Voice of Witness）。二是感謝他如此信任我們的項目，願意投入資源支持我們，並且允許我們使用其組織的名稱。我們相當欣賞「目擊者之音」，對於能夠與如此優秀的團隊合作，也感到無比榮幸。我們的合作夥伴都是用心講述人們真實經歷的人才。

幾乎本書每個字的背後都代表著整個才華出眾的譯者團隊，他們分別是珍妮・巴布恩（Jenny Baboun）、尼達勒・哈提姆（Nidal Hatim）、阿姆賈德・阿拉維（Amjad Alawi）、阿碧爾・阿尤卜、伊亞德・阿里（Iyad Ali）、喬治・甘特斯（George Ghantous）、瓦希姆（Wassim）以及希伯崙公司的全體工作人員。不僅要感謝你們精湛的翻譯，而且要感謝你們一直以來的悉心指導，還有讓我們有吃有喝，逗我們開懷大笑，給我們不斷挑戰自己的機會，並且每次都毫無怨言地應對我們留給你們的尷尬處境。能有機會和你們合作，我們真的感到非常幸運。

感謝提摩西・福斯特（Timothy Faust）兩次陪同我們去約旦河西岸，並且擔任攝影師、事務助理以及最重要的職務——茶水服務生。

感謝身邊的所有親朋好友，感謝你們在過去四年間一直聆聽我們喋喋不休地談論這個計畫。在過去四年裡，我們錯過了你們的婚禮，錯過了你們孩子的出生，錯過了你們的生日以及各種本應陪伴你們的節日或假日，你們的體諒對我們而言意義重大。

此外，還要特別感謝以下所有朋友：感謝道格・科斯珀（Doug Cosper），道格不只是我們的朋友和資金籌集人，更是我們一開始愛上新聞工作並且選擇從事新聞工作的原因。感謝諾拉・帕爾（Nora Parr），當時，無論我們需要什麼，諾拉都會毫不吝惜地幫助我們，不只是無限的熱情，還有無盡的支持與各式各樣的建議。

感謝丹尼爾・亞當森（Daniel Adamson）和趙素美（Somi Cho），他們為我們準備了無數次飯菜，還幫我們找到這本書準確想要表達的主題。感謝希爾・麥拉克（Ceil Malek），她不僅以其專業的編輯才能為我們提供諸多協助和明智的建議，還容忍我們總是漏接她的電話。感謝妮可・德迪斯喬（Nicole Dedischew），感謝她的堅韌不拔和熱情積極；感謝紹達米妮・希格芮斯特（Saudamini Siegrest）、希婭・阿格蓓・林（Thea Agape Lim）、拉娜・穆薩（Rana Moussa）、芮妮・斯貝爾曼（Renee Spellman）、薩依德・里什馬維（Sa'ed Rishmawi）以及梅雅・高爾尼利（Mya Gaurnieri），感謝他們的友誼和專業。感謝布朗溫・卡爾（Branwen Cale），幫助計劃起死回生；感謝阿碧爾和莎迪雅（Shadia），輪流照顧我們，並且確保我們不會太自滿；感謝麥可・霍克（Michael Hoke），提供我們簡潔但專業的建議；感謝泰勒・彭德格拉斯（Taylor Pendergrass）和艾莉卡・波拉克（Erica Pollack），感謝他們在紐約的慷慨義舉；感謝布萊恩・西普希（Brian Sipsey）和海梅・萊納（Jaime Lehner），在項目的初始階段給予我們厚愛與支持；感謝諾拉・巴羅斯弗里德曼（Nora Barrows-Friedman）、阿德南・穆薩拉姆博士（Dr. Adnan Musallam）、薩拉・厄文（Sarah Irving）和莎麗・安多尼（Sari Andoni），及時給我們提供建議和協助來編輯本書；感謝亞當・霍克希爾德（Adam Hochschild），讓我們在加薩不忘時刻保持高度警惕；感謝提姆・麥吉克（Tim McGirk），感謝他的專業技能；感謝麥可・波朗（Michael Pollan），感謝他的指導和鼓勵。

感謝朱莉婭・藍道（Julia Randall），在計畫早期幫助我們編輯本書。感謝凱特（Cate），用塔羅牌為我們指引方向和提供娛樂。感謝傑西・基普（Jesse Kipp）和安德魯・麥拉克（Andrew Malek），幫助我們在群眾募資平台「Kickstarter」的活動等等。感謝密施米什（Mishmish），以斯多葛主義的生活方式讓我們腳踏實地。

雖然本書一開始就打算和「目擊者之音」合作，但為了啟動計畫，我們決定先用自己的力量來籌集計畫資金。二〇一〇年十二月，我們通過群眾募資平台「Kickstarter.com」成功發起了籌款活動，募集到的款項讓我們得以在約旦河西岸專心投入工作五個月，開展採訪活動和收集研究資料。一年半以後，我們正式和「目擊者的聲音」簽訂協定，共同合作。

在此要特別感謝每一位響應我們籌款活動的捐助者。感謝出版機構的捐款人：默爾巴赫（Mohrbacher）一家、哈立德・達賈尼（Khaled Dajani）、湯姆・鄧肯（Tom Duncan）、巴里（Barry）和瑪麗・霍克（Mary Hoke）、麥可・霍克和艾美・貝茨（Emmy Betz）、保羅・麥拉克（Paul Malek）、吉姆・里斯（Jim Rees）、班傑明（Benjamin）和薩斯・哈登（Sas Hadden）、凱西・萊納（Kathy Lehner）、布萊恩・西普希（Brian Sipsey）、馬克・伊斯維（Mark Eastaway）、布朗溫・卡爾和凱特・萊特（Kate Wright）。感謝擔任總編輯的捐款人：蘇西（Suzie）和史蒂夫・麥肯納（Steve McKenna）、泰勒和艾莉卡・彭德格拉斯、馬修・馬爾泰拉（Matthew Martella）、詹姆・萊納（Jaime Lehner）、詹娜・德安娜（Jenna D’anna）和亞倫・威爾遜（Aaron Wilson）、維多利亞・堪迪（Victoria Canty）、喬安妮・弗坦勒（Joanne Fattaleh）、海瑟・柏朗斯基（Heather Boronski）、伊恩・懷特（Ian White）、泰瑞莎・佐丹（Theresa Zordan）、賈斯伯・馬爾科姆森（Jasper Malcomson）、約翰・霍克（John Hoke）、肖恩・保羅（Sean Paul）、金・洛克（Kim Locke）、瓦勒達・斯克里布納（Valeda Scribner）、吉姆和南西・福斯特（Nancy Faust）、肖恩・保羅（Sean

Paul）、派翠西亞・庫爾（Patricia Kule）、比爾（Bill）和瓊・貝茲（Joan Betz）。感謝大家，衷心感謝每一位捐款人，無論你們以何種方式給予我們計畫捐款，我們都衷心感激，有你們的幫助，本書的相關工作才有可能順利啟動。最後，誠摯感謝蘭南基金會（Lannan Foundation），為本計畫提供獎金支持。

國家圖書館出版品預行編目 (CIP) 資料

巴勒斯坦之聲：被綁架的家園 / 凱特.麥拉克（Cate Malek），馬特歐.霍克（Mateo Hoke）編著；蔡欣芝譯. -- 新北市：臺灣商務，2017.07
面；　公分. --（Open ; 4/46）
譯自：Palestine speaks : Narratives of life under occupation
ISBN 978-957-05-3090-2（平裝）

1.中東問題　2.報導文學

578.1935　　106008234